史丹佛設計學院

把好奇心化為點子的

81個

CREATIVE ACTS FOR CURIOUS PEOPLE

HOW TO THINK, CREATE, AND LEAD IN UNCONVENTIONAL WAYS

創意練習

莎拉·史坦·葛林伯格 SARAH STEIN GREENBERG ———— 著

大衛·M·凱利 DAVID M. KELLEY ———— 前言

麥可·赫申 MICHAEL HIRSHON ———— 繪圖

許恬寧 ———— 譯

目次

前言

我在史丹佛大學任教三十餘年，期間與 d.school 設計思考學院的學生合作，一起走過獨一無二的奇妙體驗。學生剛入學時，還以為學校會把各種武林祕笈塞進他們腦中，但實際發生的事，其實是他們得以一窺自己有多足智多謀，不輕言放棄。我們做老師的，只不過是在學生挖掘潛能時，有幸在一旁協助，一同見證奇蹟。

不過，知和行是兩回事——你要試著做做看，不成之後再度嘗試，反覆摸索，才能有所心得。我最大的遺憾，就是很難讓更多人一起體驗那樣的時刻，畢竟不是所有人都能來修課或是參加工作坊。不過，本書彌補了那樣的遺憾，以五花八門的方式指引道路，帶大家走向那樣的特殊時刻。我們稱那樣的身體力行為「創意行動」（creative act）。如同所有的好食譜，真正的魔法，不在於書面的文字指示，實際去做才能點石成金。

我告訴學生，施展創意時，採取什麼手法不重要，重要的是他們必須先起步。我們從前稱這樣的概念為「重視過程」（mindful of process）。沒錯，產品很重要，但產品究竟是怎麼生出來的，重要性至少和產品本身一樣大，甚至更值得探討。本書就是要談作品產生的種種方法。

創意工作是事物變得有形與真實的過程。不過，在你抵達下一個挑戰或工作時，你帶走的其實不是這次的成果，而是讓事物成真的心得，這下子你懂得如何再次做到。如同 d.school，本書能提供琳琅滿目的指南，要感謝眾多人士將他們的知識化為書頁上的文字。D.school 的忠實成員，以及新一代的老師與設計師，替本書貢獻大量的聰明才智，我感到再欣慰不過。

此外，我想不出有誰會比本書的作者莎拉更適合擔任嚮導，帶領大家走過本書的練習。D.school 成立十五年來，有過不少影響深遠的課程。莎拉蒐集當中最有趣、最獨特、最實用的作業。在我們的領域，莎拉出名的地方在於她以獨樹一格的方式，推學生一把，甚至讓人絕處逢生。學生內在本來就具備創意的潛能與自信，只是尚待發掘。莎拉的厲害之處，在於一針見血地挖出為事物帶來意義的核心部分，加以發揚光大。本書提供的豐富練習，以及中間穿插的六篇隨筆，都是由莎拉以巧思架構並畫龍點睛。我迫不及待想要見到本書將引發什麼樣的創意行動。不是只有古靈精怪的人士才能夠搞創意，每個人都能讓創意開花結果。

大衛・M・凱利（David M. Kelley）
寫於加州史丹佛
二〇二一年二月十日

簡介

我 **從小就對彼得潘著迷。**彼得潘是我最愛讀的故事書，我一翻再翻，布面的書封都磨爛了。儘管費城的冬日冰天雪地，我通常晚上還是會讓窗子留條縫，等彼得哪天選擇降落在我的窗台，他能輕鬆進屋。在我心中，彼得代表孩子勇往直前的精神，他展現了一切優秀的品格。我想像彼得大聲宣布飛行計畫（「朝右邊的第二顆星直直往前飛，一路飛到天亮」），熱血的場景點燃幻想，模糊了假想與現實的界線。彼得帶領著溫蒂和島上的迷失男孩們，光是動手去做，便讓心中的理想社會成真——那樣的概念一直留存在我心中。

美國的兒童節目主持人羅傑斯先生（Fred Rogers）是我另一位重要的老師，我每天都會透過公共電視與他共度快樂時光。羅傑斯先生是成熟的大人（雖然他偷換運動鞋的招牌畫面，透露出赤子之心），他明白孩子心中要能有一個安全的角落，在那裡探索感受，學習明辨是非。《羅傑斯先生的鄰居們》（*Mister Rogers' Neighborhood*）這個節目沒有任何快步調的環節，但是每當電車噹噹作響，我就興高采烈，知道跟著走的時間到了，一起穿越幻想社區的大街小巷。

數十年之後，每當我抵達今日的工作地點，我就感到有如踏進許多人心中的夢幻世界。

我和同仁在史丹佛大學的 d.school 創造出一個環境，暫時擱置一般的世俗規範，不斷運用想像力，協助每個人釋放創意。我們除了想出與眾不同的辦法，促成人們互動，也挪出很多時間考量感受。我們認為思考感受的重要性，不亞於其他任何類型的任務。我們講話時，從鼓勵的角度出發，雖然嚴肅對待工作，仍舊和氣待人，不錯把溫和當軟弱。即便無法確定結果，我們仍然勇於嘗試，花時間思考並討論發生的事，常常為了實驗而挪動桌椅擺放的方式。

我們 d.school 的生活與工作方式，有一個環節是永遠歡迎每一個人加入。我們會讓你相信你可以做到。你能在幾秒鐘內，想出祕密的握手方式，幾乎沒有誰辦不到。此外，我們還知道如何讓滿屋子的大人，一起用最喧譁的音量，興奮地玩起剪刀石頭布。我們會給你一桶美勞用品，教你用工具想出改變世界的點子，不再審查自己最有趣的點子。

我們透過種種方法，每年協助數千人拓展創意，在世上大展身手。這幾千人，接著又會協助另外幾千人完成同樣的任務。我們在神智清醒的狀態下，一起做什麼美夢？我們相信當我們彼此協助，擺脫自我設限的心態，刺激彼此發揮創意，就能讓工作更具創意，也更有意義。我們 d.school 下定決心，每一天都要以這樣的心態面對工作，你也可以。

雖然 d.school 的作法樂趣無窮，本書有很大一部分寫於令人心情沉重的一年。有時，我會感到自己的寫作素材，與身邊的世界隔著好大一道鴻溝。我們擴大創意工作效益的途徑是合作，但當人們隔離在自己的世界裡，該如何進行？設計尚未擁有豐富的工具庫，無法對抗系統性的種族歧視；然而，如果我們號稱以人為本，就一定得想辦法解決這個問題。我們的使命是讓每個人得以平等地接觸設計，然而在一個分化的兩極世界，要如何做到？當大地烈焰沖天，培養出更多的創意人才，是否真能解決燃眉之急？

設計提供的方法無法一勞永逸，一次就永永遠遠改造世界，只能配合不斷變動的情勢，加以因應。面對現今的挑戰，不論是此時此刻的挑戰，或是未來將出現的挑戰，我們所有人都必須在不確定的情況下，準備好行動。養兵千日，用在一時，我們將永遠需要動用創造力，隨機應變，臨場發揮。

本書收錄多元豐富的活動，內容主要由 d.school 設計，平日也是 d.school 的教材。有的則由 d.school 的大家族成員，在校門以外的地方發想出來。許多優秀的設計工具箱與範本，近日在市面上的其他各種管道也能取得；這本指南的目的，主要是方便大家一窺我們 d.school 踏上的體驗之旅，主題包羅萬象。各位將有機會感受一下在 d.school 求學的感覺，瞭解我們採取哪些方法，接著自行應用在各式情境中。你將培養出發揮創意的基本能力，譬如意識到內心的批評者；快速與剛認識的創意合作者打好關係；以及刻意邀請人們參與，好深入瞭解他們的生活，並激盪出新點子。

相關體驗構成了本書的主體，我們稱之為「練習」。那些練習的開展方式，與 d.school 的課堂體驗類似，只不過這裡的內容更為豐富，畢竟一堂課能放進的教材有限。有的練習會花你二十分鐘或一小時，有的則需要好幾週。究竟需要多少時間，端看你想要多深入。此外，大量的練習中還穿插了幾篇文

章。我們將與大家分享心得，說明我們在設計此類學習體驗時領悟到的事情。瞭解背後的原理之後，練習將帶來更多收穫，各位更曉得如何配合自身的情況加以調整。

本書從頭到尾會一直提及「設計」這個概念。在不同人士心中，這個詞彙代表相當不同的意涵。d.school 屬於全球變遷的一環：從前的設計師被委託的任務十分特定，範圍有限，設計主要是指美學上的裝飾，但設計今日在社會上扮演更加全面的角色。這樣的設計變遷與「包容性」（inclusiveness）有關：我們的基本理念是人人都具備創意，每個人都能利用設計來改善周遭的世界。早在一九四〇年代，匈牙利畫家拉茲洛・莫霍利・納吉（László Moholy-Nagy）便談過這種令人振奮的設計思維：「設計不是一種職業，而是一種態度……設計〔理應〕從一種專家職能的概念，轉變成廣義的心靈手巧、善於創造。」本書的第一段以漫畫形式呈現，說明這種廣義的設計定義是怎麼一回事。漫畫裡的故事，取自本校學生的真人真事，他們幾位利用設計的工具與心態，一路排除萬難，解決印度醫院碰上的難題。

拓展設計扮演的角色，另有一個重要意涵：你扛起責任，運用發明和創造產品／體驗／制度的心態，改變周遭的世界。不論是替家人重新制定晚間作息，或者是規畫整個公衛體系，設計是替他人形塑這個世界。本書的許多練習，將協助你進一步意識到自身的做事方法，躋身更深思熟慮的公民創造者。

D.school 的方法能讓你做好準備。即便不確定該怎麼做，照樣能迎接生活或工作上的任何挑戰。這個世界改變的速度太快，不可能在學校讀書時，就學到人生需要的一切知識。在二十一世紀，曉得如何學習是一定要培養的基本能力。像個設計師一樣思考與學習，力量十分驚人，本書的練習將使你永不停下學習的腳步。

接下來的練習，有好幾篇乍看異想天開，實際上再實用不過。各位讀到「香蕉大挑戰」（152 頁），或是「我最愛的破冰三部曲」（54 頁）中替殭屍末日做好求生準備的練習時，別忘了這裡的提醒。相關練習雖然以趣味的方式呈現，背後卻是毫不含糊、具備理論基礎的概念，將協助你進入新的創意現實。對校外人士來講，d.school 的某些點子自然聽起來荒誕不經，因為相較於外頭許許多多的組織與環境，d.school 有如平行宇宙。由於人們長大後停止相信夢想，許多人建立的學校、工作與社會規範，扼殺了創意思考與行動。

我們有幸開拓出 d.school 這個特殊的空間，打造出有利的情勢，讓創意能在全球首屈一指的研究型大學核心誕生。這既是一份禮物，也是一項挑戰：我們的方法奠基於深厚的知識，也來自遍布史丹佛校園的科技發現精神。史丹

佛擁有一百二十五年的校史，平日由兩千兩百位出類拔萃的教學人員，培養一萬六千名莘莘學子，但我們 d.school 嘗試挑戰這間教學機構的標準作法與正統理論。

D.school 的成功很適合拿來證明，偶爾打破常規是好事，可以刺激你探索不同的做事方式，產生新的點子。D.school 的設計觀點帶來生產力十足的創意張力：我們在科技掛帥的年代強調人性；在以專家的答案為尊的領域，歡迎不帶偏見的天真發問；我們衝撞階級與地位，打破領域之間的藩籬，推動出乎意料的結盟。

當我們使用、傳授並分享我們的學習與工作方式，絕妙的點子冒了出來。刻意採取某些行為後，很快就能習慣成自然。我希望你們在做練習時，將感受到純粹的快樂。那樣的快樂，來自以更符合人性的方式做事，以及加強人際連結。沒錯，有時你將發揮更多的頑童精神。

化身為孩子，讓 d.school 的追隨者得以進行五花八門的活動。他們設計出各種療法與對策，協助天生畸形足的孩子，扭轉原本會一輩子如影隨形的汙名與殘疾。此外，d.school 的學生深入遭受政治迫害的國家，在那些國家的首善之區成立欣欣向榮的創意中心，找出結合新聞工作者與科技人士的新方法；d.school 的學生還成立事業，創造工作機會與經濟價值，替政府的核心官僚體制帶來效率，照顧到民眾的需求。D.school 學生完成的其他計畫，還包括協助不同圈子的人解決問題（重新設計律師的調查方式），處理環境問題（利用陽光提供全球超過一億人經濟實惠的照明方式，以取代製造碳汙染的煤油燈），以及經濟問題（藉由說故事與媒體服務，協助全美各地的地方產業站穩腳步）。

相關成果與背後的創新令人驚嘆。更令人訝異的是，成功提出解決方案的功臣，一開始全是初出茅廬的新手，沒有多少設計或創意合作的經驗。然而，他們嘗試學習設計方法後，以全新的方式看待各種機會。D.school 的特殊貢獻就在這裡：人們原本不認為自己從事的是創意領域工作，但我們替他們打開一道門。

不過，光是靈機一動，還不足以成功。剛才提到的例子之所以能成為模範，在於 d.school 的先鋒長期身處的環境，鼓勵他們發揮天生的創造力。此外，他們沒在畢業後，就把學到的作法拋到腦後。他們相信未來可以不同，並且腳踏實地行動。

部分的設計精神追隨者，身處實體的設計空間，也就是我們稱為 d.school 的園

地，但每一個人都能在心中開辦一間 d.school。

我誠心盼望本書能順利協助各位，讓你的腦中出現一間 d.school。接下來的內容，將請大家嘗試沒見過的練習，刺激你留意舊有的行為模式，挑戰阻止你行動的思維習慣。本書將協助你找出激發想像力的創新作法；你將瞭解如何讚美與提升你帶領、指導或合作的人士，激發他們的創造力與頭腦靈活度。本書不僅適合正在努力成為專業設計師的人士，也能協助所有人把設計的原理與作法，帶進任何的職業或目標。

你有可能和我們的學生一樣，碰上毫無頭緒的複雜主題，而你希望和他們一樣，提升設計能力。你有可能正在處理對你本人、家人或社區來講非常切身的特別計畫。不論是什麼狀況，我們的目標是協助你在試做每篇練習後，知道自己可以用更好的方式，多一點進展。

此外，由你決定要怎麼做，不必逐字逐句遵守各篇練習的說明。每一則練習都可以敲敲打打，改造一下，重新組合。你可以挑幾篇感興趣的練習，嘗試新鮮的點子，接著擺在一旁。下次需要新靈感時，再拿起架上這本書翻閱。

本書帶來的價值，將源自你做練習的體驗。你的確有可能成為其中幾項的大師，但是重點不在於精通本書提到的工具或技巧。工具或作法本身只是協助你起步，最後可能是濫用、誤用或拋到腦後，但你學到的心態或處理辦法，以及你培養出的自我覺察能力，那些東西是持久的，隨時可以視情況派上用場。本書的練習只是給你一點新東西，刺激你的反應。提供一點小小的創意提示與架構後，你就能產生新觀點。有新刺激，才會有新東西冒出來。

我期待很快就能造訪各位腦中的 d.school，不難想像這將是指日可待之事。

出發

回想一下，上次人生出問題，你試著改變、挽救、設計或解決，不過實在是前途未卜。有可能是升職帶來挑戰，或是你試著在新城市找到落腳的公寓，也可能是你動員鄰居，齊力解決影響到整個街區的問題。你心中交雜著各種情緒，雖然志氣高昂，準備好全力以赴，卻也感到焦慮。你對自己的能力有信心，也準備好採取富有創意的作法，但仍然感到像個菜鳥。這其實是相當常見的現象：當面對沒有特定答案的挑戰，沒有固定的正確作法，不論是誰都會感覺像個新手，而那的確也是事實——我們真的不熟悉這次的特定問題。然而，如果已經練習過如何解決缺乏標準答案的情境，也學過如何處理碰上這種事的內心複雜感受，就能兵來將擋，水來土掩。

接下來的故事，講一群初出茅廬的新手，面臨一個龐大、混亂、需要發揮創意的挑戰。他們使出渾身解數，盡量接招。這個故事談的是重大機會就在眼前，但所有人都看不到，幸好故事主角聆聽民眾的哀嚎與恐懼，在吵雜的複雜系統裡找到了訊號。

這則故事談復原力、創造力、即興、謙遜，以及在前景不明的狀況下，照樣勇往直前。

此外，這也是艾迪絲·艾略特（Edith Elliott）、凱蒂·艾希（Katy Ashe）、薩汗·阿朗（Shahed Alam）與潔西·劉（Jessie Liu）的故事。這四名研究所學生主修國際政策、土木與環境工程、醫學，但因為修了 d.school 的「一毛錢立大功設計」（Design for Extreme Affordability）這門課，除了認識了彼此，人生也出現意想不到的轉折。他們為了完成這堂課的作業，與印度的納拉雅納健康醫院（Narayana Health Hospital）攜手合作。那是一間位於邦加羅爾（Bangalore）的心臟照護連鎖中心，創辦人是魅力四射的外科醫師德維·佩拉薩·謝蒂（Devi Prasad Shetty）。這個四人小組受邀到印度尋找機會，設計

改善病人人流的解決方案，協助醫院為更多民眾提供高品質、低成本的照護。

團隊起步時獲得大量支持，有醫院願意與他們合作。此外，他們已經體驗過本書的部分練習，尤其是「雨季大挑戰」（89 頁）、「我喜歡、我希望」（212頁）、「史丹佛服務隊」（264 頁），幫上很大的忙，不過他們最大的優勢，其實是他們在面對即將著手解決的問題時，沒有預設的心態。這四名學生預想的需求，與實際遇上的情形相差十萬八千里。不論你的能力到什麼程度，也不論你碰上的挑戰是大是小，處理未知情境時，本著研究的精神與工具，將協助你找出更大、更理想的機會，超出原本的想像。

設計就是這樣。設計會帶你踏上學習之旅，你不僅學習解決問題的方法，也學著找到值得解決的問題，重新打造生活。

反正呢，至少我們希望這則故事會有那樣的快樂結局，不過萬事起頭難。如同許多高潮迭起的故事，這則故事始於一起溝通烏龍。

艾迪絲，妳看！

凱蒂，我一切都準備好了。我們要速戰速決！

我等不及要和人在美國的潔西與薩汗，分享我們找到的資訊！

妳們怎麼這麼早就來了？我們還以為妳們下星期才會到！

怎麼會這樣…

真是抱歉…我們無意造成困擾。

我們才到這裡十分鐘，事情已經不照計畫走……

真是傷腦筋，我不確定該讓妳們做什麼才好，但來了都來了，不要闖進手術室就好！

訪客
通行證
第二級

艾迪絲，妳看有好多人在走廊上等候。我們去問問是怎麼一回事。

團隊就是在此時認識護理師亞南。

妳們想認識病患的話，我可以幫忙。

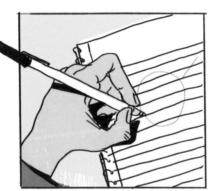

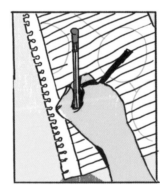

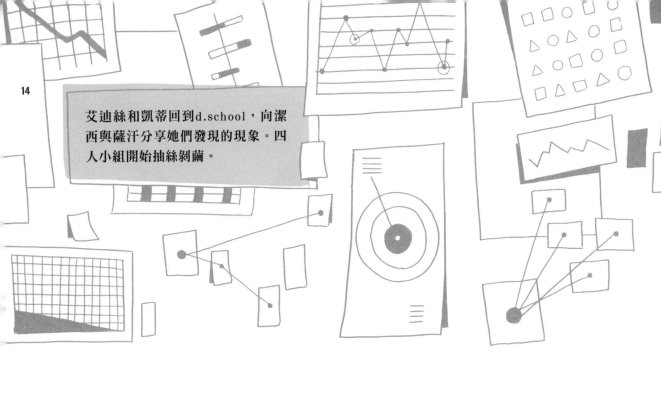

艾迪絲和凱蒂回到d.school，向潔西與薩汗分享她們發現的現象。四人小組開始抽絲剝繭。

那裡的每一個人理應獲得更好的待遇：護理師過勞、醫生沒時間做衛教、病患在醫院停留的時間太長、家屬壓力很大、行政人員非常重視成本……

我們的解決方案依然該放在服務醫院本身嗎？

如果不是的話，我們該替誰解決問題？我們需要明確的觀點。

我們從幾乎是一無所知，變成被太多資訊淹沒。

我們得加快腳步。

那些相互衝突的需求怎麼辦？怎麼做，效益會最大？

別忘了我們必須設計出醫院能執行的東西！

大家冷靜一下，先暫停。我們的團隊現在還好嗎？我希望——

你們知道的,這裡每一個人都想把握留在醫院的時間。病患想待久一點,就連醫生也不願讓他們回家。

當你不知道到底發生了什麼事,你會很害怕。光是得知一點資訊,就不會那麼心急如焚。

只有我這麼覺得嗎?……我覺得我們好像找到可以著手的東西了?

害怕、焦急的家屬需要支持病人的方法,協助他們恢復健康。

找到了。這件事與家屬有關。我們來想辦法改善家屬的體驗。

家屬如果得知目前的情況,他們就可以扮演醫生與患者之間的新角色……

小組開始實驗一個點子,教家屬在醫院照顧生病家人的方法。小組打算製作好原型後,寄給合作對象,看看病患與家屬的反應,但是……

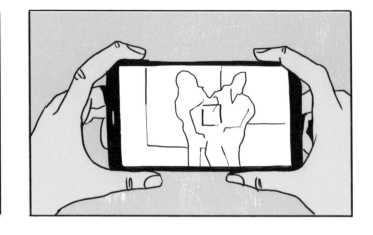

各位,再來一遍。你們一直笑場!我們要教的可是貨真價實的醫療資訊。

太可怕了,真的行得通嗎?

我們的影片還是超爛……

那不然要怎麼辦，我們要怎麼知道這樣行不行？

沒關係，亞南不會笑的。真的很糟糕的話，民眾會直話直說。

好……再來一遍，然後就寄出去。

等待一星期後，薩汗向大家報告新消息。

嘿！亞南剛才回覆了……

家屬喜歡我們的影片！他們立刻練習影片裡的技巧……還希望我們多拍一點！

真的假的！？

嗯……或許他們聽得進資訊的原因是影片很有趣，很有戲劇張力？

我剛才也接到好消息！有人願意贊助，我跟薩汗這個夏天就可以到印度試行這個點子了。

來收拾行李吧！

薩汗與潔西抵達印度後,把醫院的候診室改造成教室,示範量血壓的技巧,家屬跟著一起做。民眾在醫院走廊上大排長龍,等著輪到自己上課。

真是不可思議,
隊伍繞過轉角了。

哇,我不再只把這當
成是修課的作業了。

先導測試非常成功。接著，薩汗與潔西回到加州，四個人聚在一起商量。他們感到壓力很大，每個人都有不同的機會等著他們，四人的意見出現了分歧。

先導測試顯示，我們找到很大的需求。

光是那麼陽春的原型，就帶給許多人意想不到的價值。

太棒了，我們成功了！同學們，幹得好！

嗯……這東西真能幫上忙嗎？要留意，我們都有科學的背景。光是有溫馨的故事，還不足以持續下去。我們必須找出確切的數據，看看這個方案是否真的有用。

我不能再繼續弄這件事了。我拼死拼活才進醫學院。

我也一樣，我猜我得先把心思擺在念醫學院。

對啊，我和凱蒂也找到不錯的工作。我很想做這個案子，但……這樣吧，我們先多取得一些數據，再看看該怎麼做。

四人一邊在印度邁索爾（Mysore）執行新的先導測試，一邊在史丹佛醫學院研究人員的協助下，運用一絲不苟的測試方法，研究他們的介入成效。研究顯示，家屬在訓練中學到的事，減少了術後併發症（71%）與可預防的再入院率（24%）。此外，這項訓練大幅安撫了家屬的焦慮心情。

團隊再度前往印度，與新的合作對象阿努巴夫（Anubhav）見面。

研究結果太驚人了！

民眾因為我們的家屬訓練課程，選擇到這間醫院看病。他們回家後，告訴同村的人，於是有更多的人跑來這間醫院……有時只為了受訓而已……我真不敢相信。

我也是！想不到這樣一個低成本的計畫，居然產生如此強大的效應。我知道我說過要退出，但我忍不住開始想……該不會這個計畫能改變目前的醫療照護方式？

就繼續做下去吧。這幾次的先導測試，讓我們想到好幾百個新點子和新洞見。

嘿，各位，你們最近有沒有收信……？

醫院B希望讓旗下的連鎖醫院，全數提供這樣的訓練。

醫院A想要執行先導測試！

哇……醫院C說這項訓練讓整體的患者滿意度上升，他們現在把這項訓練當成關鍵的績效指標。

注意，我知道我們都有其他的計畫，但是各家醫院需要執行相關訓練的合夥人。我們可以走上其他人還沒摸索出的一條路。這件事的影響力真的很大，有它的需求。我認為我們應該跳下去做，百分之百投入的時間到了。

就這麼辦。

艾迪絲、凱蒂、薩汗、潔西四個人，就此成為「諾拉健康」（Noora Health）的共同創始人。他們的使命是訓練患者與家屬高效益的健康技巧，改善醫療效果，救人一命。

他們最初的原型在精益求精後，化身為今日的服務，透過互動式影片與印刷品，訓練現成的醫院人員（通常是護理師）。由護理師開課，訓練家屬留意家人的病情。時間及地點是探病時間前後的病房，盡量方便民眾參與。家屬在訓練活動中實地演練，效果卓著。

到了二〇二〇年尾聲，諾拉健康已經遍及印度與孟加拉各地，一共訓練一百六十間醫院的五千多名護理師和一百多萬家屬。

諾拉健康除了心臟術後調理，今日也提供其他治療領域的訓練，包括產婦護理與新生兒照顧、一般醫療與手術照護等等。

在剛起步的先導階段，服務需求急速成長，其中一名小組成員欣慰地稱之為「引發騷動」。幾位創始人決定改變原本的求學與就業計畫，全心投入未知的未來。他們知道自己設計出一個值得實踐的方案，勇敢一試。四人搬到印度，一步一腳印打造諾拉健康。

潔西與薩汗兩人都暫時擱置醫學院的學業數年，才再回去完成學業。薩汗拿到學位後，回諾拉健康擔任共同執行長。凱蒂擔任諾拉的創始設計長，艾迪絲則是執行長。印度德里的工程師阿努巴夫・亞羅拉（Anubhav Arora）自二〇一三年起，提供國內的設計與物流支援，成為諾拉的第一位員工，職稱是營運長。此外，團隊在二〇一二年首度造訪印度時，結識認真負責的護理師亞南・庫瑪（Anand Kumar），亞南日後成為訓練長。

————————

我們在閱讀潔西、薩汗、凱蒂、艾迪絲，是如何讓諾拉健康走上長遠的經營道路時，很容易忘掉他們一開始不曉得結局會是什麼。一路上關卡重重，很難講是否會成功——其他傳統的成功道路，感覺比投注在一個極新的點子安全，但團隊仍試著在所有卡住、不確定與緊張的時刻，找出明確的方向。

四人之所以能找到方向的靈感，源自他們在醫院與患者家屬的討論，並且從中找出模式：家屬感到住院要花很多錢，於是心裡忐忑不安，驚慌失措。團隊認真聆聽這樣的聲音，最後打造出人們真正需要的東西。對話成為得知內情的關鍵。

艾迪絲回想：「如果當時我們把問題陳述（problem statement）定為『降低醫院的再入院率』，我們不可能得出相同的解決方案。我們的問題陳述主要是繞著感受打轉，目標是讓民眾不再那麼擔驚受怕：我們一再聽到家屬說他們有多害怕。雖然我們沒聽到人們用術語明確講出，『我在煩惱三十日術後併發症的機率！』，但由於我們把人當成問題的主角，在無心插柳間解決了醫療問題。」

諾拉健康的團隊在迎向挑戰時，踏上了學習與實驗之旅，試探究竟該朝哪一個方向發揮創意。這個過程顯然不容易，進一步的思考可參考本書的「從『不知道』到『知道』的旅程」（73頁）。各位可以自行挑一條路來探索，瞭解設計與學習是如何息息相關。

如同大部分的設計體驗,以及絕大多數的學習體驗,感受貫穿了諾拉健康的旅程。感受是帶來洞見的電流,刺激團隊產生齊心協力的氛圍(不代表彼此不會爭論),並在早期的點子獲得好評後點燃希望。感受形塑了團隊的方向,而且和能夠證明解決方案確實有用的具體證據交織在一起,堅定了團隊的信心。他們因此決定放手一搏,讓概念成真。

我們可以選擇以各種不同的方式釋放創意能量,但不論身處什麼情境,有一件事真實無誤:感受很重要。學習觀察與體會他人的感受是後文「拓寬你的眼界」(119 頁)的主旨,協助你瞭解世界在他人眼中的樣貌,刺激想像力,找出可以創造的事物。創意團隊的協作關鍵,在於團隊成員的觀點與你不同時,要學著理解他們的感受,以不怕受傷的開放心態合作。此外,理解自身的感受對培養直覺來說很重要,你將明白如何引導自身的創意能量。你在想辦法處理棘手的情緒時,「學習的感受」(161 頁)與「有生產力的掙扎」(207 頁)將協助你面對發揮創意會遇上的挑戰,以及令人欣喜的一面。

當你準備好把創造力應用在更複雜的計畫,「融會貫通」(251 頁)一文提供的策略,將協助你思考如何架構工作,界定範圍。當你讓作法維持一定的彈性,將挖掘出有意義、重要或新鮮的需求與機會。

設計有如搭上雲霄飛車之旅,不論坐過多少遍,每一次照樣令人膽戰心驚,但也欲罷不能。

現在,出發吧!

本書練習：
找出專屬於你的路

培養設計能力是一場個人的修行，該如何使用本書也因人而異。如果依序從頭翻到尾，你會發現本書的編排架構，大致符合我們平日向新生介紹的順序。然而，每個設計專案各有千秋，每位設計師的工作方式也不盡相同。如果你希望培養特定技能，最好以量身打造的方式走過本書的練習。下面這份索引，將協助各位找到合適的路線，甚至帶你另闢蹊徑。

以新方法看事物
訓練注意力，讓隱藏的事物現形，不再侷限於表層

順利與他人合作
培養信任、勇氣、活力與喜悅

理解你的洞見
開啟批判性大腦，找出關聯，詮釋資訊，形成假設

想出點子
產生新方向，揮灑你的創意

打造事物

讓模糊的點子具體起來,用實物思考

說出動人的故事

找出點子的基本要素,與他人溝通

設計亮相時間

培養判斷能力,蒐集回饋意見,改良作品

掌控自身的學習

留意並反省你的思考、能力與設計所產生的變化

找出你的獨特聲音

尋找靈感、熱情與觀點

走出家門，踏上發現之旅

開啟五感，避免落入窠臼

加緊腳步

快速釋放思考,多方嘗試,不等到萬事俱備再說

慢下來,專注於細節

培養耐性,留出空間,端出最好的作品

享受樂趣

體驗快樂,鼓勵玩心

致力於平權

關懷他人，虛懷若谷，挑戰偏見，追求道德

一窺未來

思考理想願景，質疑假設，預想設計將造成的影響

挑戰完整的專案

培養熟練度，讓技能更上一層樓

1 期初與期末的盲繪

本練習取材自夏綠蒂‧伯吉斯－奧本（Charlotte Burgess-Auburn）、史考特‧杜利（Scott Doorley）、葛蕾絲‧霍桑（Grace Hawthorne）幾位老師，同時也要感謝世界各地的美術老師

有一個「人」似乎與我共享大腦。我學了很多跟這個人打交道的方法。那個住在我心中的批評者，太在意我是否完全原創、面面俱到、無懈可擊。他在我腦中低語：如果我無法立刻拋出隨機對照試驗的結果，替點子背書，或是在這個世界上，如果有任何人在任何時刻，提出過類似的觀點，那麼我就不該向人提起這個點子。我和這個人一起跌跌撞撞，我逐漸明白，他講的話不是全無道理，偶爾的確該聽，但不能因此畏首畏尾，什麼都不做，不敢發揮任何創意。

找出一套應對措施，視情況處理心中那個批評的聲音，將幫上大忙。以下這個練習可以助你一臂之力。

進行創作的前提（不只是在心中想想，而是讓點子躍然紙上，在現實世界成形），你必須在特定的時刻，刻意停下隨時在評估的大腦。你必須暫時不去判斷哪些事可行，才有辦法探索新的概念，而不是過早嗤之以鼻，認為它不切實際。我們在培養創意能力的階段，必須學會暫停心中的指手畫腳，避免一直自我審查。

這裡的意思並非你的每一個點子都很棒，但你能藉此學著區分醞釀點子與評估點子的時刻。

藝術家經常利用「盲繪輪廓」（blind contour drawing）的練習，縮短手眼距離。多加練習，你的視線跟著一個弧線走的時候，想都不用想，就能在紙上畫出相同的弧線，省略大腦的判斷。

以下的練習改編自一般的盲繪練習，只是目標改成：協助你找出心中的批評機制（下判斷與鑑定的能力），加以對抗，體驗不去對自己的作品吹毛求疵，讓創意自由流動。

每當你感到洩氣，不滿意作品的品質，或是單純質疑自己是否真的有才華，這個活動都能帶來幫助。

—————

抓一支筆、一張紙。

挑一個從你坐著的地方可以看到的人。你可能在火車上、公園裡、無聊透頂的會議上，或是找一個也要做這個練習的夥伴，兩人面對面坐著。

準備就緒後，用一、兩分鐘畫下這個人。畫的時候，從頭到尾把視線放在對方身上。最重要的是，**畫的時候，不能看著紙，也不要讓筆離開紙**（一抬起手，你就會找不到剛才落筆的位置，忍不住偷瞄）。

這個練習的目的是把眼睛看到的東西，轉換成手中的線條，但不提供任何的視覺回饋。

時間到了，再看自己畫了什麼。

想一想，剛才畫的時候有什麼感覺。現在看到畫出來的東西，又有什麼感覺。

思考以下幾個問題：

你是否畫出一幅很棒的作品？（機率並不大。）

剛才有什麼感覺？

你是否邊畫邊笑？是的話，你在笑什麼？

你腦中的聲音說了什麼？

那個聲音試著要你做些什麼事？

那些感受的背後是什麼？

那從何而來？

在哪些時刻，判斷一幅作品的優劣很重要？在哪些時刻，重點反而是不要批評？

—————

這個練習能協助你養成習慣，分開「創作的過程」與「批評或判斷的過程」。

第一步是找出你的判斷源自何處，找出那帶來的感受。那個聲音說些什麼？如果你和大部分的人一樣，第一次做這個練習時，腦中的聲音會極力催促你看著畫紙，判斷下筆的地方對不對。**我畫出來的人像本尊嗎？我是否把她的嘴巴畫在正確的位置？**

判斷力極度重要：人在一生中，要有判斷力才能活下來，並一路上隨時修正方向。然而，你也必須有辦法暫時不去批判，才能偶爾追逐瘋狂的點子。你可以把它想成一組能調上調下的滑桿或旋鈕。當你需要判斷後做決定，那就調高到極限，跟自己解釋「因為這樣、那樣，我選了這個」。不過，有時候要調低一點，告訴自己：「這一刻什麼都不要管，現在只要產出，單純做出東西，晚一點再來打分數。」每個人都需要練習這樣的能力。

我喜歡把這個活動當成課程的第一份與最後一份作業。學生因此能夠對照自己的進步程度。課程結束時，他們不再糾結於內心的批評者，開始注意到自己有能力享受單純產出的喜悅——等作品完成了，再來煩惱夠不夠好。

——夏綠蒂・伯吉斯－奧本

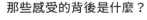

2 如何與陌生人交談

本篇取材自艾瑞卡・艾斯拉達－李歐（Erica Estrada-Liou）與梅努・辛格（Meenu Singh），靈感來自綺歐・史塔克（Kio Stark）

在這個大量互動發生在網路上的年代，要和現實生活中的陌生人交談，似乎變得難上加難。許多人小時候被教導要提防陌生人，但今日要接觸陌生人，我們也會感到遲疑——不論是在超市排隊閒聊幾句，或是向陌生人問路，這些事原本是我們的第二天性，甚至在關係緊密的社區，不說話都不行。結果，你可能在陌生人面前感到手足無措，因為你不清楚他們究竟是什麼樣的人。如果你帶有成見或生性害羞，這種不安感會更顯嚴重。然而，設計工作需要你突破這個障礙。要是不接觸新的人事物，你將永遠無法跳脫預設立場。

「陌生人」一詞，隱含著不熟悉的概念。在日常生活中，你可能會迴避陌生的事物，但創意工作需要你用更為開放的心態，去面對不習慣、不尋常的事物。要是少了陌生的元素，一切將是千篇一律。

以下的練習可以協助你克服陌生人障礙。你最終會愛上「陌生」這件事，因為你知道陌生對你的工作來講，是不可或缺的元素。

————

接下來一連串任務，你將需要走出住家、教室或辦公室。

你可以獨自挑戰這個練習。如果一個人會感到不安，那就找個同伴一起。

先牛刀小試一下。在治安良好的地帶，挑一條會碰到行人的小路，比如從你家通往圖書館的那條路。接下來，對路上碰到的每一個人說「你好」，一共練習一分鐘。

你一共和多少人打招呼？
路人有什麼反應？
相較於一開始，在練習的尾聲，你的行為出現什麼樣的變化？

第二項任務是「三角關係」，主角是你、一名陌生人，以及你們雙方都看得見的一樣東西。向陌生人評論那樣東西，開啟你們之間的對話。任何東西都可以，隨便講點什麼；不必想出聰明的台詞，不要太刻意。「哇……這間雜貨店有賣你手上那種蘋果？我不曉得這裡有賣啊。好吃嗎？」

接著開始對話。

對話結束後，想一想以下的問題（也可以和同伴討論）：

你剛才挑了什麼東西？
對方有什麼反應？
和第一個任務比較。

第三項任務難度更高。假裝你迷路了，詢問路人附近的某個地方要怎麼去。如果你找到願意回答的路人，請他畫地圖給你。如果路人同意畫地圖，請他們留下電話，解釋萬一還是找不到路，你再打電話向他們求助。如果對方願意留電話，打過去看有沒有人接。如果他接了，感謝他的幫忙，告知你找到路了。

現在回想一下（或者和同伴討論）：

你向誰問路？
你是如何挑中他們？
他們願意幫到何種程度？
每次更進一步時，碰到了哪些障礙？
這個任務請你撒個小謊，你有什麼感受？

許多人認定沒人會願意跟陌生人互動。克服這樣的恐懼，將使你感到海闊天空，這件事本身已經很有價值了。此外，練習結果還能拿來提醒自己，不要輕易假設別人會怎麼做。做完這個練習的人，通常會很興奮，沒料到自己能一路過關斬將，前進到意想不到的步驟。如果還想多探索這方面的練習，可以參考綺歐・史塔克精彩的《每一天的街頭冒險》（*When Strangers Meet*）。那本書直接啟發了這個練習。

第三項任務由於要假裝迷路，特別容易讓人坐立難安。有的人立刻決定不要那麼做，挑一個自己真的不曉得要怎麼去的地點，好避免說謊。雖然這個練習要冒的險不多，但會帶來很多值得深入思考的情緒和體驗。這是相當好的開端。當我們為了理解他人的感受、找出內情而訪談時，可以更全面地考量相關的倫理議題。

開誠布公、據實以告，並不容易，你必須下定決心才能做到。這個練習帶來的體驗，證實我們有多容易陷入不是百分之百誠實的互動。這是很好的準備，協助你明講你真正在做的事，坦白告知原因。

——艾瑞卡・艾斯拉達－李歐

3 飄流

本文取材自卡麗莎・卡特（Carissa Carter），靈感來源為法國哲學家居伊・德波（Guy Debord）與美國小說家威廉・S・柏洛茲（William S. Burroughs）

最優秀的設計讓人感到極其簡單。你看著那些設計，心想：**我怎麼沒想到還可以這樣做？**每個人都那樣看、那樣想的東西，落在一流設計師的眼裡卻不一樣。即便是平凡的世界，他們仍能看出細微差異。

那種能力十分難得。這則練習正是要協助你培養那種能力。

你可以一個人練習，也可以邀請其他人，甚至讓分散在不同地點的小組成員或一群朋友，在同一時間分頭進行，不一定要所有人探索同一個區域。若是大家一起做，事後比較筆記與報告，會特別有趣。

———

準備好筆記本與一支筆，用步行的方式，從你的辦公室、教室、住家出發，任何起點都可以。不要規畫路線。不是你帶領旅程，而是旅程帶領你。

接受旅程的引導。

挑一個你想跟著走的特質線索。感官是很好的起點。你可以選一種顏色、聲音、氣味或觸感，或是跟著建築物上某種特殊的線條走。你的視線將因此找到下一個帶有相同特質的事物。

設定好一小時，計時器響起時，練習就結束了。

允許自己徹底迷路，慢下腳步，不去留意走到哪了（這個練習叫「飄流」〔dérive〕，不過顯然還是要注意安全，不要一個不小心摔進地上的人孔）。如果你忘掉自己在做什麼，再次把注意力拉回來就可以了。

你想要怎麼記錄注意到的事物都可以，看是塗鴉、速寫，還是列清單。練習的目標是四處遊蕩，記錄過程，但不要沿途畫下過於詳盡的地圖。

好了之後，花一點時間整理筆記，和別人分享這趟飄流。

———

人會習慣某個環境，接著假設那個地方

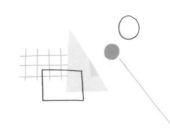

永遠都是那個樣子。這個練習將打破你一般接收資料的方式，提供大腦和感官全新的通訊協定，協助你得出截然不同的觀察。

這則練習通常是學生最喜愛的課堂活動。每個人回來之後都變了一個人，毫無例外。我想這是因為大家先前沒發現，可以用這種方式看待周遭的環境。有一次，學生 A 跟著路上的「加速」線索飄流。學生 B 尋找黃色的物品。而選擇跟隨嗅覺線索的學生，通常會對身旁發生了什麼事，出現全新的認識。

如果你把周圍的世界視為自己的資料集，你將永遠以相同的方式看待，但體驗一場飄流之後，你將發現先前看待資料的方式太過單一，現在則可以看出有截然不同的線串起那些資料。

碰上卡住、找不到靈感，或是不曉得該從何著手的情況，我會建議做這個練習。有時作品有太多資料要處理，不曉得該截取哪一段，也很適合來一場飄流。

——卡麗莎・卡特

4 慎重以對

本文取材自雷蒂夏・布里托斯・卡瓦納羅（Leticia Britos Cavagnaro）、莫琳・卡羅爾（Maureen Carroll）、費多里克・G・費爾特（Frederik G. Pferdt）與艾瑞卡・艾斯拉達－李歐

受邀進入別人的內在生活，實在是至高無上的榮幸。

如果你的目標是為他人設計，你將需要瞭解對方的真實感受與觀點。以下練習的重點是找出你的設計將服務或影響的人士，練習直接與他們交流。一旦你有能力與他人進行有意義的交流，你將能聽見他們的故事、動機、需求、困難、夢想與關切之事。看穿表面，才能找出深刻的洞見，除了思考哪些地方可以改善，還能實際想出辦法。

當你不斷培養、精進這方面的能力，你會發現這麼做，你會擁有某種力量。最理想的情況是出現真正的連結——即便只是暫時的。人們會說：「我以前從來沒有這樣的機會，能夠暢所欲言，談我自己；謝謝你，你是很好的聆聽者。」或是：「我告訴你的這些事，就連我的好朋友，我都沒跟他們提過。」

不過千萬要小心：不要讓對方在和你互動後，感到你偷了他們的故事和點子。以這種方式運用設計能力是不道德的，不要單純為了自己的創作去占用他人的時間，或者使用你聽來的個人故事。

這則練習能讓你踏出小小的一步，準備好與人互動，在尚未和訪談對象面對面之前，就有辦法從他們的角度出發。重點不在於訪談技巧，而在於你愈來愈清楚別人與你見面時，將獲得什麼樣的體驗。不論是什麼樣的情況，這種能力得以培養謙遜與體貼的心，例如在健康照護或法律事務的情境，由某方聆聽另一方的個人故事。

這種準備能協助你在從事設計工作、與他人互動時，從頭到尾維持那樣的心態，把端正心態視為最重要的事。這個練習需要的道具很簡單，只需拿出手機，並且至少找到一個人參與。

———

一般來講，最好能兩人一起組隊訪問。如此一來，你們將能從多種角度詮釋獲得的訊息。此外，在你準備投入設計工作時，也能順便練習建立夥伴關係。你也可以和一大群人一起行動，比如三到五十人。

大家一起決定要做多長的練習，最好是五分鐘起跳。設好計時器。

每個人解鎖自己的智慧型手機，交給另一人。如果你的練習夥伴超過兩人，那就站成一個圓圈，請每個人把手機交給右邊的人（你自己的也要交出去！）。

拿到手機後，想做什麼都可以。不同人在這種情況下，將出現相當不同的行為。有的人會把手機拎得遠遠的，好像那是什麼易碎物品，或是有輻射線一樣。有的人則會立刻開始滑手機。不管怎樣，直到計時器響了再停下。你可能會感到這段時間怎麼那麼長，好尷尬，不過就尷尬吧。

鬧鐘響起後，依據下面的提示，向你的夥伴或整組人報告。

看到別人翻閱你的私人資訊，你會有什麼感受？
你在看別人的手機時，做了哪些事？
如果有的話，哪些下意識的原則引導了你的行為？

以上的問題沒有正確或錯誤的答案。你的目標是探索感受，理解你的資訊與故事具備的價值，接著在探索他人的個人生活時，將心比心。你希望別人如何待你，就那樣待人。

即便你在工作上是獨立作業，還是可以找親朋好友一起做這項練習。解鎖並交換手機，看看你們各自會做哪些事，找出那些事帶來什麼感受。方法和剛才的團體練習一樣，設好計時器，直到時間到了為止。

————

這則練習的目的是協助學生深入思考，在設計流程中進行訪談，負有多大的責任。這段手機體驗不會給你一張道德規範清單，但你將深深體會訪談者所握有的力量。此外，你也會理解把自己的一切攤開來、接受別人的檢視，是什麼樣的感受。

當事人才知道的苦

本文取材自雷娜‧賽澤（Lena Selzer）、麥可‧布雷納（Michael Brennan）
與Civilla團隊，以及亞當‧賽澤（Adam Selzer）的解說

人們對於複雜的體制，很難有親身體驗的機會，但如果你嘗試用創意解決法，去修補或改造影響日常生活的眾多制度，例如健康照護、政府與教育，那麼親身感受很是重要。設計制度是高度抽象的概念，你需要深入瞭解的管道，也需要想盡辦法在情感上或憑直覺與之連結。你愈瞭解脈絡、愈具備同理心，就愈能提出一針見血的問題，以更人性化的精神，做出更理想的設計決定。

這則練習將把你的理性與感性同時派上用場，開始去瞭解一個制度。你將在沉浸式的體驗中，和真的進入某個體制的人士一樣，一步一步走過他們可能要走的路。你是不是開始感到有點反胃？那就對了。一想到要在某個制度中過五關斬六將，當事人多半會很不安，你需要瞭解那種感受，即便你只會體驗到千萬分之一。

今日有許多重要的機構與組織，變成愈來愈龐大的巨獸。內部人士在決定如何讓制度運作時，離實際使用服務的民眾愈來愈遠。隨便挑個制度探索一下，都會有這種感受。主事者不是故意為之，

但你感到像隻無頭蒼蠅，因為制度的設計令人感到困惑。這種現象源自沒人從頭到尾徹底想一遍流程，而是頭痛醫頭，腳痛醫腳，時間久了自然會出現矛盾之處。

有的設計選擇甚至刻意逼退使用者——流程步驟故意讓人苦候，強迫當事人反覆證明自己有權獲得服務，以減少機構必須提供福利的可能性，例如美國的私人醫療保險理賠，以及美國部分地區要求選民證明身分的政策，就增加了人在他州的大學生投票的難度。

值得重新設計的明顯例子，包括美國許多州複雜得不可思議的社會福利制度。這則練習請大家挑一個制度，親身體驗一下，瞭解事情是怎麼回事。你也可以自行變化，套用在各種你想設計或進一步瞭解的情境，如健康照護、教育、退伍軍人事務。

不論你打算把創意技能應用在何處，這個練習將協助你瞭解，沉浸式體驗如何能增加洞見。探索本書結尾最進階的幾則練習時，此類工具相當實用。

本則練習的目標是完整走一遍線上申請社會福利的流程（只是最後不按下「提交」）。美國許多州的食物援助等社會福利，如今都可以線上申請，但流程依然困難重重。你要嚴格限制自己在二十五分鐘內完成練習。

不論你實際上擁有哪些資源，一律假裝家裡沒有電腦，改用圖書館的電腦或手機申請。這麼做會增加難度，你將更能體會沒有電腦的感受。詳細閱讀所有的申請指示，試著不出任何錯誤。

千萬注意：**不要**真的提交申請。也不要打電話給社會福利單位，不要麻煩行政

人員協助你申請,他們忙著協助其他民眾。換句話說,你要在不造成任何人困擾的前提下,靠自己瞭解申請制度的每一個環節。

懂了吧,你要自立自強。

練習時間結束後,回想學到的事。這則練習有其難度,你八成無法在規定的時間內完成。

你的任務是找出機會與出乎意料的地方,留意它們帶來的感受。制度理論上該發揮的功能和你實際觀察到的情形,有多大的差距?你是否堅持到最後?你有哪些疑問?手上沒有電腦等科技產品的民眾,將碰上哪些額外的障礙?

————

如果你經濟無虞,一般不會用到社會福利,但不論財務狀況如何,當你不熟悉你想瞭解的制度,這個練習的用處會最大。從頭到尾走一遍之後,你將能從個人的角度,瞭解你要準備接觸的事物。

這則練習的設計對象包括新進的團隊成員,以及在這個主題上與我們合作的州政府主管。做了練習後,免不了會發現,對絕大多數的申請者而言,整個體驗的設計無法提供必要的協助。

從很多小地方,就能看出事情有多不容易。首先,申請者必須知道要搜尋什麼關鍵字,才能在網路上找到申請表,而他們通常連開設帳號都沒辦法,或是很難在手機上填寫表格。美國的衛生及公共服務部,未提供最佳化的行動體驗,民眾必須花大量時間,才能走過申請程序,同時不出錯。此外,當申請表問到「你是否無家可歸」,有的申請者會有情緒反應,但許多人認為那不過是例行性問題。即便理智上你明白那只是例行性問題,有過沉浸式的體驗之後,你就會瞭解那不免會引發情緒反應,而且令人難忘。

我們展開設計時,密西根的社會福利申請表十分冗長,一般至少要四十五分鐘才能填完。申請者被要求多次填寫相同的資訊,其中包含很私人的問題,例如:「你孩子的受孕日是哪一天?」申請人經常形容,政府表格就像是故意設計成讓他們填不出來一般。好幾位律師的感想是:「我每一個字都認識,但看不懂在問什麼。」連律師都這麼覺得,萬一申請者還有讀寫問題或視覺障礙,到底該怎麼辦。唯有親身體驗過,才會發現重重的申請關卡。

嘗試做這則練習的人士,大都沒填完申請表,無法享受將所有格子打勾的快感。他們發覺原來填個表有這麼難,而這正是這則練習的重點。

請留意,你做完練習後,也只是接觸了相關制度幾小時而已,不代表完全摸透。我們可能進一步認識了這個制度,也想要協助改良,但仍然不是百分之百瞭解事情有多複雜。這個練習意在提醒我們,對大多數當事人來說,這是他們實際上會碰到的事,而非學習體驗,無法關掉重來一遍。

——雷娜・賽澤和亞當・賽澤

跟屁蟲時間

本文取材自艾瑞爾・拉茲（Ariel Raz）、戴文・楊（Devon Young）、珍妮佛・沃考特・戈登斯坦（Jennifer Walcott Goldstein）、彼得・沃斯（Peter Worth）、蘇西・懷斯（Susie Wise）

大有可為的點子最怕碰上的兩句話：「在我們這行不通」和「我們以前試過了，沒用」。講這種話的人，通常是組織或制度裡心灰意冷的前輩，他們試著改善事情好幾年了；另一種可能則是改變對他們不利。這兩句回答與其他類似的反應提醒我們，在發揮創意、解決挑戰時，我們很容易因為過時的想法而卡關，擺脫不了固有的限制。D.school 經常接到這方面的求助。

當你嘗試把新思維帶進舊問題，你需要幫自己打預防針，做好聽見這類回絕的心理準備。方法是換上「新鮮的雙眼」。

我們會很樂意送你到眼科診所，請他們開這樣的處方，但是在那一天成真之前，先試著跟在人們的後頭就好。

跟著某個人體驗他的生活，可以讓你在不被成見所圍的情況下，觀察環境與環境中的各種行為，協助你刻意採取天真的心態，以不同的方式看事情，想出可能的改善方法。

這則練習是養成同理心與理解的速成法。我們通常用來協助學校領導者或老師，從學生的眼睛看學校，不過你也可以把「跟隨體驗」（shadowing）的概念與練習，應用在任何的組織或情境。

當你對改變感到悲觀，或者只是有點卡住，跟在他人後頭將為你打開一扇窗。訣竅是想一想，你可以如何跟隨某個非

傳統的專家，從他身上獲取靈感。那個人可能是辦公大樓的工友。社群的隱藏節奏與需求，工友比任何人都清楚。也可以找你團隊中剛來的新人，他能以全新的眼光看待你們的文化。家長可不可以跟著孩子的腳步？或是反過來，孩子跟著爸媽的腳步？當然可以。選擇經驗與你不同的人做這個練習，你將學到最多東西。舉例來說，如果你是高中老師，數學是你的強項，你可以挑選聽不懂代數的學生。如果你個性安靜內向，就找個活潑的人。如果你是白人女性，可以考慮找非白人男性。他們面臨的各種挑戰，將和你完全不同。挑一個你要跟隨的人，利用以下指示，從練習中得到最多的收穫。

基本版的跟隨體驗練習很簡單：選一個你想瞭解內心想法的人，跟著他一天，他做什麼，你就做什麼。事前準備包括：寫下你的體驗日學習目標、選定當天要跟的人，並質疑自己的假設：

我希望從我跟隨的人身上學到什麼？
我希望從環境與制度，獲得哪些更寬廣的認識？
我希望藉由這個挑戰，學到哪些和自己有關的事？

做好行前準備，畢竟花一整天跟隨一個人，將不同於平常的日子！想好你要穿什麼、攜帶什麼。想一想你要如何和你跟隨的人破冰。如果你的組織沒舉辦過這種活動，事先要打好招呼，解釋你的目的，請當事人同意讓你跟著他。

用一整天的時間「如影隨形」，一路上隨時觀察，不過這一天的目標不是只有觀察。你跟的人有什麼體驗，你也要沉浸其中，一起工作、吃飯、走路。舉例來說，老師的跟隨體驗日，將是從等公車，一直到最後一節課的鈴聲響起，花一整天體驗自己學生過的生活。

當天結束後，花一些時間記錄你的觀察，質疑事情是否一定非得這樣，找出帶來正面轉變與行動的機會。預留這樣的反省時間，將協助你理解自己看到、聽到與感受到的事情。

在這一天當中，你最難忘的體驗是什麼？為什麼？
你訝異什麼事？有哪些開心事？
實際的體驗和原先的預期，有哪些地方不一樣？
你發現有哪些事與你的設計目標有關？
你得知了哪些事，完全出乎意料？

接下來是準備行動。想一想，如何能好好運用跟隨體驗日的發現。是否有你想與人分享的故事，或是你想推廣的結

論？設計一場小型實驗，開始推動改變。以下提示可以刺激你思考：

最急迫、最應處理的需求是什麼？
下星期可以嘗試哪些事，好多瞭解一點你的心得？
要採取行動了。哪件事讓你最興奮？
哪件事讓你最緊張？

————————

跟隨體驗可以運用在各式情境中，例如讓教育人士大量做這個練習。在美國的K-12教育環境（譯註：從幼兒園〔Kindergarten〕到十二年級），跟隨體驗帶來正面的顛覆體驗。教育人士追尋意義與根本原因，帶來寶貴的洞見，進而與每天做的事、每天看見的事，產生不同的關係，最終改變自身行為，甚至是學校的整體運作方式。

有的教育人士做完練習後，觀察到較日常的小事，例如孩子們在座位上坐一整天，體力上有多累人；或是學生無法在放鬆狀態下，有充裕的時間吃飯，補充營養。有的教育人士則觀察到更宏觀的面向，比如學生是如何體驗學校文化。

有一位老師跟在學生後面，觀察到中學生除非是被迫，不然不會和大人互動。學校也沒有以任何公開的方式彰顯中學生的存在。這位老師立刻想到舉辦大型的學生作品展，好讓孩子知道學校關心他們，也在乎他們的課業。這位老師先做小型的實驗，只在自己班上嘗試。她把大量的學生作品擺放在教室外的走廊上。

實驗立刻產生影響，帶動更全面的改變。其他老師注意到這位老師展示學生的作品，詢問她為什麼要這麼做。校長非常興奮。學生看見作品被展示，則是感到非常自豪。其他老師也起而仿效。一個很容易做到的小巧思，就全面、系統性地讓學生們瞭解他們的作品受到重視。

各位也可以在任何組織或情境中，應用跟隨體驗練習。有時光是公開展現同理心，就能帶動文化上的轉變。

——艾瑞爾‧拉茲與戴文‧楊

7 基本元素

本文取材自艾雷塔・海茲（Aleta Hayes）

所有的創意活動都一樣，重要概念其實就是那幾個。即便出現在不同的脈絡中，基本原則永遠是一樣的。你留意那些原則後，就能應用在任何情境。艾雷塔・海茲是舞蹈家與編舞家，她有很多學生從未接觸過正式的舞蹈課程，但海茲依然利用她對基本動作的掌握，協助學生表達情感，不論學生有多少舞蹈基礎都無妨。

你在表達自我時，哪些基本元素最重要？回想一下你做過、讓你特別自豪的計畫或工作。

你表現傑出的那些計畫，運用了哪些基本原則或技巧？可以如何應用在其他場合與空間？

我熱愛基本原則

我熱愛古典芭蕾的原因就在這裡。手臂要怎麼抬、重心要放在哪裡，一切都有規範。我喜歡研究並挖掘各種形式的規範，例如數不清的非洲舞蹈，其中有種種感受大地的方法，理解大地讓我得以深入周遭的空間。

我小時候的夢想是會說全世界的語言，而今我有可能圓夢；我發現透過舞蹈，我可以做到這件事。因為人們運用空間、重力，以及彼此連結的方式，都是在使用一種共通的語言。

——艾雷塔・海茲

8 看的練習

本文取材自瑞雪兒・杜利（Rachelle Doorley）與史考特・杜利，靈感得自亞碧蓋爾・豪森（Abigail Housen）與菲力普・葉納溫（Philip Yenawine）

有的東西近在眼前，但你硬是看不到。

此時此刻，你正在處理數量大到不可思議的資訊：窗邊的蒼蠅發出的嗡嗡聲、室內灑落的影子，還有昨晚煮完晚餐後，你確實關了爐子（幸好！）。然而，這一切的資訊，你清楚意識到多少？答案是只有一小部分。大腦隨時在保護你，過濾你接收的資訊，以免一下子湧入太多事物，造成資訊過載。

學著控制大腦過濾器，專注於眼前的事，你就能看見其他人漏掉的訊息，引發強大的效果。這則練習的靈感來自教育人士亞碧蓋爾・豪森與菲力普・葉納溫。兩人的研究顯示，這種控制有利於創意與批判性思考技能的整體成長，生活與工作中的眾多領域都能受惠。

這則練習將協助你慢下眼睛與大腦之間的連結，找出你其實知道、但不知道自己知道的事。成千上萬的設計與創意機會，就藏在這個龐大的無意識觀察之中。

有時你會注意到實際的「膠帶」（duct tape）或英文譬喻中的膠帶，後者是指權宜之計，但問題需要以更能夠治本的方法來解決。你也可能看見所謂的「捷徑」（建築師的術語是「期望路線」〔desire line〕），也就是人們為了偷懶或者那樣走比較符合直覺，沒走在鋪好的正式道路上。當你練就了火眼金睛，將看到別人看不見的東西。哪些東西被漏掉了？

———————

找一張照片。真實生活的記錄照，最適合這個練習。你可以找對日常生活感興趣的攝影師作品。新聞照片有時富有戲劇性，但拍的是生死一瞬間。街景照最適合；最好找那種細節很多、多人同框，無法確定發生什麼事的照片。你也可以用下面這一頁的影像練習。

找好照片後，問自己幾個問題：

照片裡發生了什麼事？
你看見了什麼，所以那樣說？
你還看見什麼？
你看見了什麼，為何那樣說？

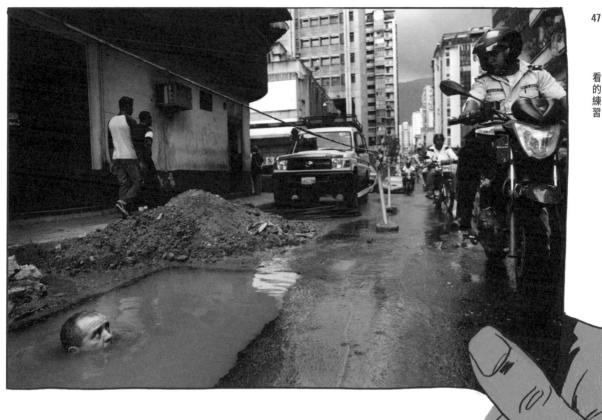

一遍又一遍，一遍又一遍，不斷地自問自答。

你可以寫日誌或留下紀錄，一天做一次這個練習。一開始，強迫自己替每張照片寫下幾頁資訊。練習幾次之後，就永遠不怕沒有觀察可以記錄了。

———

這則練習能幫助你瞭解，日常生活裡充滿多少的細節。背景中的細節讓這個世界鮮活而真實，你所有的創意作品都要具備那樣的特質。留意細節是讓設計作品增色的第一步。

我感覺在平日的生活中，人們看著某個影像的時間不會超過十五秒，但我讓大家做這個練習時，得在十五分鐘後喊停，叫大家不要再看了。每次做完這個練習，我在回家路上看到的每一件事物都變得截然不同。路人的背包上有汙漬，還有某人穿的白鞋，我開始留意到一切細節，這一點對設計師來講萬分重要。

——史考特‧杜利

有的人負責說，
有的人負責聽

本文取材自雷蒂夏·布里托斯·卡瓦納羅與梅莉莎·佩羅契諾（Melissa Pelochino），靈感來自瑪倫·奧克曼（Maren Aukerman）、馬諾·辛哈姆（Mano Singham）

不論身處什麼團體，每個人處理資訊與分享點子的方式，自然有所不同。有的人會大呼小叫，詢問到底是什麼意思；其他人則默默在一旁觀察、思考。不過，人們展現什麼樣的性格特質，其實要看情況，並非一成不變。換句話說，周遭的情境將決定每個人如何說出自己的想法。

有時，這和權力互動有關，例如老闆的

發言時間會多過其他人，或是醫師的看法受重視的程度，遠遠勝過護理師（換到另一個團體，同一名護理師有可能變成最踴躍的發言者）。有時則和社會化有關，例如男性講的話多過女性與非二元性別的人士。此外，如果團體講的語言是你的第二語言或第三語言，你的話也會比較少。這樣的互動結果將壓抑多元文化的發展，無法享受到多元思考者與行動人士的想法與貢獻。

然而，不論是讀書會或工作團隊，你的團體要如何運作，不必受制於其他人的規範。你可以設計自己的規則，只需想辦法讓大家注意到這個挑戰，不找代罪羔羊，也不禁止任何人發言。

出於種種原因，一群人聚在一起時，有的人話多，有的人話少。這則練習能讓未明說的假設浮出水面，讓人人抱持善意，更促進自我覺察與他者覺察。我們

要有能力審視內心與周遭的環境，才能夠引發真正的學習，培養創意文化中的信任感。

尋找五到五十人做這項練習。做完之後，每個人會更具有同理心，更瞭解如何鼓勵其他的成員發言，打造齊心協力的環境。

————————

請所有參加練習的成員，選擇要當「說話者」或「聆聽者」。在整個練習過程中，所有人都必須選擇扮演其中一個角色。由於情境會影響行為舉止，請挑選最符合你當下狀態的角色。

每組各自帶開。你和同組的說話者（或聆聽者）站在房間一隅，避免和其他組擠在一起。

大約花十五分鐘，找出你的組員聚在一起時，每個人參與的方式有哪些異同

處。另外,也觀察別組聚在一起時,成員之間有哪些異同。即便是在自己的小組,你也將發現值得留意的差異。找出你想問別組的問題,至少提出三個。

讓剛才各自帶開的小組回到原地。可能的話,請兩組人面對面站成兩排,一個成員對應一個成員。這種安排會令人有點不自在,但用意是提醒,即便每一組都不一樣,你們也可以用全新的方式達到共識。

第一組向第二組提出問題,接著由第二組向第一組提問。就那麼簡單。

一旦開始留意並反思這些基本行為,很容易不知不覺討論了一小時。通常還沒聊盡興,就必須有人出面喊停,因為時間到了。

———————

這個練習威力無窮,足以揭曉人們假設其他人有哪些動機。你將瞭解人們如何在「心知肚明、但不明講」的情況下互動,這層理解深深影響這群人表現的行為。

舉個例子來講,聆聽者通常會問說話者:「為什麼你們感到有必要立刻接話,對話不能有沉默的時刻?」說話者通常會回答:「我無法代表所有人發言,但以我來講,我覺得如果我搶先說話就能破冰,鼓勵其他人發言。」

你幾乎可以看到空氣中出現兩組人沒明講的假設,接著「砰」一聲,那些假設便消失了。組織內出現理解上的分歧時,可以帶大家做這個練習,拉近彼此的距離。

如果你帶領某個團隊、教某一班、作為一家之主,你會希望打造一個理想的環境,讓你帶的人拿出最好的表現,但這不是你一個人的責任。這個練習帶來的體驗,將使得每個人感到身負重任。每個人都必須想辦法積極參與,貢獻一己之力。

——雷蒂夏・布里托斯・卡瓦納羅

10 盡在不言中

本文取材自格倫・法哈多（Glenn Fajardo）

新興研究顯示，與不同文化背景的人士培養人際關係，將能激發創意，促進創新能力（包括專業關係、友誼，甚至談戀愛！），但前提是你們不能只是泛泛之交。對方的文化多元度能帶來多少創意，端看你們之間的關係深淺。

有的人占了地利之便，同事恰巧來自各種背景，或是住在多元的城鎮。此外，現在網路發達，我們愈來愈能和分散各地的專業團隊，建立有意義的工作與個人關係，因此更多人的世界被打開了。

所有的團隊都一樣，有效合作的前提是，你個人的某些基本需求被滿足，比如感到被尊重、理解與重視。多元的國際團隊還會有額外的需求：你想要確知人們會耐心對你，最終理解你。你需要感到別人不會因為你無法流利講他們的語言，就假設你頭腦不聰明；儘管有著語言或文化上的種種差異，大家會努力瞭解你的優缺點，找出你喜歡與不喜歡的事；你們都有責任回應彼此。

這並非小事一件，因此這項練習將協助你建立並深化跨國關係，當雙方使用不同的母語，尤其重要。藉由這個練習建立或強化新的國際關係後，將帶來更深的連結與更多創意。找好一位練習夥伴，這個人必須來自不同的文化背景，但由你來定義何謂「不同」。此外，如果這個練習帶來的啟發實在太大，也可以找你知道會正中紅心的人，再做一次同樣的練習。

————

你和練習夥伴需要兩個重要的溝通工具：能拍照與錄影的手機，以及能發送影音檔案的訊息app。

兩個人講好，至少要安排二十分鐘完成這項練習。在那之前，至少要有二十四小時的準備時間。

你們將互傳照片和影片，小心有可能耗盡手機的上網流量。大部分的人會盡量選用 WiFi。

從現在起，到你和練習夥伴約好碰面的二十分鐘前，在那一整天的時間內，用手機拍下至少十五張照片或短片，內容是你平日的生活。不用擔心你看起來酷

不酷，也不必試著讓人印象深刻。這個練習的關鍵是建立真實的關係，因此你可以考慮記錄以下事項：

你在一天之中的想法、感受與反應。
從早上到下午再到晚上，你生活中的各種景象。
你周遭的環境。
你互動的人事物。
你參加的活動。

別忘了，你的照片／影片要取自一天中的不同時刻：從早上六點到十點、早上十一點到下午四點，最後在下午五點與晚上十點之間，**各拍**五到十張照片／影片。此時，先不要把拍下的內容傳送給練習夥伴——時間還沒到。

拍下的照片或影片愈多愈好，因為你和練習夥伴在約定的時間碰面時，將需要很多可供挑選的照片或影片。

到了約定時間，你們準備好進行無聲的對話。沒有必要打電話，整場對話將以

你們先前拍攝的照片和影片進行。

不要使用任何文字，也不能貼表情符號（那樣會太簡單！）。

展開對話的方法如下：

用簡訊或聊天 app，寄一張你拍的照片或短片給練習夥伴。

接下來，夥伴要在三十秒內，回應你傳給他的東西。他必須在自己拍攝的照片或影片中尋找相關內容，回寄給你。

你同樣也在三十秒之內，挑選一張自己拍下的照片／影片，來回應夥伴的照片／影片。

用照片／影片來來回回，彷彿你們在對話一樣。

盡最大的努力「聆聽」，相互傳遞訊息。即使不打字，你們還是試著對話（這個練習不是隨機互傳照片與影片而已）。

聆聽與述說有多種形式。你可以用非常類似的東西回應（對方給你看早餐吃蛋，你給他們看早餐吃麵），也可以回應很不同的東西（練習夥伴給你看在戶外踢足球，你給他看雨天被關在室內）。別擔心你傳的東西妙不妙、完不完美，每次都要在三十秒內回應對方。

完成對話後，用五分鐘回想兩個問題：

首先，你在剛才的對話過程中，產生什麼樣的感受？

第二，你得知對方的哪些事？

和練習夥伴分享你的答案（現在可以講話了！），以另一種方式連結與建立你們的關係。

───────

這個練習威力無窮的地方，在於完全移除所有的語言障礙，雙方能專注於視覺這個原本就共通的語言（如果團隊成員有視覺障礙，就改成只能用音檔對話。捕捉一天之中聽到的有趣聲音，接著交流雙方共有的基本體驗，如感受、環境、活動）。

人數多的團體可以用一種美好的方式，延續並保存練習的成果：每組製作一到兩分鐘的影片，依據最初分享的順序，串起對話中的照片與影片。為這支迷你電影配樂後，就有了永久的溫馨紀錄，留住你和練習夥伴的第一次對話。幾年後，當你們回顧這段關係帶來的創意成果，將慶幸當初以藝術的形式，捕捉到敞開心胸、進行跨文化分享的時刻。

這則練習除了加深人際連結，也能讓你留意並好奇人們的日常生活。由你來挑選細節，完成這則練習的對話。我經常看到人們在練習結束後，詢問箇中細節，進一步建立關係。此外，這則練習的形式還能對照彼此的生活，協助你找出共通的模式，並挖掘多元之處。

——格倫・法哈多

11 我最愛的破冰三部曲

本文取材自莎拉・史坦・葛林伯格

我對於閒聊這件事，有很多話要說。我認為客套限制了我們與新朋友的第一次互動，只能談一些理論上彼此都感興趣的安全話題，有時還得照著刻板印象的性別界線走，男人就該聊運動，女人就該聊衣服，所有人都該聊天氣。我認為人類用閒聊這種無聊得要命的事，一邊折磨彼此，一邊證明自己不會威脅到社會秩序。

我們人一定還能以更好的方式，與同胞連結！

的確是那樣沒錯，甚至如果想讓人們的互動從「禮貌疏離」，走向「創意合作」，更是非得這麼做不可。

如何與陌生人進行首度的交流，有一定的社會規範，但我發現如果用心安排情境，人們可以在很短的時間內，以出乎意料的程度，拉近彼此的距離。人與人之間的連結，將是敞開心胸、有效合作的關鍵。

以下三種創意法能讓人們熱絡起來，可以分開使用，也可以按照這裡的順序一次搞定。此外，雖然這則練習很適合工作上的破冰，在婚禮與其他的家庭聚會場合，也相當受歡迎。

這三個活動刻意從簡單的起步，最後才透露更多私事，可說是用小步驟通往深入的談話。首先，找一個人和你一組（對內向的人來講，這是溫和的起步方式）。接下來，你和剛才找到的新同伴，一起加入另一組。如此一來，組裡確定有自己認識的人。直到最後一輪，仍是這四人小組，不更動成員，可協助每個人最終觸及更深層的議題。

———

你的名字來由

找現場不熟的人組隊。
交換各自的名字來由。

這個練習提示可以用許多方式來解釋，這也是為什麼這麼做十分有用，能帶來各種有趣的故事。你可以解釋你為何叫這個名字、為何改了名，還有別人把你和同名之人搞錯的好笑故事、你的姓氏在祖父母的母語中的意思等等。

分享幾則你們想到的有趣故事。

殭屍末日準備

和剛才「你的名字來由」的夥伴一組，再找一組人，變成四人小組。你們四人討論殭屍末日來臨時，各自能貢獻哪些特殊技能，協助在場的所有人活下去。你懂的，殭屍末日可能隨時來臨。

所有專家團體都一樣，他們介紹自己的方法，一般都是從做哪個領域、過去有哪些成就開始，但這一輪大家將有機會用意想不到的方式認識彼此：原來誰誰誰會烤天然酵母麵包、做木工，甚至是會多項武術。

你將發現眾人各是深藏不露的高手。請幾個人當代表，和所有人分享，自己的四人小組有哪些意想不到的技能，這下子要靠那些絕招活下去。

第三回合

這次的成員，仍是你的殭屍末日準備四人組，但時間回到現在，想一想自己在外人面前的形象。一定要讓四人中每一個人都有機會分享，談談在各自的領域、目前的工作或學校，他人是如何看待你的，本身又**希望**別人怎麼看待你、對你有什麼樣的認識。

以上的討論提示故意不訂得太死，例如你可以分享，別人認為你很主動，你也試著讓人感到你這個人很負責，做事有始有終。你也可以思考更長遠的規畫：你希望這一生能在你的社群或領域留下什麼樣的遺澤？

聊完後，感謝大家跟你同組討論，暫時

先說再見。

————

對創意工作來講，留意人們分享的事情，甚至留意他們（和你自己）如何回應這樣的交流，是很重要的資產，可協助你聽見各種情境重要的言外之意。你將在一生的旅途中，成為更深思熟慮的合作者。

每當我碰上一群沒見過面、但未來將密切合作的人士，包括不同班級的學生、全球跨國會議，以及促進合作、追求科學研究突破的工作坊，我會使用以上的破冰三部曲。這個方法有效的原因，在於讓大家看到彼此私底下的一面，但又不會要求陌生人透露過多私事。

12 訪談的基本要點

本文取材自麥克・巴瑞（Michael Barry）與蜜雪兒・賈（Michelle Jia），靈感來自羅夫・法斯特（Rolf Faste）

創意計畫的開頭是嘗試找出新的契機，此時深度訪談能讓你在處理問題時，不至於自動套用過去的框架。培養訪談能力，將協助你避免「想當然耳」，把人們真實的需求當成設計核心，提出具備創新潛能的點子。

各位將藉由這則練習，學習展開「半結構式的對話」（semi-structured conver-sation），意思是不漫無目的地閒聊，對話有著明確目標。你將試著瞭解對話的另一方，找出他們與你無從預料的創意挑戰有什麼樣的關聯。你無從完全得知開放式的訪談將聊到什麼，但八成會聽到具備關鍵重要性的事情。

展開訪談時，可以想像你在挖掘某個被埋住的寶藏。只要挖得夠深，就會突然顯露。然而，就如探勘貴金屬的道理，這種「挖寶式」訪談會讓受訪者感到被赤裸裸揭開，你有所圖謀，因此他們不會透露對你最有用的資訊。這種採訪方式過分簡單粗暴，缺乏更寬廣的視野；你可能因此得知，某個人對各家電視節目有什麼看法，但永遠不會知道，他們其實對電影遠遠更感興趣，而且對整天盯著螢幕的人評價不高。你的目標是創意研究，在對話過程中建立新的連結。你和你對話的人，因此對這個世界有了更新的認識與理解。增進訪談技巧之後，你將學到如何替感興趣的主題（通常就是設計案的主題），以及對方相關的人生體驗，建立起對話橋梁。

訪談前，先留意所有可能的權力動態。這種對話與隨口聊天的區別，在於你是為了特定目的而展開對話。順利的話，你將獲得大量的洞見與資訊，替創意找到方向。然而，那是雙方都想達成的目標嗎？還是只有你一人？如果你是富裕、出身好或社會地位高的那一方，你該如何確保自己不會占弱勢者的便宜？譬如後文會談到直接提供報酬。此外，別忘了考慮到，你本人或許並非負責此次訪談的適合人選，可改由較瞭解相關議題的團隊成員或同事出馬，你則擔任記錄或支持的角色。成為優秀訪談者的前提，不光是加強在討論過程中挖出細節的能力，還包括在他人更適合訪談時懂得讓賢，只不過這項練習本來就是在

模擬訪談，你可以放心嘗試這裡提到的技巧，無須考慮誰是最理想的訪談人。

訪談有許多基本的重要面向，以下練習將協助你專注於「行為」、「步調」與「互動」三個層面，創造讓受訪者暢所欲言的空間，順利進行訪談。有了經驗之後，你會知道訪談需要循序漸進，才能漸入佳境。

————

事先規畫好，找到願意挪出一、兩個小時的好心人。請找有點熟又不是太熟的人。以我為例，我的房東是我做這項練習的完美人選。他們是大我一輩的夫妻，一位來自日本，一位來自美國，有一個女兒、一個孫子。此外，由於這對夫婦人非常好，他們有好幾位長期租客。我認識他們已經超過十年，聊過很多事，比如難搞的鄰居、漲房租、附近的咖啡店，但我不曾試著從他們的觀點，探索我設計的主題。我知道我能從房東夫婦那裡學到很多事，而且我想他們也會樂意協助我改善訪談技巧。你要找的就是這樣的訪談對象。想好人選之後，即可依照接下來的步驟，安排並執行訪談。

創造空間

深入訪談通常長達一、兩個小時。需要這麼長的時間，才有辦法營造和諧的對談氣氛，追蹤數條故事線，擁抱沉默的片刻，好好探索一切你有興趣瞭解的主題。事先做好安排，讓對話發生在能安心受訪的環境中。受訪者是為了你挪出時間，所以一定要思考這場交流對你們雙方代表的意義，決定要如何尊重這段關係。你可以提供某種形式的報酬，專業的場合尤其該如此。其他時候則可以準備禮物。

由於你需要事先做好聯絡工作，安排各種事項，你必須先想好你究竟想知道哪些事情。如果暫時沒有特定的計畫，可以挑本書最後一部分提供的設計挑戰，作為此次練習的主題。「家庭晚間體驗」（258 頁）屬於相當開放的討論，因此是不錯的選擇。別忘了讓採訪對象知道，這場訪談是否為單純的練習，或者你打算運用這次採訪獲得的洞見，展開真正的計畫。此外，也要告知受訪者，你對他們的人生經驗與觀點感興趣，而且他們的回答沒有對錯可言，你打算虛心聆聽、學習。

設想訪談流程

有一種心智模型（mental model）可協助你設想訪談過程：想像你和一名有趣的同伴來一場健行。起初，你們走在平坦的地形，你試探自己與受訪者的關係，建立連結。在這個階段，透過肢體語言、口頭的肯定，明確指出你欣賞他們的地方，表達你對他們的想法感興趣。此時不能抄捷徑，跳過山腳地帶。一定要先花時間培養友好的氣氛，不然接下來挖不出豐富的新鮮見解。》

一路走上山時，你會更清楚周遭的地貌。有了這樣的背景，你將更瞭解登山夥伴提供的特定例子或想法，究竟具備多深刻的意義。對話變得更個人（只要你的健行夥伴覺得可以安心透露）。你們一路同行，你聽見細節豐富的精彩故事。在一路往上走的這個階段，你請對方多說一些細節，或是讓對話進展到新的主題。

即將登頂時，你們一同停下腳步，探索心中湧出的情緒。你們回頭眺望走過的路徑，瞭解每段路是怎麼銜接在一起。

山頂過後是下坡路段。此時回想先前的對話，將協助你理解對方分享的概念、觀點與感受。

到了登山步道的終點，分享這趟旅途最突出的地方，說出你的主要心得，並詢問登山夥伴你是否理解正確，他是怎麼看。結果聽見一、兩件出乎意料之事——受訪者分享不同的看法及反應，讓你在回家的路上不斷反芻。

增色、推進或反思？

除了替對話夥伴創造暢所欲言的空間，你可以在「增色」（color）、「推進」（advance）與「反思」（reflect）三種修辭行動中切換。套用剛才的登山隱喻，這些行動有如停下腳步，欣賞某個景色的細節（增色）、繼續走在登山步道上（推進），或是停下來，詳細討論這趟旅途值得留意的時刻（反思）。

你平日和親友說話，其實也會隨時運用「增色」和「推進」，例如：「她做了什麼事！？然後呢？發生什麼事？」換成訪談時，唯一的差別在於你是刻意運用這幾種修辭行動。「反思」則需要動用更多技巧，重點是營造出安全的空間，鼓勵對方反思自身的體驗、需求或看法。而且，讓你重新看待眼前挑戰或機會的新洞見，大多也是從反思過程中產生的。

思考你要討論的主題，寫下你將使用哪些方法，不斷推進對話。

增色

舉例來說，訪談內容如果是討論晚間的行程，可能會聊到晚餐。你可能聽到：「我最愛的食物是烤番薯，但不是一般的那種烤法，而是特殊的作法。我們以前住德州的時候，我母親都會做那道菜……沒錯，烤番薯絕對是我的最愛。」你在練習時將注意到增色的機會，例如對方提到「有特殊作法」、「我們以前住德州」。此時你可以發問：「特殊的作法？是怎麼烤的，特色是什麼？」「伯母什麼時候會做這道菜？」「這是德州特有的菜色嗎？」

當你聽見有趣、感人、私人或特定的內容，希望受訪者多談一點，便可以利用增色問題，請受訪者當嚮導，跟著他提供的線索走，想辦法替常見的增色問題填空，例如：

「我不太明白你說的＿＿＿＿＿，能不

能多解釋一點？」

「你能不能一個步驟、一個步驟講解你是如何_____？」

「能不能幫我畫張圖，解釋_____的布局？」

「你會和誰一起／在什麼時間／以什麼方法，做_____這件事？」

「太有意思了！能不能多談一點_____？」

「你有一次_____，那次是怎麼一回事？」

推進

推進型提問能引出對方先前沒談到的事。你在對話中帶進你想知道的事。「對了，剛才談到你吃晚餐的習慣。能不能聊一聊，這和你其他的晚間體驗有什麼關聯？」其他能派上用場的橋接句包括：「我們尚未談到太多關於_____的事。」或「我也很好奇_____；那跟你現在講的事有什麼關聯？」

反思

深入探討他人觀點的方法，是藉由反思問題，回到對方先前在對話中提過的部分。反思問題相當實用，但也有很多要注意的細節。各位可以利用後文的「反思與啟示」（94 頁）一節，專門練習這項技巧，或是在這裡快速做一下簡易版的練習，確認受訪者先前說過的話。「剛才你提到_____，我認為你的意思是_____，希望我沒弄錯。用你自己的話來說，你會怎麼講？」這種反思提問，只是簡單複述對方說過的話，或是換個方式表達，看看他是否認同這樣的講法。

登山時慢慢走

訪談時不要急，比較像在散步，而不是行軍。對方講完一段話後，試著留下一、兩秒鐘的空白。我們很容易出現的反應就是，對談者的嘴巴一沒在動，立刻拋出下一個問題，但是停止講話跟把話「說完」，其實有著很大的差別。如果你總是立刻接下一個問題，你會錯過重要的回想或反思時間。每當出現安靜時刻，對談者幾乎都會朝值得留意的方向，把自己的思路接下去。你需要掌握留白的技巧，跟著對方的節奏走。除了要以口頭方式回應對方提供的內容，也要以非口頭的方式，回應對話者的步調與停頓，提供他們進一步發揮的空間。這個練習的最終目標，就是留意你們的互動品質與對方的回應如何隨著時間而變化。你一旦瞭解，透過自身的能力，替另一個人創造並維持暢所欲言的空間，對話可以變得多麼親密、私人，你就能順利進行創意的研究，在對話的當

下憑直覺從容行事,不必一直擔心要如何發問。

在對話的尾聲,替新訊息開啟一扇門。問一、兩個問題,讓受訪者有機會嚇你一跳,提出出乎你意料的想法。兩個經典提問分別是:「關於這個主題,你有沒有想到其他我應該知道的事?」「還有哪些我應該問你的事?」

結束後,請受訪者提供意見回饋。在這次的體驗中,他們認為高潮與低點各是什麼?他們會建議你更改哪些地方?他們在過程中,想著哪些沒說出口的事?

————————

這個練習不好做。當你是為了挖掘某件事而訪談,便已經設定與計畫相關、明確想得知的訊息。然而,也必須讓受訪者帶著你走,跟隨他們的興致。多多演練你的訪談方式,經常練習。一段時間後,你將學到如何在不同的目標之間抓到平衡。

整體而言,如果你專心根據口頭與非口頭的線索,成為更優秀的聽眾與觀察者,你的對話將上升到全新的高度——效果會勝過問個不停。

關鍵是瞭解訪談會有的過程與高低起伏。你是採訪人,你最有興趣知道的事,要到訪談很後面才會出現,而且答案通常轉瞬即逝。先前的醞釀工作不能省略;走到山頂會花很長一段時間,但聽見啟示的登頂時刻,就只有一瞬間。抵達山巔前,你需要創造說出心聲的空間,而這種事需要時間。

——麥克・巴瑞

派對、公園、馬路

本文取材自丹・克萊恩（Dan Klein）與史考特・杜利

創意團隊的精彩合作，有賴於「心理安全感」（psychological safety）。感到安全的前提是建立信任感，而信任感又來自知道身邊的人會在背後支持、助你成功，而你也禮尚往來。你們看重的事物與人生經歷或許不完全一樣，加上你們各自貢獻的長處，理想上又最好不同，因此多認識彼此，才能建立更穩固的關係。你們之間的關係十分重要；唯有相知相惜，才能放心爭論工作細節，無須擔心團隊會因此瓦解。職場以外的團體，也是一樣的道理：不論是同住的室友、旅伴、孩子玩伴的家長，都能利用這個練習，建立更融洽的關係。

由於信任無法假裝，也急不得，你必須刻意製造機會來建立信任感。這個練習會提供一套全新的工具，你可以利用空間促成信任感。看戲時，燈光一暗下來，加上特別設計的舞台，將協助你相信台上發生的事。這個練習也是一樣，運用空間與肢體互動，來影響人們的對話方式，協助彼此感到更親近。

如果想要建立關係，促進創意信任感，可以做一對一的練習，三到六人的團體也可以。這個練習需要一點想像力，而且每一輪活動都需要一位主持人負責設定場景。場景和道具不需要很豪華，只需要你在練習過程中，願意四處走動。

———

指定一個人負責計時，在每一輪快結束、倒數一分鐘時，出聲提醒。

第一回合：站在派對上

和同組夥伴站在一起，請每個人想像，自己身處歡樂的雞尾酒派對這類社交場合，大家都是第一次見面。

想聊什麼都可以。「您從事哪一行？」或「大家自我介紹一下吧」都是不錯的開場白。

一群人聊八分鐘，每個人分到一點時間自我介紹，解釋自己的職業。

你可能會注意到對話停留在很表面的層次，例如：「我是老師。」「我是記者。」「我是巴爾的摩人。」大部分人在禮貌的社交環境下，都有固定的答案。»

第二回合：一起坐在公園地上

現在請每個人想像，時間很晚了，你們在先前的派對上一見如故，決定續攤，到公園繼續談心。

你們坐在地上。來吧，想像自己真的坐在「公園」的草地上。

這回合再度是八分鐘，但對話換成不尋常的問題：討論你認為別人怎麼看你。別忘了找人計時，剩一分鐘時提醒大家，確保每個人都講到話。

在這一輪尾聲，進一步發揮想像力：搞半天，你們剛才坐的地方，居然是別人家的草坪。屋主禮貌請你們離開。你們一群人當中，有人自請開車送每個人回家，不過問題來了——那輛車很小，大家得擠一擠！

第三回合：大家擠在一起

在這個回合，安排一下位置，大家坐的時候，盡量靠在一起（不一定要有肢體

接觸）。請在場最靠近電燈開關的人幫忙關燈，照明盡量仿照深夜開車時車上的情景。再加一點新劇情：車子爆胎了，在等拖吊車的時候，由於站在車外會太冷，大家便擠在車裡，進行最後一階段的對話。

這次聊你們希望別人怎麼看你們⋯⋯你們真正的樣子。

好，所以你希望別人怎麼看你？再次設定八分鐘，每個人輪流發言。計時器響了之後開燈。

做這回合的練習時，小組很常要求把燈再度關上。每個人通常都沒聊盡興，想繼續聊下去。

好了之後，來一點簡單的收尾。

每個人獲得什麼體驗？你留意到哪些事？

一定要讓每個人都有機會發言，以口頭的方式整理自己剛才的體驗。

———

這個練習的轉折點會發生神奇的事情：從站著到坐著、再到擠在小車裡，將提供新層次的互動深度。下練習指令「坐下來，在公園裡彼此聊天」之後，你將發現並感受到現場的變化。人們突然進入不同的模式，肢體語言變了。等你們不得不起身離開草坪，所有人塞進小車裡，又會進入完全不同的層次。

建立持久的信任感需要時間，但你會感到訝異，透過這樣的刻意互動，可以帶來多少信任。

讓人們的互動方式產生轉變，以及安排

空間，讓肢體互動發生變化，將促成你希望激發的個人參與。設計任何體驗時，想一想你希望人們出現的行為與感受，接著設計會促成那種行為的空間。你可以運用手邊的各種素材，在這個練習的第二回合接第三回合時，引發動態變化，譬如請大家擠在一張桌子底下，或是坐在拱門下，引發類似擠在小車裡的感受。

許多人生活一成不變的原因，就在於空間設計缺乏彈性，不過即便是最正式的會議室，照樣能轉換動態，改變人們在空間裡的互動方式。最簡單的一招？拿掉所有的椅子。

你也可以獨自 DIY：重新設計你的工作空間，藉以改變工作方式，效果有可能嚇你一大跳。

就我玩這個遊戲的所有經驗來看，人們最訝異的，莫過於自己一下就深深投入。我從沒聽過有誰說：「玩過頭了。」此外，我會仔細考慮要請哪個團體做這個練習。

舉例來說，如果我在說服某個團隊嘗試新事物，我不會把這個練習用在他們身上。反過來說，不論是哪種組織裡的團隊，如果對方已經同意要嘗試不同的事物，此時我會做這個練習。此外，我在 d.school 的第一堂課也會做這個練習，因為學院的名聲遠播，行事風格本來就很獨特。

——丹・克萊恩

14

成熟度、
肌肉鍛鍊、
多元性

本文取材自妮可・可汗（Nicole Kahn）

人人都能設計，但是要熟才能生巧。設計師妮可・可汗歷經千錘百鍊後，辛苦有了收穫。相較於剛起步的初學者，她技術純熟。設計不是光憑天賦。

你認為創意與設計的本質是什麼？那個本質源自哪裡？是天生就會的嗎？還是說可以培養，抑或是先天與後天條件加在一起？

想一想在生活中，你覺得哪些人特別具有創意。

他們和別人不同在哪裡？他們做了哪些不一樣的事？

對你的創意工作來說，成熟度與肌肉鍛鍊的意義是什麼？

你如何能接觸更多元的事物，讓自己更成熟、更有力？

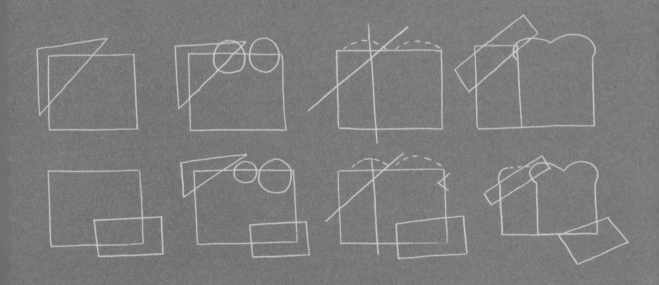

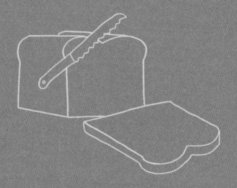

朋友們，不能說的祕密是

……

設計其實沒有什麼大道理，十分直覺，與人有關。人有需求，我們猜測需求，替人們打造東西，交到他們手裡。我們從過程中學到一些事情，再來一遍。

我和全然的新手唯一的區別，就在於成熟度、鍛鍊，以及我見多識廣。

——妮可·可汗

15

發揮同理心

本文取材自蘇西・懷斯

你是你人生的專家,清楚來龍去脈——一旦換成別人的生活,你就不是了。

然而,努力瞭解他人的生活重心,卻是設計過程的重大環節(也是你人生中其他所有關係的重點)。相較於把炙手可熱的新技術,或遙遠總公司的某個人認為該怎樣做有用,作為設計主軸,當你把人們的需求擺在前面,通常會得出更圓滿的結果。理解他人永遠是一門功課,這種事永遠無法做到盡善盡美,但是必須當成目標來追求。如果你願意踏上旅程,留意一路上出現的機會,努力理解他人,這個過程將成為你工具箱裡的法寶。

心態保持謙遜,才有可能理解他人。你沒辦法做個意見調查,就知道人們要什麼。以居高臨下的態度,舉辦流於表面的公聽會,同樣辦不到。理解他人是連結、好奇心與合作的動態過程——獲得意見回饋與新觀點的同時,一次又一次修正路線。

很多時候,設計師的權力,大過最後實際使用設計/忍受後果的人。如果你擁有或代表的教育程度、經濟能力、健康狀況、社會資本,高過你協助設計的社群,你八成會碰上這種情形。你在沒意識到相關動態的情況下,沒能真正理解社群的需求。社群因此感到被利用,形象受到扭曲。你執行的解決方案有可能傷害大於幫助。

即便你隸屬某個同樣受設計結果影響的團體,依舊要帶著謙卑的心來處理這次的設計。舉例來說,如果你手上的計畫是協助退伍軍人,接受美國退伍軍人事務部(VA)提供的心理健康服務,就算你本人也是退伍軍人,你的經歷可能完全不同於最需要協助的同袍。其他例子包括,就算你擔任過級任教師,替別人設計課程時,還是可能有盲點。同樣的教學內容,如果是不同種族或民族背景的師生,他們的體驗也會有所不同。

這則練習能讓你主動形塑大方向,奠定你與最終使用者的關係,相當於設計你的設計工作。這個方法能協助你激發更齊心協力的互動方式,而非一段創作者與繆思之間的關係。召開重要的計畫會議、研究或工作坊之前,可以先進行這

個結構較為鬆散的活動——有的對談者能貢獻設計長才或提供助力；有的對談者則可以提供身為社群成員的遭遇，或是聊聊這次相關挑戰的親身經歷。

————

安排好時間，在進入「工作」階段前，和這次打算一起創作的人士或設計對象，事先培養關係。找社群裡的一個人，一起造訪這次合作的專案地點。可能的話，請搭乘公共交通工具。當雙方沒有上下之分，這個練習能達到最佳效果，因此你應該事先安排妥當，讓缺乏結構性權力的那一方，清楚如何搭到公車或火車，以平衡兩方的權力，有機會發揮同理心。

這項練習的場景，刻意設定成搭乘交通工具，因為此時雙方通常會肩並肩，而不是面對面坐著，中間隔著桌子或其他障礙物。相較於氣氛嚴肅的場景，一方凝視著另一方，專心聆聽，記錄對方說的話，這個練習沒有劇本。如同一邊開車，一邊和孩子閒聊，這是卸下心防的時刻。兩個人開始認識彼此，建立關係。這則練習在考量權力動態後，拿掉不對等的部分。

————

即便你手上沒有正式的專案，依然可以運用這個方法，和某個人建立更深入、更雙向的關係，譬如你可以和住在不同區的另一位家長，一同前往家長會；或是週末以共乘的方式參加宗教活動。這麼做的用意是藉由體驗肩並肩的旅程，凸顯從傳統標準來看，你們之中較不「專家」的那一位的情境智力（contextual intelligence，譯註：指適應環境的能力）。你請這個人加入時，絕對要運用情商，說明動機——你希望有機會和對方相處，建立較平等的關係。開口邀請之前，先想好要怎麼說。

我住在加州奧克蘭（Oakland）時，讓學生做過這個練習。練習對象是「熟門熟路」的社區人士。照傳統標準來看，那幾位設計系學生的社經地位較高，但是能力與知識仍不如識途老馬。薑是老的辣，人生歷練寶貴，這個活動讓學生深刻體會到這一點。

謙遜是重要的設計元素：即便你有能力創造，還是要虛懷若谷，這個世界仍有很多你不知道的事。我們都需要練習謙遜，並不時重溫那樣的感受。

——蘇西．懷斯

16 冰箱裡有什麼？

本文取材自莉雅‧西伯特（Lia Siebert）

主題很複雜的時候，如何知道該從何著手？此外，如果已經鑽研同一個主題很久了，又要如何透過有人味的個人視角，注入新鮮的觀點？

這個活動將協助你透過別人的眼睛，以嶄新的方式，看熟悉的東西。

此外，這個練習還會有美好的副作用：當你利用這種方式，在認識的人之間開啟對話，幾乎永遠會聽到：「我坐你旁邊五年了，我今天得知你的事，居然比過去幾年還多。」

———

這個二十分鐘至三十分鐘的活動，很適合兩人一組或團體練習。

向練習夥伴自我介紹，分享一張你冰箱的內部照片。

這個練習一開始會令人有點不安。練習夥伴將從你的選擇和習慣，看出哪些你通常不會告訴別人的事？你又會看出練習夥伴的哪些事？

運用這個練習，來鍛鍊近距離觀察人事物的能力。

練習夥伴的冰箱，讓你注意到哪些事？你因此推論出夥伴的哪些生活細節？如果不知從哪裡開始，把雙方的照片擺在一起，比較兩者異同。

問很多的「為什麼？」。如果你開始聽見家族故事、尷尬笑聲、自豪、恐懼、希望或儀式，那就對了。如果聽見對方言談中湧出情感，就值得停下來深入聊一聊。

———

這個活動有許多可能的起點。除了冰箱，其他理想的觀察對象還包括浴室、櫥櫃、書架、後車廂的照片。你懂的，訣竅是挑選和你要設計的東西相關的主題。那些地方比較私人，通常不會給外人看，但也沒私密到人們不願跟你聊。

藝術家馬克‧曼吉瓦（Mark Menjivar）的作品，帶給我這個熱身活動的靈感。曼吉瓦拍下全球各地人士的冰箱，即便冰箱主人沒出現在照片裡，那些影像仍帶來意想不到的親密感。輪班工作者、獵人、

家裡離超市只有一條街的家庭……看上去十分不同。

最初的靈感協助我成立計畫，與關注兒童肥胖的健康照護部門合作。我認為直接聊平常都吃什麼的飲食習慣，有些困難。人們認為該做的事，通常與他們實際做的事非常不同。說與做的差距，隱藏著重要的洞見，反映人們的看法、價值觀、困難、挑戰與動機。一旦讓人們談論這個差距，將有機會想出許多創意解決方案。這個簡單的練習，讓團隊深入瞭解人們的各種行為，接著在設計過程中，把那些元素納入考量。

——莉雅・西伯特

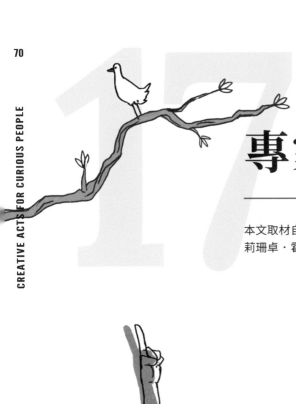

專家的眼睛

本文取材自蘇西・懷斯與梅莉莎・佩羅契諾，靈感來源為亞莉珊卓・霍洛維茲（Alexandra Horowitz）

大腦不停抄捷徑，協助你處理眼睛、耳朵等感官傳來的龐大資訊。大腦會略過某些東西，其餘的部分則快速詮釋。大腦這麼做，只是為了在正確的時間點提供最有益的資訊。如果你餓了或感到恐懼，這個資訊有可能定生死。然而，這樣的效率是有代價的：你將養成習慣，思考方式一成不變，注意不到新的事物。你的看法、先前的經驗、步調，甚至是當下的認知負荷，都會影響哪些事物能透過大腦的篩選，進而影響你得出的結論。

讓工作多一點創意的方法，是讓大腦有機會走不同的路徑。你需要接收新知，跳脫固定的認知──這需要自我訓練。

這則練習將協助你採納多元的觀點，拓寬視野，從多重的角度接收資訊。

沿著街區走二十分鐘左右，可以是你住的那一帶、農場、保齡球館，任何地方都可以。

在筆記本畫下你看見的東西。

接下來，重複相同的散步路徑三、四次，但每次都邀請不同專長的人陪你。「專家」形形色色，你的人選唯一需要符合的條件，是他們經過自家領域的訓練，得以用特殊的角度看事情，比如土木工程師、藝術家、景觀師、歷史學者、運輸業者、社區義工、小型企業顧問。

請專家邊走邊聊，說出他們注意到哪些事物，每次都畫下來。

完成後，比較最初獨自散步時畫下的東西和後面幾次的畫。

出現哪些不同的新細節或洞見？你對散步地點那一帶的觀點，出現什麼轉變？

這則練習能讓你感受形形色色的當事人，是如何替問題空間（problem space）或機會添加意義與洞見。你甚至可能看出，對人與地方的成見是如何妨礙你進一步瞭解你身處的環境。

有一次，我和景觀設計師走在附近街區。他指著一棵樹告訴我，要如何看出發生過旱災，還一一點出各種意想不到的力量形塑著地貌，影響著人類。我們兩人都注意到人行道有一條裂縫，但我走過去就算了，他卻有一百件可說的事。

——蘇西・懷斯

從「不知道」到「知道」的旅程

你 有多常在生活中問孩子：「你今天在學校學到什麼？」

我們早已脫口而出這個問題無數遍。姪子、外甥、鄰居小孩，或是自己的孩子聽到我們這麼問，或許會開心你關心他們，不過更可能的結果是覺得煩。我們問別人學到什麼時，通常是在問他們獲得的知識或事情。這裡的事情指的是內容與事實，或是做某件事的具體步驟，比如讓語言的時態一致，或是計算假分數。這個問題很重要，但見樹不見林。下次你又想問對方學到「什麼」（WHAT）的時候，試著改問「你今天在學校學得如何（HOW）？」各位想一想就能明白，詢問「如何」的時候，我們是在支持學習，也尊重學習的過程。

今日這個年代瞬息萬變，因此學習是一種關鍵能力，協助你面對出乎意料、無從預測的挑戰。不過，愛問「什麼」的習慣，顯示我們有多常忽略，學習本身其實也是需要習得的特殊能力。我們學到的東西，非常不同於我們如何學習某樣東西⋯⋯以及下一樣東西、再下一樣、再下一樣。如果忽視了「如何」，我們將無法發揮所有的學習能力。

好消息是你可以利用各種方法，完整思考學習這件事。除了採取「如何」導向的作法（例如學者杜維克〔Carol Dweck〕提出的「成長型心態」，以及琳達・達林－哈蒙德〔Linda Darling-Hammond〕研究的所有類型的「探究式學習」），設計也提供另一種學習方式。從最基本的層面來看，設計就是學習的過程。設計以強大的方式協助人們成為學習者，甚至促使人們更加熟悉商業、教育，以及各種意想不到的領域涉及的設計，包括法律、科學、政府。

學者如今愈來愈清楚人類如何學習，不過對大部分人來說，學習依舊是個謎。我們只知道孩子天生就能學習。幼兒弄翻一碗穀片，是在做地心引力的物理實驗。再次打翻時，則是在做複雜的心理實驗，測試照顧者會有什麼反應。此外，幼兒明知故犯，是在檢視家庭單位的社會學，看看家裡會如何回應重

複出現的壓力刺激。不過話說回來，小朋友可能只是覺得好玩，或是想讓其他人知道誰才是老大。

孩子是超級學習者，會留意並抓住學習的機會。他們藉由實驗，得到新數據，加以詮釋，接著重複實驗，在最初的基礎上不斷累積學到的事物。他們是在複雜的社會環境中進行這些活動，而非無菌的抽象環境，同時在「必須知道」或「想要知道」的基礎上投入學習。這一切充滿驚奇與興奮感。

一旦改成較為正式的學習方法，結果不一。我們都上過感覺時間過好快或好慢的課、人太多或太少的課、太理論或太應用的課，即便是同一堂課，你和鄰座同學的學習效果也不同。我們從自身的經驗就知道，沒有任何課程同時適合所有人。然而，即便知道某種方式不適合自己，你清楚自己是什麼樣的學習者嗎？有辦法描述嗎？除了大致的樣貌，你能描繪出輪廓、不規則處與大小嗎？如果說不出來，你能否找出學習對自己來說是什麼樣子？

麥特‧羅斯（Matt Rothe）教人設計的動機是刺激永續食物系統的創新。他運用下面這個威力無窮的簡短練習，協助學生找出前述問題的答案。試一試吧。

18 學到自己是如何學習

本文取材自麥特‧羅斯

找出人生中幾個學習的時刻，譬如在學校、職場、家裡、旅途中，獲得深刻的理解或洞見。回想一下衝擊力很大的片刻，你有可能在當下非常享受，或是日後想起來覺得遇到了轉捩點。

替每一個時刻寫下那場經歷的五點特質，比如：你人在哪、身旁有誰、發生什麼事。研究一下那張表。你注意到哪些模式或主題？那些經歷為何帶來威力強大的學習時刻？提出你的假設。

最後想一想，日後能夠如何運用那個假設，協助自己達成目標。你能否重現那些條件？能否利用這裡找到的洞見，在進一步學習時更小心篩選機會？

麥特談到這是他出過的作業中，影響力最大的一個，替扭轉教育體驗打好基礎：學生從被動的接收，轉變成積極實驗的心態。也因此，從固定型的知識，轉換成終身學習。

這其實是一種設計心態，假設周遭的世界目前並不完美，因此我們可以動腦發揮創造力，改善自身與他人的體驗。抱持這樣的心態，將促使你主動培養能力，處理未來的需求。周遭的世界千變萬化，能帶來力量的不只是學到的事物，如何學習也很重要。

我要在這裡呼籲，在現在這一刻，這個世界需要我們採取這種心態，協助所有人更清楚如何學習。大家在二十一世紀初天天聽到的台詞，就是這個世界變得有多快，有多少新技術與社會力量形塑著生活，要跟上又有多難。未來原本就充滿不確定性。接下來幾年、幾個月，甚至是幾星期，你的家鄉、國家或我們的地球會變成什麼樣子，令人感到不安與困惑的程度更是前所未見。在答案不明朗的情況下，設計方法是協助你學到更多的強大工具。

在這樣的年代，我們都需要隨機應變、愈挫愈勇。即便情況不明，也必須發揮創意，拿出生產力。在這種時候，把自己視為設計師，將帶來最大的助益。光是知道事情過去如何運作還不夠；我們必須準備好打造積極靈活的未來。

過去一百年，設計本身發生了演變，此刻以新的形態出現，可說是老天帶來的及時雨。多數人還以為設計只是在打造某些實物，但設計遠遠不只是那樣。設計的基本工具，如今廣泛運用在製造新的體驗、系統，甚至是概念。設計是廣義的「反正就想辦法解決問題」，結合各式各樣的工具，學習面對那些缺乏現成解決辦法的新挑戰。

舉例來說，d.school 的校友羅弗頓（Alex Lofton）在幾年前醞釀點子，希望讓年輕人負擔得起房子。羅弗頓的點子部分源自於，他和許多同輩在二十八、九歲與三十歲出頭時，財務能力有限。羅弗頓最初的概念是建立線上平台，由親友出一點小錢，贊助想買房子的人，交換房子的一小塊所有權——有點類似房產版的 Kickstarter 募資平台。

羅弗頓的團隊打造大致的原型，與其他人分享點子，最後發現他們最初的概念將面臨五花八門的挑戰。因此，他們把心力改放在目標更明確的需求與團體。他們決心要讓教育界人士買得起高價地區的房子。有的老師任教的學校位於昂貴的社區，很難靠薪水活下去，甚至連退一步住在遠一點的地區，也負擔不了。羅弗頓的解決辦法愈來愈明確可行，概念變得更加使命導向，最後他在二〇一五年成立 Landed 公司，透過共享產權的方式，直接協助從事不可或缺職業的人士負擔頭期款，譬如教育及健康照護的工作者。此外，Landed 提供的服務，還包括協助當事人走過麻煩的購屋流程。

或以另一位 d.school 校友江宜蓁（Gina Jiang）的故事為例。她是一位台灣醫

生，在理想的健康照護系統執業。那個系統提供可負擔又高品質的醫療服務，但江宜蓁依舊想解決一個問題：台灣的醫院很忙碌，醫生沒時間聆聽個別的病人說話。江宜蓁替創意與合作創造空間，成立史上第一間地區患者體驗與創新中心，「挪出時間」給原本可能被忽略的患者照護議題。

江宜蓁成立實體的組織空間，開啟意想不到的機會。某位負責照顧傷口的護理師，有一位長期患者。這位患者替其他病友製作量身打造的結腸造口袋（這種袋子的使用者通常動過救命的手術，身體的排泄方式因此有所改變）。這些袋子很舒服，抵擋得住台灣的濕熱天氣，還能預防腸造口疝氣。然而，這位患者不曾分享自己的點子與方法。江宜蓁團隊密切與這位護理師、患者、廠商合作，開發新版的造口袋，大幅增加生產規模，達成提升造口袋患者尊嚴的目標。江宜蓁的流程有幾個關鍵點，與本書介紹的技巧如出一轍，包括畫出旅程圖（journey map），仔細記錄某個人一天的高低潮，以及在執行深具挑戰性的計畫時，刻意在創意團隊的互動中，加進歡樂與幽默的元素。

你可能沒聽過前述兩位奉獻自我的傑出創意人士，但他們運用創意與設計能力，在不動產與健康照護兩個天南地北的領域，從事有意義的工作。兩人示範核心的設計行為，包括發揮天馬行空的創造力，採取同理心實驗，仔細觀察自己的流程如何影響結果。江宜蓁與羅弗頓的例子，都是在還不知道所有的答案、甚至尚未問對全部的問題之前，就踏上設計之旅，而這正是查爾斯‧伊姆斯（Charles Eames）等設計領域最傑出的人士能成功的關鍵。

伊姆斯與妻子雷伊（Ray），以及他們旗下工作室的許多設計師，面對每次要處理的主題往往不甚熟悉（例如他們在電腦發展的早期，和 IBM 展開長期的合作關係），卻總是能提出傑出的設計。部分原因在於他們擁有永無止境的好奇心，對新事物具有學習能力。他們的自信，來自於明白人類有辦法解決從未碰過的問題。

設計今日被應用於五花八門、沒人見過的問題，因為設計的基本原理能協助你快速學習。設計與學習的相似之處，已有正式的研究，但你不需要學術上的證實，也能感覺這一點無誤。隨著你持續摸索出自己的辦法，你將愈來愈擅長處理大大小小的挑戰。人們也會知道你有如厲害的馬蓋先，隨時願意接受未知的挑戰。

伍爾曼（Richard Saul Wurman）是建築師與平面設計師，平日以多采多姿的方式，用新點子號召眾人。他以下面這段話形容設計大師查爾斯‧伊姆斯，告訴我們在充滿眾多未知數、瞬息萬變的世界裡，拓展設計的應用範圍，對所有人都很重要：「如果你販售你的專長，你能賣的東西有限。如果你販售

你的無知，你的庫存是無限的。〔伊姆斯〕販售自己的無知，以及他學習某個主題的欲望。他的工作是踏上從『不知道』到『知道』的旅程。」

每一個設計專案，其實就是從「不知道」到「知道」的旅程。這是諾拉健康的設計故事（詳見 7 頁），也是吉兒·維亞雷（Jill Vialet）的故事（126 頁的「打開行李練習」）。此外，每當你碰上問題、還不知道答案時，那也能夠成為你的設計故事。你甚至有可能因為設計的緣故，發現到目前為止沒人問對問題。什麼是發現？發現其實就是學習的別名。

培養你的設計能力，等同於以新的方式思考學習。這種作法能伴你一生。在人類史上的這個時刻，這是一項關鍵能力：好多人、好多社群、好多組織，需要以更好、更人性化、更巧妙的方法，處理我們和瞬息萬變的環境面臨的需求。本書提供的練習能教你如何帶著創意信心，處理那些需求。你不一定知道該怎麼做，但你知道如何找出方法。設計能幫上忙的地方就在此。即便在世界風雲變色的時刻，也能助你一臂之力。

在這個千變萬化的二十一世紀，學習如何學習是你需要培養的基本能力，也是本書每一則練習的核心精神：設計的方法與人生觀，讓你帶著好奇的開放心態面對這個世界；帶來改變事情的機會；把點子化為有形的事物，加以測試，找出可能性。

哲學家賀佛爾（Eric Hoffer）表示：「在劇烈變化的年代，學習者將繼承未來。停止學習的人所具備的技能，通常只適用於已經不存在的世界。」

我們要當學習者，成為設計師，繼往開來，盡己所能，創造更美好的未來。

19 辨識、承認、挑戰

本文取材自克里斯・魯德（Chris Rudd）

優秀的創意作品，需要由你這個人讓你個人的點子成真。你腦中的靈光一閃，就這樣變成世上真實的東西，能夠被體驗、被他人使用。

然而，靈光一閃與靈感的背後，藏著無意識的大量偏見，而你無意間傳達並延續了那些偏見。社會結構影響著我們所有人，滲透我們的思考。這則練習會讓那些結構現形，不再一個不注意，影響你帶來世上的作品。你將不會感到無助，而是有機會主動挑戰那些敘事或偏見，以全新的方式推動你的設計。

你可以獨自練習，也可以做小組練習。

———

首先，找出會受你的作品影響的群體，至少說出十個。從種族、宗教、生理能力、民族、國族、富裕程度、性向、性別認同等面向來看，他們可能是背景各異的群體。舉例來說，在種族這個廣泛的類別，又可細分為「黑人」、「白人」、「原住民」等三種群體（範圍還

是很廣）。在白板或牆上，替找出的每一個群體留一個空位。

接下來，針對每個群體，寫下所有你這輩子聽過或意識到的假設／刻板印象。有的是正面的，有的很難形容。那些假設／刻板印象有可能相互矛盾。替每個假設／刻板印象，貼上一張便利貼。記得提醒自己和其他人，提出來不代表本人相信這些說法；這裡的目的只是要讓文化中的刻板印象現形。

完成後，開始乾坤大挪移。把所有正面的刻板印象移到板子的最上方；負面的刻板印象則貼在底部；不好不壞的評價放中間。這個視覺化的過程是關鍵。如果沒讓這些資料外顯，方便觀察，結果會很不一樣。

停下來想一想，你感覺如何，以及在場的每一個人有什麼感受。問以下幾個問題：這些刻板印象（正面和負面都一樣），目前是如何出現在你的思考脈絡？刻板印象將如何影響你的設計方式？你的解決方案與設計又會出現哪些刻板印象的痕跡？接下來，依據反省後得出的見解，提出開放式的問題：「我們能如何……？」，替前進的道路打好基礎。舉例來說，你可能發現和輪椅人士互動時，你自動假設他們一定需要幫忙。雖然意識到這一點令人尷尬，但這個相當實用的洞見，點出坐輪椅人士使用你的設計時，將遭遇那些偏見。

你可以考慮提問的「我們能如何……？」包括：

我們能如何多瞭解相關人士的真實需求？
我們能如何瞭解某人的長處，而不是一開始就認定他會有哪些弱點？
我們能如何瞭解，輪椅人士將在我們設計的環境中遇上哪些狀況？

理想的「我們能如何……？」問題，不會把解決辦法放進句子。給自己一些空間，想出各種可能的解答，再判斷哪一個最值得嘗試。

找出相關的偏見並處理後，就能利用「我們能如何……？」這樣的問題，想出幾個解決方案的點子，以及改善設計的工具。»

最後是反省時間。如果你本身感到或聽見其他人說出「帶來力量」或「有希望」等關鍵詞，代表這個練習正順利進行。

————————

這則練習的目的是找出負面的假設，以及無意間抱持的偏見。我自己是芝加哥人，那是一個種族隔離十分嚴重的城市。如果你反對種族歧視，代表你也主張消除隔離。我一直想辦法讓設計打破種族隔離。我真心相信，要創造公民社會，就必須手牽手，心連心。

我設計這個活動的原因在於，我教的班上有許多國際學生。媒體或他們國內的講法都說：「別去芝加哥南邊的某幾個區，那裡很危險。」但如今我們要求學生前往那一帶完成設計作業。我曉得學生滿面愁容，但如果我們對特定人士抱持負面觀感，又要如何為他們設計呢？我們需要想辦法消除偏見。

有一次，我讓有心改善服務的大學輔導員做這項練習，刺激他們找出內心對學生抱持哪些假設。完成資料視覺化的步驟後，黑人學生與拉丁裔學生被貼滿大量的負面偏見，正面的很少；白人學生則獲得大量的正面假設，很少有負面的。此外，那群輔導員很年輕，思想相當開明，但跨性別學生只得到負面的假設。我知道那群輔導員並不討厭跨性別的學生，但碰上這個族群時，他們只想得出一個正面的刻板印象，這就足以說明問題所在了。他們因此開始真正專注於自己輔導的跨性別學生。

還有另一群輔導員，設計出能評估種族偏見的反省工具，打算每次輔導學生後就立刻反省。「我是否受這個刻板印象的影響？我說的話，是否無意間向學生傳達了這個刻板印象？」這群輔導員相信有了理想的反省工具後，就能著手規畫更良好的互動，從頭開始改良輔導工作。

如果你和一群人一起練習，從講解要如何進行開始，就要留意你們使用的語言。

舉例來說，設定活動情境時，開場白可以是「我們生活在種族歧視的制度裡」，接著鼓勵參與者討論。參與者會對「制度」兩個字很敏感，因為他們必須思考自己在當中扮演的角色，以及自己是否延續、忽視或顛覆這個制度。以我在芝加哥帶領的設計工作來看，這句陳述提供適當的框架，不過你必須依據自己的所在地，設定不同的情境。

請記住一件事：絕對不要把組員提到的假設／刻板印象，當成組員的個人看法。這個活動的用意是讓社會的主流敘事浮出檯面，不該被當成「我就是這樣想的」。要是不注意這點，參與者會不敢講話，怕冒犯到人，導致練習無法發揮太大的效用。

——里克斯・魯德

練習使用隱喻

本文取材自尼赫・夏（Nihir Shah），靈感來自珍・赫許費德（Jane Hirshfield）

設計的固定流程是勇闖未知的世界。你勇於假設在設計大功告成時，將發揮的功能、樣貌，或是帶來什麼感受。你能否在自己還不是完全清楚要去哪裡的時候，就清楚地加以解釋？這種事是辦得到的！只要想出隱喻，就能指引正確的方向。隱喻是一座認知的橋梁，協助你勇敢跳下去，但依舊感到心中踏實，有如站在熟悉與堅固的地面，不致像隻無頭蒼蠅。

隱喻讓你能用 A 來體會或理解 B。詩人赫許費德在精彩短片《隱喻的藝術》（*The Art of the Metaphor*）中提到，如果你曾經感到「被文書工作淹沒」，此時你不僅是在描述大量的文件，還說出了這種體驗帶來的內心感受。隱喻能協助你同時運用想像力、感受與感官來思考。另一個例子是英文片語「天上下起貓貓狗狗」（raining cats and dogs，意指下大雨），令人聯想到傾盆大雨的畫面，甚至能聞到潮濕的狗毛，聽見貓咪在嘶吼。

隱喻不只是以生動的語言描述已知的事物。你也可以運用隱喻，表達腦中冒出來的各種點子，或是為複雜的挑戰提供新的觀點。

這個練習將協助你運用隱喻，瞭解你嘗試解決的問題，或是替你想製造的創意影響定義機會（還有許多創意十足的隱喻運用方式，如 114 頁的「解決方案已經存在」，利用隱喻想出點子。也可以參考 181 頁的「告訴你的爺爺」，用隱喻來溝通抽象的概念）。

你可以獨自練習，也可以做小組練習，針對大家一起發現的創意點子，想出共同的語言。»

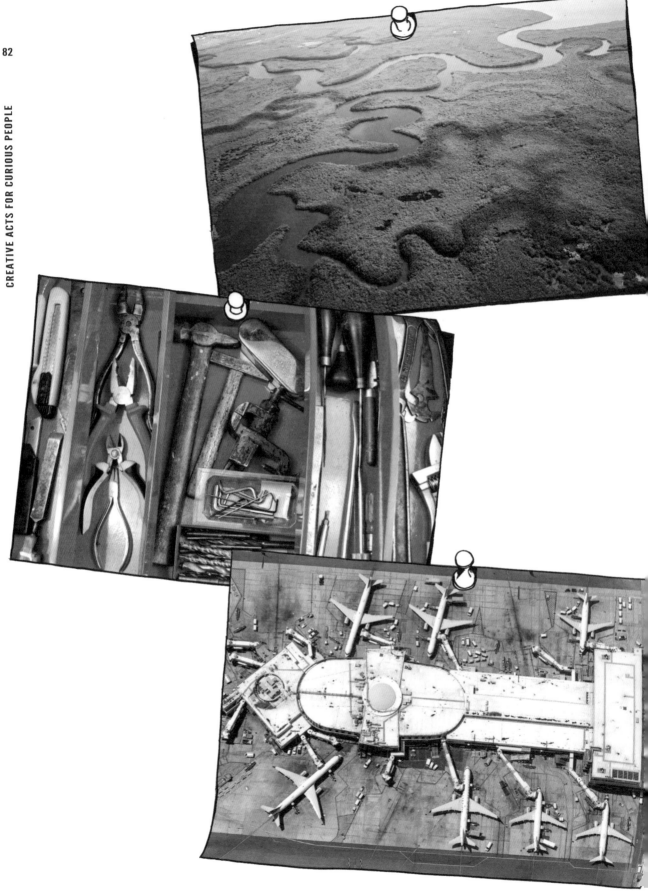

找出在你的生活或工作中，目前面臨的挑戰。接下來，看著前一頁的圖片，挑出一張。從某種角度來講，那張圖和你目前碰上的難題，有著異曲同工之妙。

如果很難挑選，就試著選一張符合以下條件的圖片（或隱喻）：

最符合目前狀況給你的感受——
最能捕捉到替目前的問題設計出解決方案後，你希望自己（或別人）會有的感受——
最接近你的發明或設計可能有的樣貌——

選好圖片之後，開始列清單，就圖中的系統或物品，盡量寫下你看見或能想像的不同部分。舉例來說，如果挑中機場，可以列出各種職務與職責，包括機師、餐飲人員、行李裝卸人員；也可以列出各類裝備，如引擎、卡車、輸送帶；或是種種體驗，如誤點、預期、耳朵痛、害怕；各種正式與非正式的關係，如特許協議、登機口配置、座位分配。以上只是略舉幾例，這幾張圖當初會雀屏中選，就是因為內容豐富，適合描述各式各樣的互動。潛在的隱喻無處不在；如果想到別的隱喻，也歡迎使用。

完成後，試著把清單上的各項元素，連結至挑戰的各個面向。正副駕駛之間的關係，或是托運行李後、看著行李在眼前消失的體驗，可以代表你的世界裡的哪些人事物？你希望那些元素代表解決方案中的哪一部分？你可能立刻就能把點和點連起來：**喔，我完全知道排隊排到天荒地老的機場安檢，代表我的計畫中的什麼！**也或者你得尋找一下靈感，仔細檢視清單，找出連結。花十五到二十分鐘完成這個步驟，能找出多少連結，就找出多少。

之後，從客觀的角度問自己三個問題：

我從正在處理的挑戰中，獲得了哪些新見解？
關於我需要考慮的解決方案類別，我有什麼新點子？
我如何利用這個隱喻的一些元素，讓大家更容易聽懂我在做的事？

————————

不論是什麼挑戰，發揮創意就是從不同的角度看待挑戰。隱喻快速、簡單，你一下子就能透過不同的視野看事情。此外，隱喻能幫助你把模糊的想法，放進熟悉的框架。如果你試圖處理的挑戰含糊不清，或是感覺卡住或焦頭爛額，用隱喻來思考，就能讓問題迎刃而解。此外，隱喻也能帶來靈感，協助你依據刻意而正面的模式，打造解決方案。如果你走進醫生的候診室，感覺有如踏進咖啡館，那會是什麼情形？如果說修車廠呵護你的愛車，有如SPA呵護你，那是什麼意思？

如果你想替你的設計找出一整套隱喻，只要尋找各種系統的影像，如生態系統與自然系統，幾乎都能正中下懷。其他效果也很好的圖片，包括轉運站、收藏品，或是經過高度設計的體驗（如馬戲團、時髦的飯店大廳、職業籃球賽）。你可以列印出影像，製作一套隱喻卡，運用在目前及未來的設計上。

21 替好奇心指定一個方向

本文取材自尤金‧寇桑斯基（Eugene Korsunskiy）、凱爾‧威廉斯（Kyle Williams）、比爾‧柏內特（Bill Burnett）、戴夫‧埃文斯（Dave Evans）

這則練習有如帶著好奇心去散步，在流程中刻意探索你如何尋找靈感。

這則練習對你有益的原因在於，現今這個年代，幾乎世界任何一個角落都能帶來靈感。資訊從四面八方湧來，你會感覺隨時都在錯過精彩事物。你必須有辦法關掉心中不斷碎念「完了完了，我錯過這個！」的聲音，讓大腦集中精神在更值得注意的事物上，也就是讓你真正火力全開、刺激創意的靈感。

這則練習會找出你真正感興趣的事物。適用時機是每當你感到選項太多，不知該從何選起，或是正好相反——靈感被榨光的時刻。

————

這個活動大約需時三十分鐘。準備好筆記本和筆，不管是去博物館、購物中心、書店，任何地方都可以，條件是要有很多物品可以互動，近距離觀察。

四處走走，直到有東西吸引你的注意力。仔細觀察一下，為什麼你對那樣東西感興趣？或許是形狀、顏色、材質、大小，或是性別、美食、運動等主題的呈現方式。

寫下那樣東西為什麼一下子抓住你的注意力，你又是為什麼喜歡那一點。接著再度走動，尋找相同特質的物品。

找到新目標之後，逗留兩分鐘，記下你對這樣東西感興趣的原因。或許你原本在尋找繽紛的顏色，但多加觀察之後，你興奮地發現，光滑與粗糙的質地巧妙交織在一起。好了，這就是你的下一個任務：繼續閒逛，找出同樣具備**那種**特色的物品。

不斷重複這個過程，換六、七次目標，每次都停下來想一想，這次你感興趣的是什麼。每次找到的物件，是哪一點在呼喚你？

完成之後是思考時間。

首先，你已經建立一個迷你目錄，知道自己受到哪些視覺特色的吸引。這項資訊相當實用！第二，想一想你人在博物館時（或是購物中心、書店等），通常有什麼樣的行為。假設你的答案類似於「我感到應該獲得文化薰陶，但我只是亂走一通」，那麼這次和你一般逛博物館的方式，有何不同之處？

再來是很重要的後續提問：這次的體驗，是否算是你遊走於其他事物的縮影或隱喻？比如你正在處理的棘手計畫？一段關係？新工作帶來的體驗？新工作的體驗和剛才的散步經驗，有哪些地方是類似的？

或許，你其他的體驗也有雷同之處，例如缺乏目標、匆匆忙忙，或是感到不確定。這下子你有了全新的理解，你曉得什麼會引發好奇心。這些新的理解如何協助你在目前的情境中，獲得更多主控感，讓自己更加專注？你喜歡這個練習體驗的哪一點？你發現你的計畫／關係／工作，在哪方面具有共通點？

————

這個練習讓你以觸及內心的有形方式，學到如何從體驗中獲得更多：方法不是塞進更多東西，而是擺脫心不在焉。

博物館裡的館藏實在太多了。這個三十分鐘的活動，無法讓你看完所有的展覽品，因此製造出時間不足的情境。接下來，你被引導走過一個流程。不論是刻意或隨機的，也不論引發什麼樣的感受，你將瞭解你是如何讓自己接觸新的事物。

我期許大家刻意抱持好奇心之後，還能運用心得，不再那麼焦慮自己會去到哪裡。你將有各種辦法刻意引發好奇心，也能滿足好奇心。

──尤金・寇桑斯基

還記得
那次嗎？

本文取材自丹・克萊恩、派翠西亞・萊恩・麥德森
（Patricia Ryan Madson），以及各地的即興創作者

以別人的點子為基礎，可以協助你想出引人入勝的新鮮概念。點子經過兩顆以上的腦袋來回激盪後，將變得更酷、更獨特，或者更一針見血——這些好處讓你更願意放寬眼界，考量各種可能的解決方案。這個過程將需要你主動聆聽，接著回應，不僅僅是大聲說出心中冒出的點子而已。

我們太常忘記要「一搭一唱」。原因或許是你想當提出「最棒」點子的英雄，

也可能你不想被人抓到自己弄錯、玩過頭或出糗。不論原因為何，你可以訓練自己駕馭神奇的認知魔力，以意想不到的方式把事情連在一起。

這個練習有如做幾下心智運動，你絕對想不到有比這更有趣的熱身了。進入腦力激盪或任何希望想出新點子的時刻之前，先做這個練習，瞭解如何遵守創意合作的核心原則：讓點子出現加乘作用，而不是嫌棄這也不好、那也不好。

這個活動需要找一個練習夥伴。

第一回合：抬槓（同意「不同意」）

和練習夥伴假裝你們是愛鬥嘴的老友，總是對細節爭論不休。發揮想像力，「回想」某次事件——假裝你們對那件事有共同的回憶，不管是無聊或興奮的都可以；唯一的前提是不能找**真的**一起做過的事。一個人先開始：「還記得那次嗎？我們……」

……去買咖啡？
……去第五大道上的酒吧？
找不到任何 OK 繃？

另一個人回答「記得」，但不同意某些細節。

你一言、我一語，增加你們的共同記憶，但繼續吵嘴。「沒有，根本沒那回事。」偶爾加上一句：「喔，對，我想起來了，但才不是你說的那樣。」

討論這段虛構記憶一分鐘或九十秒，然後暫停。

第二回合：附和（同意「同意」）

一樣的遊戲，一樣的同伴，但這次發生了奇蹟。對方說的每一件事，你百分之百同意。不論他說什麼，都說得太對了。

萬一不小心反駁，補救方法是說：「喔，不對，等一下，你說得沒錯，我忘了。我們的確被綁架了！」或是看你們設定什麼樣的情境。重要的是在共同的虛構回憶中，讓同伴有面子。反正都是編的，讓一讓也沒關係。»

繼續第二輪的對話幾分鐘。

結束後，比較兩輪的對話。相較於第二輪，你認為第一輪感覺如何？

————

你和練習夥伴八成會碰上幾種類型的互動。第一種是完全卡死：不管講什麼，就是有一方認為不對；第二種是部分卡住：有一方否定其中一部分（部分卡住仍是鬼打牆，會封住創意能量的流動）；第三種是接受：你提出某些觀點，對方接續下去。同伴不停附和你的時候，你是否感到極度興奮，興高采烈？那種美好的正能量會傳染，目標是讓你的設計充滿同樣正面的感受。

你可能會覺得理智上懂這項原則，但親身體驗將帶來內化的知識，協助你留意並修正自身的壞習慣。你將更能替他人創造空間。由於被反駁到啞口無言，信心遭受打擊，是最妨礙點子流動的狀態，你的第一要務是讓夥伴感覺良好。辯贏不是創意合作的重點。

意識到卡住與接受，遠比腦力激盪來得重要。不論什麼時候，只要你需要和別人共同創造發想，這份認知都能派上用場。許多創意衝突都來自一方試著接受與探索點子，另一方卻一直阻擋。不論是在工作時，希望想出最優秀的新產品，或者嘗試和室友一起決定要買哪張沙發，如果能在發生對立的當下，意識到發生什麼事，就有辦法在阻力最小的情況下成功。

我很喜歡利用這個活動。協助人們感受並理解回應他人的方式很重要；重要性不輸自行發想點子的能力。

——丹・克萊恩

雨季大挑戰

23

本文取材自吉米·帕特爾（Jim Patell）與史考特·坎農
（Scott Cannon）

替創意大挑戰做準備實在令人興奮，除了需要動用耐力與毅力，還需要調整手中設計所需的特定技能。在為主要計畫大展身手之前，你可以做簡短的密集啟動計畫，先喚醒長期需要的行為。

這個大挑戰的適用對象，起初是在資源匱乏的狀況下從事設計的人士，但只要預算有限，被迫物盡其用，也可以進行這項挑戰。此外，這個挑戰很適合拿來當新團隊的首發計畫，一下就能看出大家的本能反應、長處與盲點。對許多人來說，還能讓個人快速嘗到失敗的滋味，深切感受到在真正上場前，先打造原型、測試自己的設計有多麼重要。更有甚者，還能帶來「濕身」的快感。

這個練習最初是設計給二○○五年「一毛錢立大功的設計」這門課，也是在那一年首度用在學生身上。以下介紹由大衛·詹卡（David Janka）提供。他在當學生和老師時都做過這項練習。文末還會提供方法，教你如何自行改造與進行這個大挑戰。

———

雨季大挑戰的目標很簡單，勝過其他隊伍的標準也很簡單：在人為的雨季中，收集到最多的「雨水」。所謂的下雨，其實是裝在梯子上的灑水器。每一隊組裝自行想出的裝置，灑水器開始灑水時，有五分鐘的集水時間。測量收集到多少水量的方法很簡單：把尺伸進水桶，看水深達幾吋。由不同系所與背景的五個人組隊，在不到一星期的時間內一起設計集水裝置。這個練習將協助每個人認識新的合作者，深度觀察團隊的每個人如何做事。

每一隊會拿到二十美元的經費打造原型，而且嚴格規定不得超支，不過我們也鼓勵學生，如果能找到免費或可重複利用的材料，不花錢更好。這個挑戰只允許有限的分析與準備時間，目的是（輕輕）強迫學生利用現成的材料，如膠帶、PVC 管、束線帶、塑膠片，完全進入打造原型的模式。每位學生都不得不快點動工，因此將發揮巧思，湊出大量的特殊零件。»

每個隊伍的模式將一目瞭然：有的團隊會事先規畫、畫出草圖並討論，但開賽前不會實際動手做出裝置，一直到上場時刻才組裝。此時已經沒有反悔的機會，只能堅守一組材料與一個概念。有的團隊則會快速打造裝置，測試究竟能裝多少水。這樣的團隊反而會有比較大的進展，比賽時通常已經反覆調整過裝置，和最初的點子差很多。不用說，這將帶來非常寶貴的一課，因為有的解決方案根本行不通！大家通常會忘記水有多重，結果做出巨大的漏斗，利用帆布集水，導致水全部集中在一處，弄垮整個裝置。你很容易發現會有這種結果，不過前提是你測試過點子。如果要找出自己不知道的事物，最快的方法就是打造與測試。

有一年，有一隊學生利用多把雨傘，組成某種排水系統。他們到餐廳和酒吧，詢問有沒有店家想清掉失物招領的雨傘，結果用那種方法蒐集到數十把傘，打造出自己的發明。他們將幾把有洞的雨傘倒放，其他的傘則正放，讓水分別流進數個容器。那組最後沒有得第一，不過在我心中他們贏了，因為他們運用巧思與創意取得有趣的材料。我知道他們日後在做更大規模的計畫時，這點會幫上大忙。

這項大挑戰也出現真正打破常規的解決方案，例如有一組學生用二十元的預算，買啤酒請道路施工的工人，借用對方的起重機，吊來一堆設備。團隊把那些設備改裝成雨季集水器，等到大挑戰在週一早上結束，工人又開著起重機，把所有設備載回工地現場。

看到學生在不熟悉的領域發揮急智，速度遠快過他們自認能做到的速度，是很奇妙的事。每一年這場大挑戰結束時，課程組長帕特爾會發表一場簡短的激勵演說：「我們今天見到五花八門的方法，其中有兩、三種以程度不一的方式成功了，很多則是失敗了。這種結果是必然的，畢竟我們只給你們七十二小時與二十元，但看到大家的嘗試後，你們現在都知道，要是再來一次，你們一定能戰勝這個挑戰。」

——大衛・詹卡

各位可以配合各種情境與能力，自行改編這個練習。

完整複製的方法是四到五人一隊，給每一隊幾天時間與二十美元的裝置打造費。目標是在五分鐘內，盡量蒐集灑水器噴出的水。把各隊召集到鄉間或停車場，在一週的尾聲舉辦競賽。

預留充分的時間，讓每組裝好自己的集水器；最好能隔開場地，讓每一隊有專屬的一區，並且在同一時間開始組裝。此外，將接好水管的灑水器固定在梯子最上方。如果有一個以上的灑水器更好，可將水管與灑水器輕鬆移動到各隊的原型裝置區域，以節省時間。決定好由誰擔任裁判，以及如何評估收集到的水量（誰是贏家可能一目瞭然，但如果差距很小，最好有共同的判決方式）。你可能會發現競爭的氛圍消失了，但沒關係：就算各隊替彼此加油打氣，這個練習照樣是成功的。

參賽隊伍依序上場，每一隊都灑水五分鐘整。所有隊伍輪完後，宣布獲勝者！

一起思考什麼樣的裝置成功了，哪些失敗了。接下來，討論各自的流程。較成功的小隊和其他隊伍有哪裡不同？下次執行計畫時，你們會替原型或小組合作採取哪些新策略？

如果時間、預算或參賽人數有限，也可以獨自練習，打造幾個不同的原型，自己和自己比賽。萬一沒有院子或灑水器，那就先做好裝置，等真正的下雨天再來測試，或是縮小規模，把灑水器改成浴室蓮蓬頭，打造迷你裝置。

如果你住在乾燥地區或碰上旱災，可以更改這個大挑戰的細節，但保留架構。還是可以請每個人打造裝置，但目標換成在兩個點之間輸送重物，或是撿起一大片爛泥地或草地上的物件，但不能踏進規定的區域。好好發揮創意，可別缺水還浪費水。

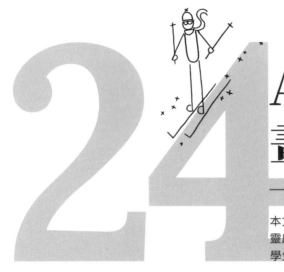

24

ABC
畫畫法

本文取材自亞希施・戈爾（Ashish Goel），
靈感來源是紐葉樺學校（Nueva School）的
學生

我和你聊天時，兩人腦中都有想法。我們的交談也將在腦中引發更多的點子。口頭上的溝通，其實是在製造雙重的概念——至少在各自的腦中各有一個概念。兩者可能差不多，也可能南轅北轍。你心中的柳樹，在我心中有可能是棕櫚樹或紅杉，甚至是祖譜圖。

如果我們的想法有著根本上的不同，對於彼此在討論什麼，我們的理解將出現偏差。我和你可能會雞同鴨講。

畫畫、素描、塗鴉，不論怎麼稱呼，用實物來呈現想法，都具有不可思議的力量，溝通起來會更清楚。當你畫出一樣東西，想法會從腦中跑出來，讓人一目瞭然，雞同鴨講的可能性大減，進而減少誤會，節省時間。對外將某樣東西視覺化之後，雙方都很清楚究竟在進行什麼合作。

大人很奇怪，不敢在別人面前把東西視覺化，但只要能夠書寫字母，就已經具備一些基本的素描能力。視覺化入門的好方法是畫火柴人，這份作業會協助你把字母變成人物百態，只要會畫火柴人

就夠了。

如果你已經具備基本的繪畫能力，外頭還有大量精進技巧的教學資源。這個練習只是協助你踏出真正的第一步。

————

字母表上的字母是畫火柴人的理想樂高，甚至不要想成你在畫畫。

先在紙的中央寫下你的英文名字。用哪種筆都可以，鉛筆也行。接下來，把每個字母寫三遍，全部是大寫。

之後，用小寫字母重複一遍。

AAA BBB CCC
LLL OOO ZZZ
www ddd
uuu   ooo

OK！準備要組合字母了（外加一些筆畫）。字母將組成你的火柴人，例如「Z人」和「U人」長得像這樣：

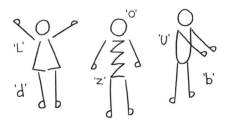

你即將讓你的火柴人活過來，開始做一些動作。

看著鏡子，擺出困惑或興奮的表情。假裝在講電話或是陷入愛河。觀察自己每擺出不同的動作，身體呈現什麼姿態。

研究一下字母表，挑一個長得像你身形的字母，或是依據你看到的東西，畫下新的形狀。

好了，你已經做了一點練習，現在給自己一個迷你挑戰，運用新學到的技能。在接下來的一天，找三個時刻，以視覺的方式，溝通你一般會直接用嘴巴講的事，比如在家事分配表上畫幾個火柴人，規定大家該做什麼；你也可以畫一張小感謝卡給朋友，拍下來寄給對方看，而不發送文字訊息；也可以把購物清單畫出來。

———

平日固定練習塗鴉後，這就會成為你的第二天性。你會發現用視覺輔助文字的程度愈高，人們愈容易瞭解並記住你所說的話。

我是從一群來參觀 d.school 的四年級學生那裡，學到這項絕妙的技巧。這一招能走遍天下。

——亞希施·戈爾

25 反思與啟示

本文取材自蜜雪兒・賈與麥克・巴瑞

我們告訴別人的故事,通常和我們實際的行為與想法,有著心口不一的地方或落差。舉例來說,我八成會告訴你,我吃得很健康,畢竟我幾乎從小到大都吃素(如果你有興趣聽,我很樂意解釋)。這一類事情加起來,成為我口中的我。然而,若是你近距離觀察我,或是請我記錄食物日誌,你會發現其實有好多日子,我吃的麵包和起司多過蔬菜,而那樣的飲食並不「健康」。綜合以上,你得知什麼事實?由於你不是我的醫生,我實際上吃些什麼,對你來講不是很重要。此外,假使飲食清單是我自己呈報的,你不會得知我有沒有說實話。無論如何,這下子你確知一件事:我認為飲食健康很重要,而且我希望別人認為我吃得很健康。這點是我沒說出口的需求。我會做某些選擇,都和這個需求有關。如果你試著替我設計食譜、飲食,甚至是整體健康等方面,關鍵將是明白「被視為怎樣的人」是我身分認同的一部分──除了我,許多人也一樣。

設計永遠在嘗試理解背後的原因。愈瞭解他人的欲望、興趣與需求,就愈可能創造出符合需求的設計。外顯的需求一下子就能得知,因為滿足表層需求的方法,通常是讓東西易於使用或容易找到。然而,隱藏的需求無法用肉眼看出,比如我其實希望別人認為我吃得很健康。觀察人們做了哪些事,將比理解他們為什麼那麼做更容易。你可以親眼目睹人們採取的行動、聽見他們說的話,但看不見他們的動機、想法或感受。人們做事情的動機被隱藏起來,就連自身的行動、決定、偏好與看法,我們也可能不清楚緣由。無論如何,一旦察覺就比較能夠重擬問題,從新的角度解決,正中紅心,避免隔靴搔癢。

這則練習能協助大家深入瞭解問題,而不止步於基本資訊。你將開始瞭解表面之下的「為什麼」。雖然無法直接用問的,就找出深層的「為什麼」,你可以問很多「相關的為什麼」。我們會在表層接觸到特定的行為,以及自稱的偏好:人們可以一一告訴你發生了什麼事、他們做了什麼事,大談自己喜歡跟不喜歡什麼。這其實是很好的起點,因為難以啟齒的看法與態度,就藏在這些

故事之中。故事的背後是人們如何看待意義、如何理解這個世界，以及個人的價值觀。

不論你的目的是以更有效的方式，替他人打造東西，或單純想當個更好的朋友、父母、領袖或隊友，記得準備一套問題集，協助自己找出隱藏的需求。你問的問題要有詮釋空間，讓別人說出心中所想，或是給對方機會，以新的方法組織心中的想法。不過，魔力不在於問題本身。一切要看你製造並維護一個空間的能力，讓談話對象產生信任感。因此，本則練習有一個前提：做這則練習前，一定要先找時間，親身體驗「訪談的基本要點」（本書 56 頁）中提到的基本原則。

這項練習能協助你擬定反思問題。在訪談過程中，反思問題的用途是討論在某個人的經歷與行動背後，有哪些更大的脈絡、意義與意涵。反思問題是某種鏡子，方便他人檢視自己的意見或觀點，思考看到的東西，並參與理解的過程。有時這些問題將引發情緒與反應，帶出先前未說出口的看法，進一步帶來淨化的效果。有鑑於這幾種可能的結果，反思問題很實用，但只適用在訪談的尾聲，因為屆時你已經讓談話對象產生信任感。你在先前的對話階段獲得的認識，將提供足夠的脈絡，去理解對方為何會出現那些反應；要是不瞭解背景，你將無從解讀。

───────

找出人們未明講的需求是關鍵，足以開啟大量的潛在創意與改變。不過，要是直接問「你為什麼如何如何」，人們通常會當你在挑戰他們，引發戰或逃反應。你要設法將帶有挑釁意味的「為什麼」問題，重新轉化為可帶來精彩故事的反思問題。

這則練習提供五種從簡單到困難的反思性問題。換言之，在提出清單上的問題之前，要先和受訪者培養更多的信任感，營造出更融洽的氣氛。

寫下你打算如何配合你挑選的訪談主題，改寫以下各類問題。如果手上沒有

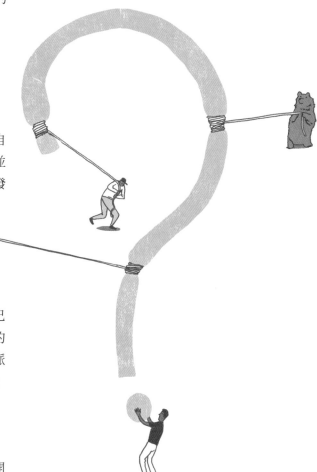

需要訪談的計畫，那就想像是在做 254 頁的「剪髮」設計挑戰。以下每一題都會附上範例，協助你思考如何將問題改編，適用於「剪髮」練習。熟練之後可自行發揮，替每個類別想出新問題。

描述特性（Characterization）

這一類問題，鼓勵受訪者仔細檢視先前平凡無奇的事物或點子，描述那樣東西的特質，以及自己與它們的關係。請某個人梳理自己的世界，通常會揭曉你們（或業界）看待產品區隔／類別的方式，如何不同於民眾的實際體驗。

你會以什麼樣的方法，形容旗下的各種造型師？
你會如何分類市面上的各種剪髮體驗？你偏好哪一種？為什麼？

你永遠可以利用「那這麼多種裡面，你屬於哪一種？」這個問題，結束這部分的提問，讓對話回到個人身上。

預測（Projection）

一般而言，要避免請對方用猜的，尤其是無從而知的細節，比如「如果未來出現這樣的東西，你願意付多少錢？」人們的抽象預測，無法精準指向事情成真時的實際行為。不過，例外是可以藉由問一個問題，讓受訪者暫時不去考慮真實性，把自己放入另一個情境，推測別人會怎麼做。

你認為你談到的這個剪髮問題，其他忙碌的媽媽會怎麼解決？
如果接下來一年，你的辦公室沒人能剪頭髮，會發生什麼事？

你覺得我會如何看待那件事？

預測的名義能讓人安心探索，嘗試採取不同的判斷或觀點。你可以接著再回到受訪者本人的看法。

你也是那樣嗎？

釐清（Clarification）

釐清是軟化「為什麼」問題的方法，當你注意到對方太過一概而論，或講話自相矛盾，尤其適用。舉例來說，你可以透過釐清型問題，協助我梳理我實際的「健康」飲食行為和我理想中的飲食。以理髮訪談的情境為例，你可以問幾個問題：

請協助我瞭解，為什麼你認為附近的理髮店都不好？
你提到「好到不像是真的」，究竟是什麼意思？

釐清型問題能協助你深入──目的不是蒐集更多細節，而是引出受訪者本人的看法。態度謙和的開場白，永遠適用這種場合，像是：「我知道這聽起來是笨問題，但⋯⋯」

標籤（Labeling）

這類型的問題有可能弄巧成拙，使用時要小心。假使雙方有足夠的信任，你可以給受訪者冒出的念頭或情緒一個確切的名字，接著詢問是否真是那樣。理想的詢問形式如下：

聽起來⋯⋯讓異性幫你剪頭髮，好像讓你很彆扭。
看起來⋯⋯這個主題讓你焦慮。你現在心情如何？

極為重要的是下標籤時,記得使用第三人稱的中立聲音,避免說出「我認為你看起來很沮喪」這樣的話,以免高高在上,站在批判的角度。

挑戰（Challenging）

最後這個類型的問題最棘手。即便你們雙方的氣氛融洽,問這類問題還是要很小心。挑戰型問題將強迫對方檢視特定的情境、看法或藉口。

從先前聊過的其他事情來看,我很難相信你「真的不在乎」自己的外表。
為什麼你讓女兒幫你挑選髮型師?

挑戰型問題不好處理,因為你在評斷,又得不像在評斷。不過在正確的情境中,這類問題值得一試,因為有時候能逼出意想不到的答案,正面或負面的都有可能。

在你替每個類別寫下幾個例子後,試著下次在挖掘答案的長篇訪談中,拋出其中幾個問題。記住,雖然你仍在學習訪談技巧,絕對可以問對方:「我還有幾個想問的問題,我嘴巴可能有點笨。如果你感到不舒服,請隨時喊停。」

————

對話時要抱持一個重要的心態——人的行為都其來有自。他們的世界觀、需求與過往的經驗,影響著他們的決定與行為。你帶進對話的判斷或成見,將妨礙你理解他們。與他人互動時,記得把自己的想法放一邊,因為以上幾種問題帶來的對話,不僅是蒐集資料。你一定要準備好聽見新資訊並改變想法。進一步理解他人如何看待與體驗這個世界後,你的方向與創意觀點有可能產生變化。你會發現有些事在人們心中的重要性,超過你的設計目標,此時要停下來仔細評估你的流程與目的。

別忘了,一定要以某種方式留下你的訪談。視情況而定,看是要錄音、錄影,或是請第二位訪者擔任記錄,都是很好的方法。你要讓自己在當下深入聆聽並回應。記錄討論的過程,將協助你把注意力擺在眼前的人身上。

我慢慢開始做視覺化筆記。我想要立即的回饋,因為這樣的訪談資訊是很好的禮物。我在索引卡上寫筆記,通常是某件事的小標題。受訪者提到那件事,我用幾個重點詞彙加以強調。在訪談尾聲,我與訪談夥伴會和受訪者一起瀏覽那些筆記。我拿起卡片說:「這是我們今天得知的事情,我希望確認我們如實呈現你的經歷。如果有需要修正的地方,請告訴我們。」此外,我們也會請受訪者挑兩張特別有同感的卡片,標註那是最重要的部分。這部分的互動會留十五到三十分鐘。這是訪談的關鍵環節,我們不希望弄錯資料。更重要的是,我們通常還會獲得嶄新的資訊,即便對方證實卡片上記錄得沒錯,通常會分享更多細節,告知缺了哪個部分。這個卡片工具力量強大,讓我感覺做了有用的訪談。有時人們會想要留著那些卡片,那就像是你把他們在當下合成的知識,提供給他們。

——蜜雪兒·賈

椅子上的女孩

本文取材自麥克・巴瑞，由亞當・羅耀庭（Adam Royalty）提供解說

如果要替自己的創意頭腦與能力找出最有意義的機會，方法是思考某個情境存在的各種問題或需求。你找到的第一個問題通常很好解決。你能否學著更進一步，而不只是看見顯而易見的事？

這則簡短的練習廣受 d.school 歷屆學生的喜愛，協助你學習分析情境，深入思考表面之下可能隱藏哪些需求。

當你想讓大腦熱身，啟動批判性思考，找出正在處理的問題是否真是該解決的挑戰，可以做這則練習。你看待挑戰的方式通常會是突破點；改變框架，你的整個方向也會跟著改變。

———————

請看對頁的照片。

問自己：**這個女孩需要什麼？**你的答案可能五花八門，比如**梯子**、Kindle、**鞋子**、**老師**。

大部分的人最初想到的答案都是名詞。

名詞一般是解決辦法。如果你判定女孩需要梯子，你的思考會繞著梯子打轉。

再試一遍，這次用動詞來回答需求：**這個女孩需要做 _____**。

用動詞陳述的需求，將替創新與創意保留更多空間。例如：**她需要伸手／學習／知道**。試著至少想出六種其他需求。

挑一個動詞需求，問為什麼有那項需求。這麼做能協助你猜測或推論更基本的需求，此時解決方案將能在更深的層面幫助到人。這個練習只是思想實驗，所以不用遲疑，即便你不清楚女孩的每一件事，照樣可以大膽運用想像力。如果你挑的動詞是「學習」，你提出的理由可能是：**這個孩子好奇心極強／她想向哥哥姊姊炫耀／她覺得學校教的東西太簡單**等等。

這種層面的「為什麼」，有可能點出更大脈絡下的議題，不僅限於這個女孩的難題。順著這樣的思路，想出幾種不同的解決方案，加以測試，以解決更深層的需求。

現在從頭再做一次這個練習，這次改用你挑的照片：可以取自今天的報紙、雜

誌，或是這一秒窗外的景象。

————

當你展開分析，得出更深入的「為什麼」，你會開始觸及所謂的「隱性需求」或「潛在需求」。很少人會明確表達這類需求，但那些需求通常存在於情緒與動機的深處。努力在這種層面理解他人，將協助你重擬乍看簡單的問題，進入效果更明顯的領域，而你的創意心血也將帶來更大的不同。

由於人們不一定能在這種層面上，明確連結自身的行為（站在椅子上拿書）與深層需求（覺得學校教的東西太簡單），你處於不確定的推論地帶。不要抓著推論不放，不要愛上你的推論——你很有可能根本弄錯了。回想你的設計對象或設計夥伴，或是依據你推測的需求，打造解決方案的原型。如果對方給予正面的回應，才能進一步確認你朝著正確的方向前進。

英文對話經常使用名詞，其他語言則使用比較多動詞，尤其是非西方的語言（如中文）。因此對於主要講英文的人士，擺脫「需求是名詞」的語言框架很重要。朝名詞以外的方向發想，通常能帶來更有趣的解決方案。

這個經典的練習能強化你重擬問題的能力。我經常要大家做這個練習，就連經驗豐富的設計師也一樣。我希望每一個人記住，不要止於顯而易見的表象，而是挖掘更深的洞見。最後一點是我們每個人都具備這樣的能力；只要利用這個方法，刻意逼自己深入思考，就能激發出來。

——亞當・羅耀庭

27 我們的狀態

本文取材自貝瑞·斯維格（Barry Svigals）

建築師與雕刻家斯維格和遭逢創傷的社區密切合作。他最知名的作品是在大規模槍擊案過後，重新設計康乃狄克州紐敦鎮（Newtown）的桑迪胡克小學（Sandy Hook School）。貝瑞提醒大家，創意流程會改變創意的產出。你的流程不僅是你採取的步驟，還包括你一路上是如何親身參與、如何與他人互動。如果你不開心、不包容、不合作，你的作品也會一樣。你永遠無法隱藏你本人的色彩與風格：這一切永遠會彰顯在你的作品中。

想一想你近日的創作。

你在創作過程中有什麼感受？
你的特質與風格如何顯現在那個作品中？
執行下一個計畫時，你希望保留哪些特質，哪些則要改變？

我們的狀態
將是作品最終的
樣貌。

——貝瑞・斯維格

28 異類聯想

本文取材自漢娜・瓊斯（Hannah Jones），靈感來自阿瑟・柯斯勒（Arthur Koestler）

許多人熱愛腦力激盪；這是人們廣泛使用的發想技巧。有效的腦力激盪能帶來五花八門的點子。市面上有許多不錯的指南，提供腦力激盪的基本原則，教讀者善用有效的提示，調節團隊氣氛（如果是團隊合作），更傳授發想並挑選最佳點子的方法。

不過，發想新點子時，不必死守腦力激盪一種作法。這個練習是很好的輔助。就連腦力激盪經驗豐富的人，偶爾也需要解膩，休息一下，藉此激發並振奮思考。這個活動很適合用在精神萎靡，點子發想步調亂掉的時刻。天馬行空一下會很有趣。

作家柯斯勒的《創造的行為》（The Act of Creation）帶來本項練習的靈感。柯斯勒在二十世紀中談創意時，結合「發想」（ideation，想出新點子）與「合成」（synthesis，連結兩個先前不相關的事物），發明了「異類聯想」（bisociation，譯註：亦有「雙重連結」、「異類混搭」等譯法）。這個活動適合用來訓練大腦，挑戰顯然不相容的參考座標之間的常見界線，協助你想出更大膽、更新穎的點子。

你可以自行做這個練習，也可以小組合作。只要你想讓大家動起來，任何時候都是好時機。

———

挑選流程中的任一時刻。此時你已經想出大量的點子，但需要提振一下精神，刺激想法。

如果你是獨自練習，把目前想到的概念，選出八個或十個（只要是偶數就行），分別寫在不同張的卡片或廢紙上。接下來，讓寫字的那一面朝下，洗牌之後，隨機分成兩張一組。

翻開第一組，將計時器設在九十秒，依據那兩張原始的牌，想出第三個相關的點子。這就叫「異類聯想」：串起兩個看似不相關的點子。我們的直覺作法通常是尋找個別點子的共通之處；這個練習則明確鼓勵你運用兩個點子的差異。

新點子有可能很怪或很瘋狂。你的想像力有多豐富，新點子就有多豐富。九十秒一下子就過去，所以動作要快！把第

三個點子，寫在新的卡片上。

繼續做九十秒的異類聯想，直到用完所有的牌組。接著走一遍所有的點子，放在一起，創造幾個超級異類聯想，甚至試試看能否以某種方式串起所有的點子？如果可以，恭喜。你的異類聯想肌肉很強壯！

如果是一群人練習，先讓每個人從最初發想階段得出的點子，挑選兩、三個。接下來，所有人面對面站成兩排。你對面的那個人就是你的夥伴。請夥伴隨機挑一張你的牌，你也挑一張夥伴的牌。現場所有的兩人小組同時進行以上的抽牌程序。

你和夥伴大聲念出你們的兩張牌，接著用九十秒，一起想出一個異類聯想。寫下你們這一組的第三個點子，和你們旁邊的小組的第三個點子放在一起，或是放進箱子。繼續進行，直到手邊所有的牌都用完。

將所有兩人小組得出的新點子集中起來，讓所有人一同想出超級異類聯想。

從這個練習得出的新點子，不一定要實際執行。這個練習能協助你暫時改變看待某件事的角度。體驗完後，你得以從另一個角度出發，不再死氣沉沉。

———

這個練習是藉由讓點子（與人）異花授粉，協助你解放思考。你不必忙著解決問題，反而以創意十足的方式快速表達自己，不必擔心行不行得通。

腦力激盪的規則是為了打破階層與權力動態：就連團隊裡最初階的成員，也可以一起參與，想出點子。不過，有時你需要以更徹底的方式，打破團隊裡的權力動態，這個練習就是其中一種。這則練習的有趣架構和規定，讓人無法認定自己的點子最好，人人都有貢獻。當你連結兩個非常不同的概念，本來就會產生摩擦或尷尬之處。你身為團隊的一員或領袖，不妨鼓勵這樣的火花，協助眾人想出迥然不同或嶄新的點子。

29 祕密握手

本文取材自丹·克萊恩與麗莎·羅蘭（Lisa Rowland），
由亞希施·戈爾提供解說

和別人合作前需要先熟悉彼此，在「人」的層面找到連結。

這個練習能迅速奠定合作基礎，藉由改變約定俗成的社交方式，加快在場人士建立連結的過程。你們要做的事包括（一）站起來；（二）互動；（三）做點傻事。這裡的每一件事，都不是「正常」成人會做的。打破社交常規後，便能用新的方法行事，促進連結與信任，打開心防。

這項練習提供的機會，讓人展現勇氣、活力、喜悅，或是任何你希望在自己的作品或合作者身上見到的新常態。看見某種行為的示範、接著親身實踐，將讓人獲得浸淫在創意文化裡的身體經驗。

你可以利用這個練習，把初次見面的新合作者介紹給彼此，或是讓舊有的團體擦出新火花。

首先，想像過去大家一同經歷的情境。告訴大家你設定的背景，譬如：「還記得嗎？從前念書的時候，你和最好的朋友發明了祕密握手的方法？」你想虛構什麼共同經歷的場景都可以，只要能帶來一絲懷舊感，像是一起長大的街坊鄰居，或是青少年時期在同一個地方打工的友人。

接下來，你和練習夥伴自行創造祕密握手的方法。最好有人示範，或是上網查一查；職業足球選手是絕佳的靈感來源。從一個搞笑的手勢開始，愈誇張愈好。重點是你希望大家怎麼握手，你自己要先示範。

請所有的人兩個人一組，每組自行發明祕密握手的方式。給大家一分鐘，和夥伴練習一同想好的握手方法，確認雙方都知道要怎麼做。如果團體人數是奇數，其中一組可以三個人。然後宣布：「請大家散開。想像你們已經畢業，多年沒見面，現在人在同學會上，到處走來走去打招呼。你和練習夥伴看到彼此，老友一相見，立刻上前，用你們祕密的方式握手。」

暫停一下，讓每個人有時間站開。

大家就定位後，大聲宣布：「開始！」

每個人緩緩走向練習夥伴，接著請在場的所有人瞬間擺出自己的動作。

最後，請幾組人表演他們的祕密握手方式（時間夠的話，也可以請所有人都示範一遍）。

———

這則練習提醒我們，玩心能讓人卸下心防。即便你單打獨鬥，每次開工時，也可以想辦法在你的作品添加一點玩心或幽默，譬如先來點你最愛看的漫畫，或是每日的素描練習，也可以跳幾個舞步，幫助自己進入狀況。

這是我最喜歡的活動，可以讓在場的所有人及同組的兩個人，覺得大家是一個群體。一起想出古里古怪的祕密，讓人產生特殊的連結，甚至練習結束後，還會看到大家繼續用祕密的方式握手。

此外，由於你耍笨，整個團體也耍笨，這會製造出特殊的氛圍。大家笨在一起！

對創意工作來講，那一點非常重要：大家刻意使出玩心，甚至搞笑。有趣的氣氛能讓新鮮點子冒出來，在這個環境中沒有誰會批評誰。

——亞希施・戈爾

30 畫出設計空間的d形圖

本文取材自卡麗莎・卡特、梅根・史塔莉哈（Megan Stariha）、馬克・葛朗伯格（Mark Grundberg）

近代經過設計的每一件事物，幾乎都是大脈絡的一部分。以智慧型手機為例，人們很容易以為手機只是經過設計的**物品**：一個你能碰觸與握住的閃亮實體。然而，那只是其中一個層面。手機內部還必須包含形形色色的材料與技術，才能運轉。

有作業系統，有不斷更新的軟體。隱形的數據流每日流過手機。手機連接至平台，由平台判定可以安裝哪些應用程式。手機協助你擁有美好的體驗，例如用照片記錄日常生活，樂曲一首接著一首聽，或是在離停車地點很遠的地方繳停車費。

此外，對整體社會來講，手機在許多層面都有著重要意涵，例如青少年攀升的孤立與憂鬱問題，進而帶來「數位排毒」等新概念。各個層面都包含了五花八門的設計工作。

儘管揮灑空間很大，無遠弗屆，你開始運用創造力時，思考八成照樣會陷入「產品」或「體驗」這種偏傳統的分類。

你如何在每次展開新計畫的一開始，就讓自己見到全貌？

無論你能否一眼看透，每樣東西的背後，都有著無數層面的數據、技術、產品、體驗、系統與意涵。這則練習能夠協助你拓展視野，從中找出你特別想關注的新機會。此外，還能挖掘出新的連結或意涵，把技能和時間用在自己最關心的事物。

———————

利用三十至四十五分鐘，探索某個主題的重要性。可以跟工作有關，或是更切身的議題，比如你本人或孩子在校讀書的經驗。也可以閱讀本書最後一部分的設計挑戰，挑選一個練習主題，一試身手——「剪髮」（254頁）、「三千萬字的差距」（259頁）或「災後融資」（266頁）。

模仿這裡的「d形圖」，在白板或大一點的紙上畫好放大版。

依據每一層的文字提示，想一想你的主題會如何出現在圖中的每一層。你可能自然而然先被中間那幾層吸引，沒關係。多數人感到「產品」或「體驗」最好下筆。從哪一層開始寫都沒關係，跟著靈感走。不需依照特定的順序，但每一層都要回答。規定時間結束後，往後站一步看，確認沒漏寫任何類別。

意涵（正面、負面、刻意、無意間、預測、出乎意料）：你看見哪些社會變革或現象？

系統（平台、運動、學校、政府）：哪些系統與你的主題有關？哪些系統讓其他層面的事物成真？這些系統可能與哪些問題有關？

體驗（事件、空間、動作、感受）：目前的體驗與哪些已知的問題有關？有哪些可能的機會？

產品（數位、實體、形式、功能）：目前的體驗中，有哪些實體或數位產品？

技術（新興、基本、獨立、整合）：你的主題領域目前採用哪些技術？需要哪些技術？缺乏哪些技術？

數據（來源、演算法、大數據、質性數據）：你能取得哪幾種與你的主題相關的數據？ »

在便利貼上，替圖表的每一層盡量寫下各種案例。一邊寫，一邊直接貼在圖上。大部分的層級，大概可以想出十幾個、二十個例子，甚至更多。你可能想到過去存在的事物、目前的現象，或是近期的未來可能發生的事──全都可以寫上去。

好了，你已經在 d 形圖貼上許多例子。現在思考兩件事：架構你的設計，思考當中的意涵。

首先，假設要設計什麼都可以。好好想一想，你可以把心力放在哪個意想不到之處，替這個領域的設計帶來新價值、新方法。哪些事物令你感興趣，或是刺激你的靈感？你能在這一塊以哪些方式打破傳統，運用你的創意？你還需要額外學習哪些事，才有辦法前進？如果是在有所限制的情況下設計，有的地方力有未逮，你能否運用新獲得的洞見，在瞭解各階層的關聯後，展開對話，在委託範圍內採取更全面的方法？在另一個階層，必須堅守哪些原則，才能讓這個案子成功運作？

好了，你已經進一步思考 d 形圖的上方階層。你最在意哪些正在發生／可能發生的意涵？讓你最興奮的事是什麼？你如何能引導自身的創意能量，從這個主題出發，創造你最想見到的未來？

————

這則練習是個起點。你將瞭解圖中的各個層面如何環環相扣，每一層都有許多主題需要設計。無處不是設計的機會，你將做出選擇，創造價值。每當你發揮創意，引發改變，你將在同一時間牽動各個層面。當你發揮創意時，即便是最小的專案或應用，也會牽一髮而動全身，引發漣漪效應。你可以發揮相當大的力量！

在設計過程中，隨時回頭審視你的 d 形圖。你愈瞭解你的主題，就愈能看出不同元素與階層之間的隱密關係，在你想發揮長才的設計空間裡，更游刃有餘。

31 剪刀石頭布 ————

想讓大家振作精神嗎？沒有什麼會比一場喧譁的友誼賽更能炒熱氣氛。

D.school 隨時都在玩這個遊戲，因此沒人記得最早是誰發起的。這個神奇的暖身活動，先是讓你和死敵進行激烈的競賽，十秒鐘之後再讓你大聲替這個敵人加油，簡直是全球競爭時代的寓言。此外，這個遊戲也默默提醒我們，即便某項決策的獲利者是隊友，而你不同意或反對他的意見，還是有可能百分之百支持對方。

不過基本上，剪刀石頭布只是一個雞飛狗跳、難以控制的趣味混亂場面，每個人都該不時這樣歡樂一下。

午飯過後，或是在漫長的一天之中，利用這個練習讓大家清醒過來，注入新鮮的能量。

————

這個活動的人數，從十人到一千人都可以。

在場的每個人都要找一個練習夥伴。你的夥伴現在是你的對手。每一組開始玩剪刀石頭布。

兩人面對面握拳，晃著你要出的那隻手，大喊：「剪刀！石頭！布！」喊出「布」之後，兩個人出招，看是石頭（握拳不放開）、布（攤開手），還是剪刀（兩根手指比出 V 字）。

判斷輸贏的方式：

石頭贏剪刀。
剪刀贏布。
布贏石頭。 》

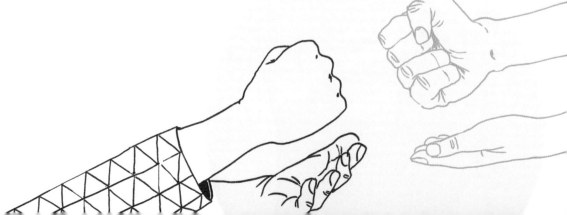

三戰兩勝之後，輸的人搖身一變成為獲勝者最大的粉絲，負責起哄、歡呼、加油、拍手、跺腳，大喊贏家（自己的前對手）的名字。

贏的人則要找另一個獲勝者對決，狂粉跟在後頭，在過關斬將的過程中，一路加油打氣。隨著贏家人數愈來愈少，後頭加油的粉絲也愈來愈多。

最後只剩兩個人對決時，兩人背後大概已經有在場一半的人熱烈支持，上演著最不可思議的立場反轉。

————

比賽結束時，每個人都笑容滿面，重回手邊的工作。

32 第一次約會，最糟的約會

本文取材自卡麗莎・卡特

許多人不曾以實體形式打造自己的點子。如果你也缺乏這方面的經驗，你可能會猶豫要不要嘗試，甚至懷疑自己有沒有能力做到，或者不確定這對你的設計來講是否具備任何價值。然而，你不該把這件事留給工程師或原本就手巧的人。在揮灑創意的過程中，如果你能夠習慣用實物來輔助，即可解鎖全新的思考方式。

這就叫作「以物思考」（thinking with things）。不論是操作或製作物件，還是讓你的點子以實體呈現，都能用幾種關鍵的方式，協助你打造創意作品。這麼做能帶來靈感與滿足感，因為別人會懂得你的點子，甚至能讓想法暫時從你的腦中鬆脫，安住於外，拓展你的認知觸及範圍。

這個練習出乎意料地好玩，你可以放下戒心，用 d.school 最喜歡的材料，試著傳達你的點子。透過最基本的工具，以有形的方式呈現，將協助你之後打造更複雜、更正式的原型。你將逐漸習慣利用各種實際的材料來揮灑創意。

拿二十五塊到三十塊左右的樂高積木，多少塊都沒關係。

用樂高拼出你人生中最糟糕的第一次約會。不要偷拿更多的積木！挑戰自己用有限的材料拼出來。給自己特定的時間限制，比如八分鐘或十分鐘。如果一開始起步很慢，不知所措，時間壓力會逼你做了再說。

這個活動可以當作朋友或團隊的團康遊戲，非常好玩。如果有練習夥伴，讓對方觀賞你拼出來的東西，解釋各種細節。之後，換你聽對方的故事。

不知為什麼，每個人都有令人捧腹大笑的約會故事。有時是浪漫的約會，有時不是。用樂高拼出來的話，故事顯得更加幽默。大家以各種方式呈現自己的約會經過。有的人排出場景，有的人拼出那次約會經歷的某樣物件。其他人則拼出馬賽克，談起約會過程中的感受，或是拼出誇張的隱喻：那場約會有如爬上

沒有盡頭的陡峭山壁！

這個作業帶給你的體驗，將不同於一
般的口述故事。當你透過實體媒介講
故事，你會進入「我能打造東西」的
模式。等你技巧愈來愈純熟，探索過
其他各種材料，不論設計主題是什麼，
你將更能信手捻來。

解決方案已經存在

本文取材自麥特·羅斯

小時候，大概有人教過你偷東西是不對的（長大後，絕大多數的時候依然不該偷竊）。然而，有一句話說得也沒錯：「優秀藝術家會借用，偉大藝術家則懂得偷。」（Good artists borrow. Great artists steal.）

這個世界很愛用矛盾來開我們玩笑。

創作時，別忘了向他人取經。閉門造車，將導致你不曉得外頭早有哪些事物，無從得知自己的點子不太可能是全新的。忘掉以下迷思吧：創意天才不是光靠著天上掉下來的原創靈感，真的不是那樣。

如果你懂得觀看，你身邊其實有源源不絕的點子。這則練習將協助你在面對創意挑戰時，找出派得上用場的靈感，鼓勵你用最適當的方式偷用別人的點子。

當你已經相當清楚究竟要處理哪個問題或機會，開始思考解決方案，此時可以運用這則練習。只需記住一件事：解決方案（或其中某個元素）已經存在。

你大概猜到了，這個練習的基礎概念也已經存在！如果想進一步瞭解，可以參考柯比·費格遜（Kirby Ferguson）的系列影片《萬物皆混搭》（*Everything Is a Remix*），或閱讀奧斯汀·克隆（Austin Kleon）的書籍。克隆為符合道德規範的創意偷竊，提供了大量的實務建議。

———

首先，替你想解決的問題，想出一個類比。這裡的類比是指別人如何解決類似的問題，但因為情境不同，你可以得到一個對照點。如果是恰當的類比，你將得以借用類似的情境或元素，想出未知的新方法。

找出類比的方法，是思考挑戰的核心特質。舉例來說，想像你試著設計出一個新方法，好讓孩子專心學習。

專心讀書的挑戰有哪些？重複、無聊、分心的事物？好。除了讀書，其他哪些活動也具有類似特質？除非你是超級馬拉松的愛好者，要不然你很容易會想到運動也具有類似的特性。

你很幸運，有一個龐大的產業，專門設法用有創意的方法，鼓勵民眾運動（順便讓荷包大失血）。值得留意的類比是一九八〇年代的健美操，或是近日流行的 SoulCycle 或熱瑜伽。尋找一個明顯的例子：這個例子必須是別人已經用有效的方式解決過類似的問題，而且解決辦法具有明顯的特點，甚至很誇張。這種例子將是很好的學習機會。

找到你的類比後，做一些研究，閱讀相關文章，訪問現成的顧客，打電話請教幾家公司。找出足夠的資訊之後，試著回答以下的問題：

為什麼這個類比中的解決方案能成功？
對象是誰？
怎麼知道成功了？
那個方案如何改變人們的感受？
現在人們能夠做哪些從前無法做的事？

然後，再把學到的經驗應用在你的問題上。你研究出來的心得中，哪一項最值得留意？把這些洞見當成起點，探索解決問題的新方法，再想出適合你的情況的作法。

————

尋找已經有人遇過、靠創意解決的類似問題，將帶來豐富的潛在素材。只可惜使用這個方法的人並不多。我發現，新手設計師在開始醞釀新概念的時候，這是最有效的方法，可以得出意想不到、新鮮、豐碩的成果。

——麥特‧羅斯

老實講，最近如何？

本文取材自朱利安・葛羅斯基（Julian Gorodsky）

當你邀請人們一起發揮想像力，你是在「煽風點火」，希望點燃新的想法發明。此外，你也在請大家卸下心防。你愈能提供有安全感的共享體驗，人們就愈可能冒創意的風險。

然而，我們太常隱藏真正的自我了，不願透露當下究竟發生什麼事。專業人士表現出中立超然的樣子，避免提起私事或所謂的「家務事」，但那是更為真實的一面。我認為不必迴避。

D.school 遵守一條基本原則：不論是為了完成創意工作，或是為了其他任何目的，不批評的氛圍是最基本的合作條件。專門研究團隊的科學家稱之為「心理安全感」（詳情見 161 頁的「學習的感受」）。

這則練習以簡單、友善的方式，讓通常藏在內心的無形感受浮出水面，為人所知。不論團體是大是小，表達感受帶來的人類共通經驗，會讓所有人更放心一起冒險。

———————

首先，每個人拿幾張便利貼，在每張便利貼上，寫下一件帶來感受的事。

為了避免讓大家的對話停留在客套的層次，你可以率先示範：「我兒子最近有些問題，我有點擔心。」「我很開心今天是我最後一天上班。」「鄰居讓我很煩。」「邊境的情勢讓我不解且擔憂。」

你就此從「最近好嗎？」，來到人與人之間的交心狀態，進行真正的「老實講」。直言你希望大家不要只講客套話，也是在請大家冒險，雖然只是冒小小一個險，仍舊有風險。

接下來，把你所有的「感受」貼在身上，黏在大家看得到的地方。在房間裡走動，找人交流。聊一聊對方的便利貼上寫了什麼，接著聊你的便利貼。專心聆聽練習夥伴說的話，留意他們冒的小風險。如果還有時間，就繼續走動，找下一個人聊。

———————

如果你後退一步，觀察現場的動靜，你會發現人們已經熱好身，而且感覺到大家更熟了一點。不論是一群八年級學生或是世界級的工程師，都可以進行這項活動。你可以設定時間限制，也可以慢慢來。不論用了多少時間，大家都能因此建立更深入的連結。

每個人的身上都發生了很多事。公開講出來，能協助團隊專注於手邊真正的任務，彼此支持。人們一旦打開話匣子，通常很難停下。只要設定適當的情境，就連陌生人也會有興趣見面。我們人本質上是社交的動物。

——朱利安・葛羅斯基

拓寬你的眼界

十多年前，我首度嘗試水肺潛水。要不是每隔一段時間，就得上岸補充氧氣，我會很樂意一直待在水裡。很多人喜歡雲霄飛車等高速冒險，但在我心中，完美的冒險是潛進附近有著美麗礁石的海中，以最慢的速度游泳，鉅細靡遺地觀察每一樣事物的細節。豐富的視覺美景、各種共生關係、既堅硬又脆弱的矛盾礁石——我希望能盡收眼底，學習、學習，再學習。

我擅長潛水之後，開始帶著相機下水。有時我想捕捉整片礁石或各種大型場景，此時我會使用魚眼廣角鏡，視野可達到一百八十度。等我事後回顧照片，有時會看見當下沒注意到的生物、互動或細節，我的角度出現了改變，協助我以新的方式理解生態系統。拍攝這種影像的訣竅在於，前景至少要有一個顯眼的有趣事物，也就是說我必須離得非常近。如果不靠近，就不會有事物突顯出來。這是有趣的矛盾：由於這種鏡頭的鏡片原理，我得以同時拍下寬廣及超近距離的視野，兩者共同構成令人難忘的影像。

在設計的領域，更換鏡頭、改變角度，也扮演重要的角色。你通常必須和人見面、訪談，觀察各種流程與活動。隨著設計愈來愈強調以人為本，設計必須運用同理心的觀念，已有數十年的歷史。相較於把科技當成設計的驅動力或唯一的起點，以人為本是相當珍貴的方向，兩者形成鮮明的對比（「我能利用這個新科技，打造出什麼酷玩意？」這種從科技出發的思考模式，並未考慮是否有人想要或需要那樣東西，也沒有詳加考量整體的脈絡：如果這樣東西真的普及了，是否會有意想不到的後果）。

重要的是，你把哪些東西／哪些人當成設計的中心，因為這決定了你將朝哪個特定的方向前進。我們重視把人當成設計中心的部分原因是，那種作法將引導我們把他人放在首位，考量他們的需求與在意的事物，而不是自己想要什麼。這一點很重要，因為不論你的團隊有多麼多元，技術有多強，光是一

個人、一個團隊，無法代表他人生活的複雜度。積極拿出同理心，想辦法瞭解內情，將縮小這樣的差距（儘管無法完全消弭）。不論你的主題是什麼，相較於單一個人過去的人生經歷，創意工作的機會或需求將更大、更細緻，因此對他人的需求與觀點抱持同理心，將是以新方法框架問題的基本能力，能帶給你更好的結果。

創意學者賈斯汀‧伯格（Justin Berg）在二〇一四年的《組織行為與人類決策過程》（*Organizational Behavior and Human Decision Processes*）期刊，發表〈初始銘印：在創意點子的發展過程中，開頭如何形塑結果〉（The Primal Mark: How the Beginning Shapes the End in the Development of Creative Ideas）。這篇引人入勝的論文顯示，如果你在熟悉的領域起步，最終會想出熟悉的點子。如果你在新奇的領域起步，則會想出遠遠更有趣的點子。萬一需要讓點子從較為熟悉或日常的情境出發，永遠可以再降低陌生的程度。伯格的論文特別研究想出新點子的過程，不過我發覺，以設計工作來講，這個概念不管在哪一階段都很實用。從哪裡起步，在某種程度上，將決定你最後到達哪裡。

我多年來引導學生打破自身的印象與想法，在整個設計過程中，永遠要四處訪問，觀察真實情況。我一再發現，學生從校園出發時，對於要設計什麼，抱持著顯而易見的傳統觀念。然而，等到做完研究回來，他們獲得五花八門、值得一試、潛力十足的新方向。那些新方向更可能有益於他們希望服務的對象，或是讓當事人更看重他們的設計。學生在發揮創意的過程中，持續考量他人的觀點，測試大致的點子、聽取意見、精益求精，走向有意義、有效，有時還相當創新的設計。

學生和校友告訴我，這個練習一開始很難，但最終令人海闊天空。諾拉健康團隊的凱蒂提到：「我們做出來的東西永遠令人訝異。人們問：『你們是怎麼想出來的？』我心想：**這是你們的功勞，是你們告訴我們的**。我們不過是聆聽，接著做出人們需要的東西。我們從小到大接受的訓練，百分之九十九都是要正確，要回答正確的答案，接著當成解決方案。然而，設計教我們要勇敢，提出不符合完美想像的方案，而不是強迫人們接受所謂的正確點子。」

把人放在設計的核心，有可能不完整（或者該說，如果只想到人類的話）。舉例來說，如果在你的想像裡，有價值的設計核心是人類與其他所有的動物共生共榮，那麼你在處理迫切的環境問題時，例如大規模的物種滅絕或氣候變遷，你可能會以不同的方式思考創意解決法。如果你的設計作法遵守美洲原住民霍迪諾紹尼人（Haudenosaunee，又稱易洛魁人〔Iroquois〕）的「七代原則」，你除了會考慮你的設計如何影響今日率先接觸到的民眾，也會替未來的七個世代做好打算。

今日的設計界在談同理心時，廣為流傳的速記版通常會要你「從他人的立場出發」，或「感同身受」（這種現象的部分原因，與 d.school 早期推廣的架構有關）。不過除此之外，同理心還包含許多我們應該知道的層面；最簡單的版本只觸及同理心的一小部分，並未提到相關的陷阱與限制，也沒有談到同理心與你的創意的關係。

隨著神經科學家、社會心理學家與設計師愈來愈清楚，同理心在大腦中和人際間的運作方式，我們得知同理心有眾多獨特的面向，而且那些面向會同時運作。下圖的同理心三面向，改編自賈米爾・薩基（Jamil Zaki）與凱文・奧斯納（Kevin Ochsner）二〇一二年刊登於《自然神經科學》（*Nature Neuroscience*）的論文。同理心最為人所知的面向與「經驗分享」（experience sharing）有關，也就是留意他人的情緒，產生共鳴，心有戚戚焉。如果你在告訴某個人你的個人經歷時，可以感到對方臉上出現你感受過的情緒，他就是流露出這方面的同理心。

同理心的三個面向

心智化

認知同理心

換位思考

心智理論

經驗分享

情感同理心

共享自我呈現

情緒感染

利社會的關懷

同理心動機

同情

同理感受

第二個面向是「換位思考」（perspective taking），也就是經過邏輯思考後，推論出你認為另一人對某件事的感受或看法。譬如你採取另一人的觀點時，認為對方發脾氣是因為感到不受重視，或是你猜測對方需要休息一下（此時很重要的一點是你要曉得，你的推論或得出的結論有可能正確，也可能不正確）。另一個例子是，當你說出：「即便我沒有相同的感受，有鑑於你的遭遇，我想我懂你為什麼投票給那個人。」換位思考是連結設計與同理心的必要元

素。採取他人的觀點後，你會更加瞭解某個問題或機會，有辦法向自己或他人描述並開始處理。換位思考與理解有關，而非關懷或同情。此外，換位思考將帶來大量潛在的創意行動。

同理心的第三個面向，漸漸獲得更大的關注與研究。這項發展令人振奮，因為這可能是設計工作的關鍵元素。有共鳴與理解他人的感受被稱為「利社會動機」（prosocial motivation），意思是你開始感到想要幫助他人。我一直不曉得該如何稱呼這種現象，不過多年來我觀察到，如果學生在做設計研究的過程中，與某人產生有意義的連結，他會明確感受到一股衝動，想要做出某樣東西，滿足那個人的需求。相較於班上的其他同學，那些學生會更努力，通常也更成功。我發現他們的設計動機不是一般的想拿學分或得高分，似乎有一股急迫感催促著他們。或許我注意到的現象確有其事。二〇一一年刊登在《美國管理學會學報》（Academy of Management Journal）的研究，探討同理心與創意的關聯，作者是管理與組織行為專家亞當・格蘭特（Adam Grant）與詹姆士・貝瑞（James Berry）。那篇研究顯示，換位思考（刻意理解他人的需求）與實際想出實用的新鮮點子有關。看來想助人的欲望，也能幫你度過困難的設計考驗。

如何能三管齊下地運用同理心？你可以做各種練習，比方簡單體驗一下「冰箱裡有什麼」（68頁），或是花一天做「跟屁蟲時間」（41頁）。也可以挪出時間，透過「生活中的一天」（156頁），大展身手。你也可以重新設計本書最後一部分、自251頁起的「器官捐贈體驗」或「災後融資」等挑戰，替自己（或團隊）寫下大膽的計畫摘要，勇敢抓住機會。

在做這些練習時，你也有機會反思同理心的限制。如同社會影響力設計工作室 Civilla 的幾位創辦人，他們在談「當事人才知道的苦」（38頁）這個練習時提到，能**選擇**體驗某個流程或體系，加以瞭解，設計改善方式，其實是一種特權。有些當事人則是別無選擇，為了取得必要的事物，必須使用那套系統。相較於沒有選擇、只能待在某種情境，隨時來去自如的人無法真正瞭解箇中滋味。能夠理解或心有戚戚焉，不代表你就有全面的瞭解，即便你當下認為自己懂了也一樣。此外，經過每個人的種族、性別、歷史、地域與文化稜鏡折射後，你和他人經歷過的每一件事都會有所偏差，因此你在判定他人是怎麼回事的時候，須避免武斷。

同理心的另一項重要限制，在於同理心並無所謂的道德或不道德，而是無道德（amoral）。同理心不會讓你自動在世上朝著善或惡走。事實上，格蘭特與貝瑞的研究顯示，採取他人的觀點後，你將出現利社會動機，願意協助與你十分不同的人達成目標，而他們想做的事，有可能違反你自身的價值觀。

當你與人連結，開始瞭解別人，那種美好的感受竟有如此大的力量！你在和他人連結的過程中，將獲得洞見、點子、動機。然而，同理心無法取代後退一步，從客觀的角度詢問和你的設計有關的問題。你的設計將幫到誰？可能有哪些附帶影響？這時抽離的理想練習，包括「你心中的倫理學家」（218頁）、「未來輪」（221頁）、「畫出設計空間的 d 形圖」（106頁）。

最後，想一想培養對他人的同理心，如何影響你看待雙方關係的方式。你當下可能感到謙卑、同情、印象深刻或興奮。過了一段時間，你會更能讓同理心轉化為啟發與設計方向。當你對相關的創意工具與能力有了信心，你可能覺得充滿力量，而當我們感到手中握有力量、自己很重要，甚至有點像是扮演同理心英雄的角色，我們很容易越界，掉進「創意救世主症候群」（creative savior complex）的心態。這個詞彙來自藝術家與技術專家歐麥耶莉‧亞倫耶克（Omayeli Arenyeka）精彩的線上指南《創意獨立》（*The Creative Independent*），文中特別介紹避免落入這種陷阱的各種方式，包括明確說出你的目標（對自己和他人）、明確找出誰將受惠於你的設計。此外，設計出方案之後，最後真正使用與承受後果的那些人，要仔細思考你與他們的關係。

雖然同理心的眉眉角角很多，培養自身的能力、體驗同理心的所有面向，仍有其價值。你將帶給世界實用的創意，令人心生敬意。重點是**尋求**同理心。記得把你的指南針設在那個方向，但無須假設有一天你會完全抵達目的地。發揮你的仁愛精神，抱持使命感，把創造力與洞見帶進設計裡，增加創意令人感到實用的機率。

同理心跟攝影不同之處，在於無法換上特定的鏡頭之後，就能近距離理解某件事，同時又能掌握背後的大環境。你只能逐漸培養功力，想辦法同時看見細節與背後的場景。相關人士的個人特質，**以及**我們所有人身處的社會脈絡，兩者要同時看見。你所要追求的觀點，將是不停在這兩種視野中彈性切換，最終帶來在所有層面都行得通的創意解決法。

35 用新鮮視野描繪

本文取材自莫琳‧卡羅爾

我們理智上知道，透過不同的角度看世界很重要，但實際上很難做到。不過難歸難，這是值得用一生追求的目標：隨心所欲地用新鮮的眼光看事情，將是拓展好奇心與激發新點子的關鍵。

這則練習始於簡單的素描活動，但有一個地方不一樣：你要暫時假裝成別人。這麼做可以輕鬆讓心智熱身，好好展開一天。此外，還能讓你練習用心觀察，提醒你在創意的旅途中，尋求多元觀點很重要。

你可以獨自練習，也可以找別人一起，人數不拘。

———

你需要一些筆記本和色鉛筆／彩色原子筆。列出各種人物或角色，從既有的顏色中，為每個人物分配一個顏色，例如以下這樣的安排：

七歲小孩（橘色）
園丁（綠色）
詩人（紅色）
最近剛跌斷腿的人（粉紅色）

居住地氣候跟你非常不一樣的人（藍色）

之後，到外頭找地方坐下來觀察。

如果你是獨自一人（或是夥伴人數很少），挑一組想嘗試的角色。假裝透過角色的眼睛看世界，花十分鐘畫下你看到的東西。畫完一個角色，換下一個角色，再換下一個。用每個角色分配到的顏色畫，換角色就換顏色。你可以直接畫在前一個人物上面，製造出相疊的場景，直到看似好幾個不同的人一起完成了這幅畫。另一種畫法是把場景並列，你會發現隨著觀點不同，你的畫也會出現新的事物。

如果是人數多一點的團體，利用不同顏色分配角色時，可採用趣味的方式，利用人物身上的特點隨機分配，抽到什麼是什麼。方法有成千上萬種，比如襯衫上的彩色圓點、花手帕、有彩色鏡腳的墨鏡或帽子。最後可能有好幾人拿到相同的角色。

團體中的每一位成員拿到一件用來分配角色的物品（如圓點、眼鏡、帽子），這樣就知道他們扮演什麼角色。接下

來，所有人花十分鐘畫下自己負責的人物看見的東西。運用一下想像力。你看見了什麼？

畫完之後，找代表不同顏色與人物的另一位成員，和他分享你的畫。

分享時，你會發現你採取的觀點是如何影響你看見的世界，也影響你看事情的方法。比如七歲的孩子可能看見長凳突然變成雲霄飛車。園丁注意到植物的排列方式。詩人寫下圖文詩。斷腿的人注意到每個人行道上，都有令人擔心的裂縫。你們看著相同的事物，卻以不同的方式觀看。

每個人畫出的東西，都被自己戴上的濾鏡篩選。那是一個很好的討論起點，可以探討在設計過程中，如何訓練自己的注意力。

你可以設定一個主題，繞著這個主題打轉。舉例來講，如果你或你的團隊要進行教育體制中的設計，每種顏色可以代表教育環境中的不同角色（學生、父母、校長、工友等）。

儘管你用新鮮的眼光看事物，別忘了你在這個活動中看見的東西，依然經過你本人的篩選。你有自己獨特的一套經歷與框架。想一想，如果你真的和形形色色的人士一起做這個活動，事情會多不同。或是想像你在人生的不同時刻，可能和這個人物有過相同的經歷。這個好方法既能訓練想像力，又能提醒想像是有偏限的。

我在做這個活動時，永遠會想到一句話：「在看見意義時捕捉意義。」這則練習的靈感，來自藝術教育學者艾斯納（Elliot Eisner）的《貧瘠的心靈》（*The Impoverished Mind*）：「每個符號系統都設定了能被感知的事，以及能被表達的事之間的界線。因此我們可以透過繪畫，認識唯有視覺藝術可以傳達的秋天。我們透過詩詞，瞭解唯有詩詞能呈現的秋天。我們透過植物學，認識唯有植物學者能告訴大家的秋天。秋天是如何被感知，以及連帶地我們是如何認識秋天，要看我們使用或選擇使用何種符號系統。」

這個練習能以具體的方式探索那樣的概念，協助你鎖定一個角度，把鏡頭拉得很近，接著又拉遠，看見團體裡不同成員的多元觀點。設計師就是具有這樣的能力。

——莫琳・卡羅爾

36 打開行李練習

本文取材自蘇西‧懷斯、湯瑪士‧伯斯（Thomas Both），靈感來自麥克‧巴瑞

訪問或觀察人與脈絡，有如踏上一段不可思議的旅程，帶你用新的角度看世界，刺激你的想像力，讓你拖著裝滿美好禮物與寶藏的行李箱回家。現在該打開你的箱子，看看裡頭裝了哪些東西。

說來奇怪，從箱子取出你的觀察並整理出洞見所需的時間，通常是體驗時間的三、四倍。開箱過程和旅程本身一樣重要，因為這涉及你如何理解你收進箱中的所有寶貴資料。首先，你需要取出人人關注的顯眼事物──有如從機場禮品店帶回的紀念品。接下來，你需要思考你聽見的個人故事，花時間檢視每則故事，試著進一步理解故事意涵，找出你對背景有什麼樣的認識，以及故事代表的需求。最後，你發現在行李箱的底部，好酒沉甕底。由於大腦忙著享受各種景色，你甚至不記得自己曾經把那些東西裝進箱子。這些洞見需要花時間才能挖到，但值得費這個力氣。

每當你需要從箱中取出觀察，這則練習提供了簡單的架構，以免你一看到表面的事物，就抓著第一個想到的解決辦法不放。這個過程需要時間與耐性。多數人希望走捷徑，因為打開行李箱本來就令人不安──你不知道自己會找到什麼，也不曉得那些東西究竟有多少價值，但你要堅持下去。

以下的例子提供了特定挑戰的脈絡，你會比較容易理解打開行李箱的概念。這則練習是由連續創業者與教育領袖吉兒‧維亞雷口述，她身經百戰，開箱過無數次。

有一個問題困擾我很久。我成為d.school的一員後，終於有機會處理。多年來，我經營一間成長中的成功機構，提供公立學校專業教練，舉辦課間活動。愈來愈多證據顯示，用理想的方式運用下課時間，有助於孩子培養解決衝突與領導的能力，為課堂表現帶來正面的影響。各家校長一直在詢問，能不能「借用」我的教練，填補各種教師空缺。我因此得知學校長期面臨各種代課問題。

美國有一〇％的課堂時間是由代課老師上的。儘管如此，就我所知，代課問題並沒有被清楚定義。於是，我展開創意流程，試著找出改善方法，接觸我必須瞭解的各界人士。

我開始訪問正職老師、代課老師、校長，以及教育體系中的其他相關人士後，很快就拋掉過度簡化的框架，不再認為主要問題的源頭是缺乏代課老師。

我每多做一場訪談，事情就顯得更加立體，有可能把計畫帶往新的方向。我開始和幾位 d.school 的設計師合作。他們教我走過綜合思維（synthesis）的流程，首先是仔細拆解每一場訪談。我會描述某場訪談的重點，接著同仁會問提示的問題，讓我更深入，找出最突出事物所代表的意義。每一位受訪者告訴我的話，我都覺得有重要之處，但我尚未去思考為什麼我覺得那些事特別重要。

第一步通常是描述受訪者的基本外貌。我會試著重建視覺場景，說明是當面訪談或電訪。再來是回顧我在訪談時提出的問題，講出和其他訪談的異同之處，接著深入挖掘所有不一樣的地方，因為不同的回應代表有可能找到了新的見解。人們在描述自身體驗時流露出了情緒，我們詳加討論這個部分，尋找不一致的地方。》

舉例來說，有一次我訪問某位代課老師，得知她平日會帶著大量現成的教案，走進代課班級。我立刻想像代課老師的需求有如加州野火，因為需求會突然冒出來。這兩件事加在一起，讓我想到，不知能不能把代課老師當成永遠帶著急救包出現的消防員。我開始思考，代課老師需要帶什麼進教室，才有辦法成功代課。

我從這個想法出發，打造出第一個原型：裝著適合各種年齡的遊戲與活動的背包。我在訪問校長時，便帶著那個背包。為了測試這個點子，我會問：「如果說我們在訓練代課老師的時候，把他們當成消防員，帶著一套特定的技能走進教室，那會是什麼樣子？」在某種層面，這個點子讓校長們感到興趣。他們願意接受增加代課老師發揮空間的可能性，但要放手讓代課老師主導課程內容，校長們則是興趣缺缺。因此，從整合過程中出現的那條小線索，在我以原型測試後，帶來幾項重要的新洞見。

我在輔導時間提到我很訝異，我還以為如果要改變對待代課老師的方式，最大的阻力來自學校領導者，但更多的負評其實來自級任教師。我開始質疑究竟什麼是代課老師。舉例來說，如果你是媽媽，你會希望其他成人參與孩子的生活，但你不會希望有人取代你的母親地位。沒人願意感到自己是可被取代的。這是另一個重要的重擬時刻。我發現根本沒有所謂的代課老師！這些人來了，他們在課堂上扮演重要的角色，但他們不會取代任何人事物。

我一旦理解這件事並表達出來，事後再回頭看，這個道理十分明顯。然而，要不是我在過程中繞了遠路，不可能悟出這個道理。這讓我想起美國大法官小奧利弗・溫德爾・霍姆斯（Oliver Wendell Holmes Jr.）的名言：「簡單和複雜是一體的兩面。」

不論是在特定的創意流程，或是試著面對日常生活，人類需要時間與空間，才有辦法理出意義。缺乏專門用來思考意義的空間時，其他空間會被挪用。我把這樣的概念套用在工作生活上，便想到我們的思維合成需求，通常會導致會議偏離預定的討論主題。這可能是我不愛開會的原因！

你需要時間與空間才能理出頭緒。我在做這項計畫時，試著保持一顆開放的心，感覺只要堅持下去就能得出好結果。確實是這樣沒錯。

我因為密切合作，與他人對話，得以好好體驗那個充滿不確定性、但生產力十足的過程。我學到有時得繞點路，才能有所進展。究竟該朝哪裡走，不一定立刻出現明顯的答案，但不代表沒有目標。

——吉兒・維亞雷

————

進行創意研究時，一路上會蒐集到故事與資料。整理那些東西的第一步，將是寫下某場訪談或某段觀察體驗中的八到十個亮點。有可能是特別突出的金句、某個情境的緊張時刻或衝突、讓你感到失望或興奮的事物，或是見證某地居民用在地的方式解決問題。

把每一個亮點寫在不同的卡片或便利貼上面。

在大紙或白板上，替每一個亮點，寫出以下引導問題的回答：

為什麼你覺得這件事特別突出？
就你試著解決的挑戰來說，為什麼這件事值得留意？
你因此得知這個人相信什麼或在乎什麼？
為什麼這個亮點很重要？具有什麼意義？
你因此想到哪些其他的情境？
這個亮點如何協助你以新的方式看待問題或機會？

替你的觀察不斷挖掘答案，直到你認為全都找出來了，再換下一個觀察。

一段時間後，你將累積一套你愛用的開箱問題。要注意的是，吸引你的問題類型，大概反映出你自身的某些性格，以及你的直覺或偏見。不論是訪談背後的故事、拆解故事的方法，還是得出的結論，一切全是主觀的。你的詮釋將直接影響你如何看待這次的挑戰，以及你提出的解決辦法。

創意脫離不了主觀，這種事無從避免，不過如同剛才吉兒的例子，你要不斷回頭測試點子以及得知的事實，好確認你的假設。你最後會和吉兒一樣，發現自己找到了壓箱寶。

框架與概念

本文取材自派瑞·葛拉邦（Perry Klebahn）、傑瑞米·烏特利（Jeremy Utley）、史考特·杜利，評論來自宮下祐介（Yusuke Miyashita）

收到具有建設性的回應與回饋，就像打籃球獲助攻：少了根本難以得分。不過，在你獲得助攻、完美上籃前，你必須知道如何順暢地接住傳球。

人們遲遲不去請教別人的看法，有時是因為不確定該如何處理。別人提出意見後，是不是就得照做？我這個設計師，是不是就沒那麼重要了？當然不是。你真正的義務是運用判斷力，在有人提出意見時，判斷究竟該怎麼處理。你希望設計呈現的效果，不一定就是受眾實際的感受。取得意見的用意，就是瞭解這中間的落差。

你分享設計時，有可能 A 喜歡你挑的顏色，B 認為你的主題無關痛癢。你希望聽到實話實說，不想限制人們提出哪方面的意見，因此你必須有一套評估他人看法的架構。這則練習可協助你解讀測試階段的意見回饋，區分你對挑戰（框架）的理解，以及你提出的解決方案（概念）的品質。

「框架與概念」以簡單的方法，詮釋人們如何回應你的設計。方法之簡單，會讓你在考慮哪些原型值得測試時，思路大開。除了設計工作，你還希望替哪些事務取得早期的意見回饋？雜貨店的購物清單？家中的出遊計畫？幾乎不管是什麼事，趁早請大家提供意見，絕對比閉門造車好。

———————

請別人針對你的創作回饋意見前，先準備好某種分享形式，看是草圖、實體原型或書面文字都可以。接下來問自己：**我的框架是什麼？我的概念是什麼？**

框架是你試圖處理的需求，或是你正在琢磨的進一步點子。概念則遠遠更為具體，指的是你想出的特定解決方案。

舉例來說，如果你要測試家裡的度假計畫，你沒明講的框架可能是「替生活帶來冒險與歡樂。過去一年，全家愁雲慘霧，需要改變一下氣氛。」你想測試的明確概念，包括「雲霄飛車主題樂園」與「湍流泛舟」。其他例子包括，如果你和銀行合作，替在天災中失去家園的民眾設計新型服務，那麼你的框架是「成為民眾財務的『先遣急救員』，在

危機時刻強化信任感」。你的概念是「針對『食』、『住』方面，立即提供無息的一千美元貸款」。

運用以下原則，展開你的測試。分享你的草稿或原型，請大家提供看法：

明確解釋你是在分享初步的點子，真心想知道大家的看法。可以誠實以告，你不會感到受傷。

不要試著解釋自己的動機，也不用描述完整的願景，或是等這個作品完成、添加種種細節後，會有多棒。這麼做，大家就會知道你有多在意而不想傷到你，也就比較不可能有話直說。換句話說，最好別向試用者分享你的框架，單純分享概念就好──至少一開始不要。仔細記錄試用者的反應，寫下他們的評論，留意他們的肢體語言及好惡。

拿出請益的正確謙遜姿態，測試者才會覺得可以直說，提出改善你的概念的方法，協助你進一步瞭解基本需求，帶來先前沒想到的新點子。你將更能夠深入討論，瞭解框架內的事物。此外，獲得初步的意見回饋後，就可以多分享一點你打算完成的任務。

坐下來整理人們的反應。在筆記本或一大張紙上，畫出相交的上下兩個圓。把上面那個圓標為「框架」，下面的圓標為「概念」。用視覺提醒自己，框架較為抽象──那是每一件事加總在一起的基礎。利用這兩個圓，分類你得到的意見回饋。寫下你聽到的所有意見（或你留意到的肢體語言）。如果和框架有關，放進上方的圓；

如果和概念有關，放進下方的圓。

接著，評估幾件事：

按照你擬定的框架，你在多少程度上滿足了情境的需求？

你認為對受眾重要的事，影響力大嗎？人們真的這麼覺得嗎？

大家喜歡你提出的設計概念嗎？還是只是出於禮貌表示喜歡、不感興趣或完全負面的回應？究竟是什麼引發了那樣的情緒反應？為什麼？》

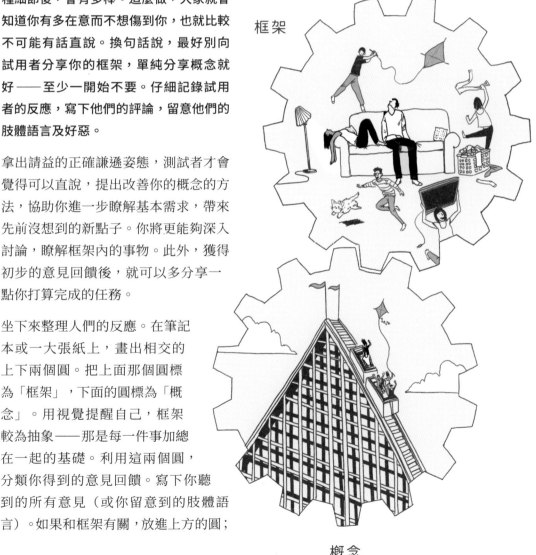

框架

概念

常見的狀況包括：

大家對你的設計概念接受度不高，但因為你提出來請大家提供看法，你得以更深入地瞭解框架，例如：「我害怕坐雲霄飛車。如果每個人可以自行選擇要玩哪一種遊樂設施，我覺得會更好。」或「我不想要度假時全身濕答答的，不過我喜歡一起去戶外玩耍的點子。」你的解決方案或許沒能解決需求，因此下一輪可以花更多力氣修正概念。

有時概念看起來很厲害，而且從美學角度看，大家覺得很不錯。然而，詳細分析人們的反應後，你會發現其實並未正中要害，仍然未能解決計畫框架隱含的需求。舉例來說，民眾可能覺得一千美元的無息貸款聽起來還不錯，但只幫上很小的忙，你還是沒能觸及天災計畫的核心框架。此時就得再次發想，提出其他概念。

世人以為，天才是獨自一人打造出完美作品後，呈現在眾人面前，但這和d.school的作法大相逕庭。我們的座右銘是趁早分享你的設計，而且次數多多益善。別人的反應能協助你改良設計，你會知道缺少什麼，協助你確認你不只是在為自己設計。此外，你有可能沒想到潛在的副作用，而人們可以提醒你。雖然大夥的意見暫時讓你洩氣，最終卻可以幫上大忙。

我當了十年的設計師和老師。這則練習大概是目前最令人滿意、最實用的工具。你將有辦法評估自己的見解是否正確，獨立評估原型的品質，進而做出理想的決定，判斷到底該如何前進。你的框架 OK 嗎？你的概念 OK 嗎？你立刻會知道接下來要做什麼。

——宮下祐介

早上泡咖啡

本文取材自西莫斯・余・哈特（Seamus Yu Harte）、史考特・杜利、比爾・古騰塔（Bill Guttentag）

這則練習能協助你精進視覺溝通技巧，方法是在感到尚未準備好之時，就去做某件事。快速完成一件事，將揭曉你自認的能力，與你實際能力的差距。此外，你也會發現自己已經知道了哪些事（先前不知道自己知道），下次會感到更蓄勢待發。你可以專注於一個小步驟，也可以把這個概念廣泛應用在任何情境中。這則練習將讓你憑著直覺，在做的過程中探索學習（如何辦到？從做中學！）。

運用影片等媒體時，你提出的訊息或點子，將在你人不在場解釋的情況下，一直傳播下去。你試圖讓大家瞭解的事，以及人們實際接收到的訊息，兩者究竟有哪些差異？想知道的話，最好的辦法是做出某樣東西，靜觀其變。

———

練習目標是拍攝一分鐘的過程影片：這裡指定的主題是製作一杯晨間飲料。找到願意幫忙的朋友或室友，蒐集好所需的材料。

第一步是拍片——沒錯，我們要來拍影

片。拿起智慧型手機，記錄你的朋友泡咖啡（或泡茶、做冰沙）的過程。結果究竟是還不錯、過得去、非常好或可笑至極，都沒關係（這裡是指電影，不是飲料），那不是重點。

試著運用 135 頁不同的鏡頭風格（遠景、大特寫等）。為了縮減無窮的可能性，請遵守以下限制，快速完成練習：

你的電影名稱是「早上泡咖啡」。
長度剛剛好是一分鐘。
不能超過十二個鏡頭。
拍默片就好，不用加旁白（一定要有聲音的話，就放音樂，不過加了音樂，這個練習會變複雜）。»

完成之後，觀看第一次拍出的影片。想一想究竟有哪些地方過關，哪些地方不行。影片太長了？怎麼說？哪些是不必要的敘事？鏡頭太快拉近到咖啡渣，是否會令人感到暈眩？所有不同的鏡頭風格湊在一起時，是否很難調和？你看完之後有什麼感覺？

準備好再錄一遍。這次要有粗略的計畫，先勾勒分鏡腳本的草圖。在筆記本上，簡單畫出一連串的空白方格，填進你打算錄製的鏡頭順序。如果不打算剪輯，中間可以暫停錄製，把動作分解成不同的取景，或是找最便宜、最簡單的智慧型手機影片剪輯 app。不要弄成大工程；只要串起拍攝的鏡頭，這裡剪一剪，那裡修一修，讓影片長度縮短至一分鐘就好。

再次錄製與剪輯，滿意後上傳到影片分享網站，請朋友（或家人）上去看。確認他們能否看懂你拍攝的咖啡製作流程。在做這些事的時候，記得留意自己有什麼感覺。直覺會告訴你哪些地方成功了，哪些地方不行。

────────

這個練習的嚴格限制（長度、主題、形式），讓你專注在基本原則。這則練習協助你嘗試影片這個媒介，試完後才反思，反轉了傳統的順序。傳統道路是你得先上電影攝影課，瞭解

理論，或者更可怕的是，連攝影機都沒碰過之前，就要忍受攝影機如何使用的枯燥技術解說。這則練習的作法是一種心態轉換，讓你從認為必須習得技能，變成知道自己有能力運用技能。

定期跳下去做自己不太懂的事，將帶來眾多意想不到的好處。這則練習可讓你快速學習拍攝影片的方法，實際上也可應用在任何你希望改善的技能。我們做一件事的時候，一定得先嘗試，不然永遠不會知道自己不知道什麼。必須用不曾試過的形式來呈現某樣東西？那就先嘗試簡單的計畫（簡單到接近好笑的程度），熟悉怎麼把事物拼湊起來。

水平運鏡

各種拍攝角度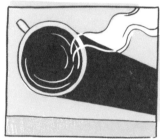

   伸縮鏡頭

取景大小

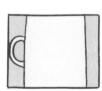

  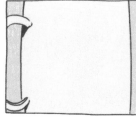

垂直運鏡

39 五張椅子

本文取材自葛蕾絲・霍桑、夏綠蒂・伯吉斯－奧本、史考特・杜利

我們通常都被鼓勵要拿出胸有成竹的態度，一上場就要看起來信心滿滿，但裝模作樣其實會讓我們更難聽進別人的話，更難修正路線，也更難以謙遜的態度做事。此外，虛張聲勢會讓太多人隨時有錯誤的投射。設計則能解放你，讓你端出最佳作品，方法是給你工具，讓你體驗大多時候，最符合實情的話其實是「我還不知道答案」。

這則練習將讓大家體驗「快速打造原型」（rapid prototyping）這項工具。首先，請把「原型」（prototype）想成動詞（打造原型），而非名詞，雖然兩種詞性都有。打造原型的核心是替同一個概念創造出多種呈現方式。你和其他人因此曉得，點子的最終樣貌並非固定的，只是眾多可能性的一種，沒有絕對要怎麼呈現。打造原型是拓展探索範圍的重要方法，但也會引介具體的物件，方便你與關心此事的人分享並測試，體驗你在替什麼挑戰而設計。

要讓打造原型變簡單，就是熟悉各種素材的性質，直覺瞭解該如何打造。有的素材很適合強調線條，有的適合製造量感，有的適合做成或小或大的成品。

這個練習可以拓展你的心智。當你把玩某個物件，那個物件便能激發新點子，讓你摸索出要如何朝新的方向發展並修正核心概念。提醒你，即便起初沒意識到，你的腦中其實有著形形色色的點子版本；你唯一需要做的事就是推自己一把，朝多重方向探索。每當你需要助力，隨時可以回來做這個練習。不論這次要設計什麼，你將進入快速打造原型的心態。

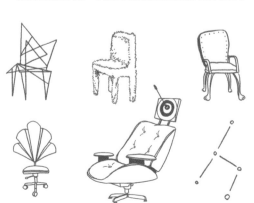

用一張紙和麥克筆，在兩分鐘內畫出你的夢幻椅。這張椅子應該把你的需求完整納入考量。

拿紙板和剪刀，用紙板做出你的椅子模型（此時你可能會哀嚎，自己為什麼要把椅子設計成那樣！）。

欣賞你的椅子，接著找來新材料，如絨毛鐵絲。

用絨毛鐵絲打造你的椅子。

完成後，改用黏土做椅子的模型。

換成口香糖和牙籤。

把你做好的所有椅子排成一排。

以下是自問自答的幾個好問題：

做出不同版本的設計，是什麼感覺？
你在過程中做了哪些更動？為什麼？
你最喜歡哪一種素材？最不喜歡哪一種？為什麼？
哪一種材料最能呈現你畫的椅子精髓？怎麼說？

有時光是試用新素材，就能幫上忙。你永遠不會把這些材料用在「正式」的設計，但照樣能學到許多東西。

紙板這個素材，基本上是在處理表面。

絨毛鐵絲則和線條有關。

口香糖與牙籤，強迫你小心翼翼處理迷你接點。

你有可能很享受使用某些素材，日後需要快速打造原型時，將成為你的首選。每種材料都有天生的物理特性，要瞭解的話，就得實際體驗。你必須用手去接觸，才會知道某樣東西的質感。你碰過的「東西」愈多，大腦的知識庫也就愈加豐富。

一群人一起做這個練習會很有趣——可以是工作上的團隊，或是在遊戲夜和朋友在家裡玩。每輪結束後暫停一下，依據素材，把大家的椅子作品排在一起。你可以看出在場的每個人，如何用不同的方式製作椅子。當眾人排好紙板椅子、以為大功告成時，讓大家緊張一下會很有趣；這時你才宣布還得用其他的媒介繼續製作。

如果你是獨自練習，一定要嘗試不同材料的版本。如果卡住了，規定每種素材必須在兩分鐘內完成。當你不放過自己，不輕言放棄，就能神奇地逼出創意。

40 百呎圖

本文取材自雷娜・賽澤、亞當・賽澤、克萊兒・詹克斯（Claire Jencks）、麥可・布雷納

回想一下，上一次行李不見、請航空公司協尋，或是需要更新駕照、到醫院動小手術的事發經過。整個流程都是由許多小小的時刻構成——你有可能抓狂、困惑，或鬆一口氣。沒人存心讓複雜的系統帶來差勁的體驗，但通常會搞得烏煙瘴氣。

大部分系統在日積月累後，多半疊床架屋，有如未經規畫的違建，缺乏建築師的統整。除非你的組織近期進行以人為本的改造，不然你得東奔西走，才能完成原本很簡單的流程。你一步一步摸索，尋找資訊，做出決定，產生永遠想不到的互動。

現在想像一下，假使每個你碰上的公私體系，都設計成縮短麻煩的時刻，讓你一下子就成功抵達終點，那會是多美好的世界！

在不瞭解內情的外人眼裡，系統看上去通常沒那麼複雜。民眾理所當然認為：**為什麼他們不把監理站搞好一點？為什麼時間不能縮短一半？**這個練習將協助你探索系統是如何運作，瞭解整體是怎麼一回事，以及各環節的狀況。你將走過

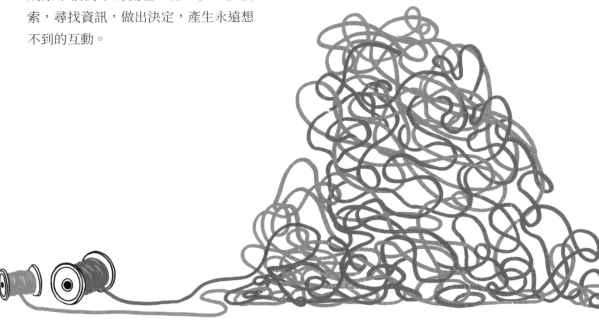

繪製地圖的過程，瞭解複雜的地方究竟在哪裡，哪些細節導致無法快速解決問題。不過在此同時，你也會發現要從哪些地方著手改良系統。

系統層級的挑戰很棘手，原因在於很難知道要從哪裡起步。一個辦法是尋找能一石二鳥的環節。負責處理的人員，以及有使用需求的民眾，兩者其實高度連動，因此我們要找出變動哪個部分後，雙方都會感覺變得方便。

利用這個練習，嘗試系統設計師的作法。你或許懷著雄心壯志，試圖重新設計整個制度，或者希望想出有創意的點子，從外部推動改變。另一種可能是，你的目標很簡單，只想瞭解一般人陷入錯綜複雜的日常體系時會遇上的體驗。

———

挑一個你想要互動的系統，看是客服部門或街坊藥局都可以。內部一定要有你能聯絡上的人，譬如你最常接觸的銀行行員、手邊有時間的客服人員、當外科醫師的堂姐、在郵局工作的鄰居。

找一個外部人士、一個內部人士，畫出這兩個人和這個系統打交道的歷程，找出兩者的交會處。

第一部分：訪談

進行兩場深度訪談：首先，訪問需要透過這個系統取得某種服務的人士，例如顧客、患者、受益人。第二場的訪談對象，負責讓系統中的那個環節運轉（並與顧客互動），像是社工、貸款人員、技師。在兩場訪談中，請受訪者依據時間順序，談論某次的系統體驗。詳細記錄受訪者說的話。訪談時要非常重視細節，一點一點慢慢來。先從他們的動機切入。

詢問系統使用者：為什麼他們最初會去這間銀行／機場／診療室？事前做了哪些準備？他們如何抵達的？抵達時，發生的第一件事是什麼？

接下來，就是一直問：

接下來發生什麼事？
再來發生什麼事？
然後發生了什麼事？

留意受訪者的肢體語言與語氣。如果他們聽起來擔驚受怕，那就詢問原因。如果某個步驟讓受訪者露出微笑，找出原因。你要捕捉的不只是技術性細節，更要吸收人們的體驗。

訪問系統的內部人士時，先從他們的整體動機問起。為什麼他們會做這份工作？美好的一天是什麼樣子？接下來開始聚焦，詢問第一場訪談中引起你注意的時刻，以瞭解相對應的活動；你想從內部人士的角度，聽到外部人士走過什麼流程。

接下來，請內部人士告訴你，在過去一星期，他們碰上這種互動的某次經歷。如果你能詢問特定細節，而不只是詢問理想程序該如何進行，你將獲得更多的細節。你可以進一步放大這部分，花一、兩個小時觀察這個人如何做事。你可能會發現當事人覺得無關痛癢的細節，比如一直被電話打斷，或是手冊寫得太複雜、很難找到答案。那就是系統

中不曾有人注意的部分——要實際體驗過才知道。

第二部分：視覺化

好了，你已經取得資料，可以開始視覺化這趟旅程。把內外兩種體驗彙整在一起並不容易，但化零為整的地圖，將帶來最多的領會。

把每位受訪者的故事，依據時間順序寫在便利貼上，一張便利貼寫一個步驟。先把外部人士的故事，依序貼成一排便條紙。內部人士的故事也一樣，貼在第一排便條紙的下方。不要貼得太密太滿，留點空間，方便插進額外的便利貼。你可能不會真的貼成一百呎那麼長，但你需要充裕的空間！

尋找交會點。當你發現受訪者提到同一件事，但有兩種不同的觀點，那就在新的便利貼上畫一個符號，替那個時刻命名，貼在兩排便利貼的中間，標示內外人士的交會點。那些交會點通常是關鍵的設計起點。舉例來說，如果你看著機場遺失行李的經歷，畫出航空公司尋找遺失行李的系統，交會點發生在外部人

士（乘客）通報行李不見、內部人士（地勤）填寫表格與記錄問題。你擷取受訪者所說的話，替這個時刻命名，例如「行李神奇失蹤報失單」，或單純寫上「通報」。另外，再替這個時刻簡單畫一個符號。

整個故事走完一遍之後，回頭替便利貼加上視覺記號，畫出所有個別經歷的時刻。藉此你再次有機會整理故事，先前的便利貼只捕捉到動作的順序，這時可加上所有漏掉的情緒。記得添加標題或其他提示，讓不屬於這個系統的人也能瞭解過程中發生什麼事。

第三部分：說故事

你的目標是利用地圖展示細節，讓人瞭解一切究竟有多複雜，為什麼問題無法一時半刻就解決。此外，你運用地圖找出可先改善哪些地方，同時改變內外人士的體驗。從客觀的角度開始分析地圖時，需留意每個環節的相連程度。

把你的地圖轉換成最終的版本：看是要畫在一張超長的牛皮紙上，或是分散在幾張紙上，再黏起來。讓系統裡能推動

改變的人士看你的圖，或是製作數位版本，把你的設計放上網路，開始討論你發現的問題與機會。

————

我們稱這個練習為「百呎圖」，原因是有一次，我們檢討密西根民眾申請食物援助等公共福利的流程，在畫社工與民眾互動的地圖時，竟需要一百呎的紙才畫得完。每個人看到申請究竟有多複雜、要耗費多少人力，都大吃一驚。那張圖揭露系統中所有被忽視的隱性問題，以及就算沒人刻意刁難，申請者的體驗有多糟。

每間組織或機構的辦公室，都有規範自家全套商業流程的步驟，作為訓練人員的依據。然而，實務與規定之間永遠有落差。

有一次，我們觀察社工審查申請案的過程。社工開始檢視案子的內容後，如果正好有人打電話進來，接電話期間，由於長時間沒使用，電腦會被鎖住。鎖住後，社工必須重新登入，再來又必須按六十八次鍵，才有辦法回到剛才的申請步驟。接下來，社工發現有另一位申請民眾在現場等候，必須下樓去見對方，於是電腦又鎖住了。社工平日的辦公情形就是那樣。你或許聽社工提過他們不停被打斷，但一直要到實際描述每個被打斷的細節，才會有人明白那些干擾造成的問題有多嚴重，導致系統無法好好服務民眾，社工也沒辦法專心做事。

——雷娜・賽澤

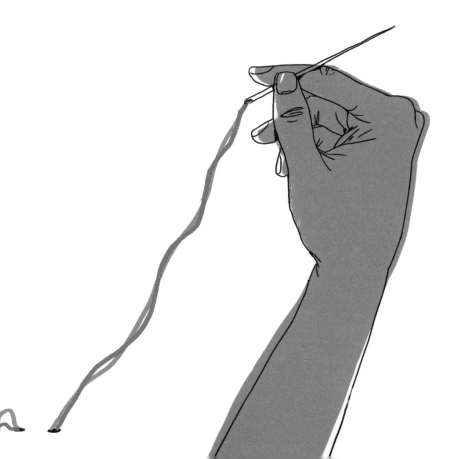

41 人人都是設計師

本文取材自科林·考利（Kareem Collie）

設計總監考利的話，點出設計的基本原則：設計是刻意而為。不論你設計的是讓孩子開心的一餐、激起玩心的房間、引發懷舊感的 logo，或是可建立信任的醫師看診流程，唯一的原則就是不論設計什麼，都要考慮到脈絡，包括情境、人與需求，不會是隨機做出一樣東西。

你在發揮創意時，能否更明確地展現設計意圖？

你考慮要做的事，究竟是什麼？

你憑直覺回應了哪些需求？

你還想學哪些事，審慎思考自己想做什麼設計，並融入製作方式之中？

套用考利的隱喻來講，你的「天氣」是什麼？你的「穿著」又是什麼？

人人都是設計師

你早上醒來，看了一下天氣如何⋯⋯接著依據天氣穿衣服。好了，你剛才做的事，就是設計當天的衣著，對吧？我希望大家能觀察更多事物的「天氣」。

世界上有太多亂七八糟、沒想好就做的東西。停下來思考，認真研究你的設計脈絡，找出設計意圖。

——科林·考利

42 原型機器人

本文取材自茉莉・威爾森（Molly Wilson）

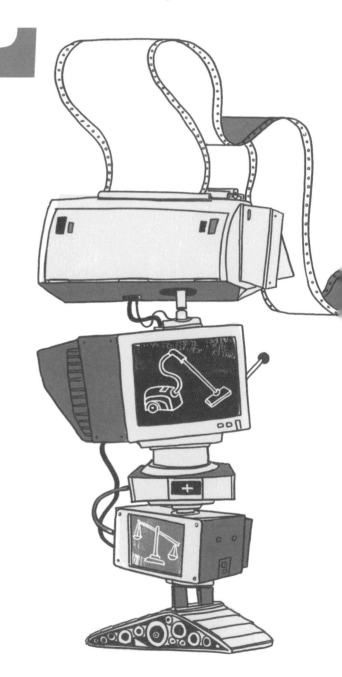

有一句話說：「把原型帶到會議上的人，將獲得所有的目光。」這句話算不上老話，也稱不上耳熟能詳，但所言不假。如果你把新概念的原型帶到所有人眼前，大家都會很好奇，開始評估你的點子，談論如何讓事情成真，有如成功在望。把概念實體化的力量就是那麼強大：彷彿作品已經真實存在，尤其相較於那些仍停留在紙上談兵、雷聲大雨點小的點子。

學習打造東西將是你能獲得最實用的技能。創作出東西，吸引眾人目光，將是好事一椿。此外，打造過程中進行的思考，也十分重要。讓點子變成某種實體，是主動探索與精益求精的過程，不光是執行而已。你將搜索枯腸、挖空心思，讓點子一點一滴成形。

你其實已經知道打造事物的方法，小時候天天都在做。然而，長大的過程中，你再也不在日常生活中實踐，導致如今那項技能八成已經生鏽。今日的你想到複雜的新點子時，很難設想要如何著手打造，即便只是給大家看一眼的小模型也一樣。

這則練習將特別強化你的打造肌肉——從前從前，你的大腦有一塊負責打造的小角落。就算還沒想好要蓋什麼，你已經伸手拿積木了。現在我們要替那個小角落復健。只要你突然想挑戰某個設計，隨時都能做這則練習。此外，這個練習也方便你和其他人一起發揮創意，尤其適合拿來讓大家熱身，準備好一起打造新事物。

————

手邊備好以下材料：

可拗折的細長物品，如線。

可稍微拗折的物品，如金屬線。

堅硬的東西，如棍子。

可把東西黏起來的材質，如膠水、膠帶。

可分割東西的工具，如剪刀。

可留下標記的工具，如麥克筆。

可拗折的扁平物品，如紙張。

一般的學校用品。

具備各種特性的材料。

不要亮片（除非你喜歡吸地）。

你即將打造各種稀奇古怪、毫無邏輯可言的物件，所以不必擔心是不是好點子。事實上，幾乎可以完全確定，那將是讓人不忍卒睹的糟糕點子，因為你練習的內容，將由電腦上的原型機器人（Protobot）指定。這個機器人存在於線上，你隨時可以造訪 https://protobot. org，這裡先試幾個原型機器人提出的練習：

設計幾乎看不見的槌子。

替專注力差的人設計浴缸。

替搖滾明星設計野餐墊。

設計能因地制宜的除草機。

設計能讓社會更平等的吸塵器。

設計至少要動用二十人才能戴的圍巾。

設計能教另一門語言的長椅。

挑一個你最感興趣的主題，或是感覺最怪、最好笑、最傻氣的主題。我們把人生的很多時間都花在試圖挑出最好的點子，但這是一個沒什麼壓力的練習！你可以挑最糟糕的一個，只要讓大腦的打造區動起來就好。

你有八分鐘可打造原型。房間裡所有的物品都可拿來使用。享受打造時光吧！

如果是一群人一起練習，完工後請每個人分享自己最荒謬、最有趣的創意。

————

這個練習適合自認不是設計師的人士。如果你非常希望團隊能透過「動手」來場腦力激盪，這一類練習很容易上手，大家都能一起來，而且有幾分古里古怪與搞笑，而機器人又很滑稽。所以我用「機器人」為這個練習命名。

由於沒有要替做出的東西打分數，我認為這則練習能夠釋放壓力，促進對創造的理解。你不必思索要做什麼主題，我已經替你獨立出一支舞中的一個舞步，你愛怎麼練習就怎麼練習。這個步驟不必擔心其他人，也不必考量他們的需求，或是煩惱測試與執行的層面。你只需要專注於做出東西，沉浸於打造的樂趣。

——茉莉・威爾森

43 專家／假設

本文取材自卡麗莎·卡特、莎拉·史坦·葛林伯格，靈感源自葛瑞格·羅區納（Craig Lauchner）

專家之所以是專家，通常其來有自。他們長期埋首於某個主題，多年蒐集事實與觀察，提出看法，拍攝紀錄片，寫書或寫文章。在社區或組織裡，可能是每個人眼中的「記憶傳承者」。

專家知識是解決複雜挑戰的關鍵。如果你對前人的東西完全不知情，你的創意大概也不會成功。當你碰上需要創新作法的難題或計畫，在引進新點子時，首先得深入瞭解你要處理的那個領域中原本就存在的知識。

不過與此同時，要避免讓既有的思考模式過度困住你。你必須找到平衡；你需要瞭解專家的見解與主張，但也不能墨守成規。

專家散發著權威感，而且擁有完整的觀點。然而，專家的見解不過是存在世上的許多觀點之一。聽專家說話，將替你省下時間與金錢，更能專注於正確的機會，做出更好的東西。老馬識途確有其事。你和專家不一樣的地方，在於你能帶來新鮮的切入點，而且你對主題沒有太多的認識，不會帶有成見，不過這也代表你不大清楚自己哪裡無知。這中間很難拿捏。

這則練習將協助你瞭解，如何吸收並消化專家的看法，同時也培養質疑框架的能力，想像可能實踐的任務。第一步是訓練自己尋求專家的觀點，但不當成聖旨，以免限制發揮創意的空間。

———————

首先，找一個你感興趣的主題，訪談兩、三位專家。如果無法直接採訪某位人士，那就閱讀或觀看他們的作品，做好詳細的筆記。

接下來，關於你的主題是怎麼回事，那些專家有哪些假設？寫下所有你能想到的細節。我是說真的，全部寫下來，有多少寫多少，清單多長都沒關係。

舉例來說，假設你在附近的圖書館當義工，嘗試以更有創意的方式利用館內的大廳空間。於是你訪問社區的許多民眾，有的人平日會走進圖書館，有的不會。此外，你還觀察圖書館內各種空間目前的使用情形，也尋求情境知識，觀看紀錄片，瞭解另一個城市的大型公共圖書館制度史。你訪問在附近社區大學任教的教授，教授的研究主題是社區圖書館扮演的角色。此外，你讀了網路上的長文，得知某些鄉鎮的圖書館員竟扮演意想不到的角色，在全國性的鴉片類藥物氾濫危機中，擔任第一線工作者。

把每個假設分別寫在一張便利貼上，例如以下幾項：

圖書館服務所有年齡層的人士。
圖書館有開放時間與閉館時間。
圖書館存放各種內容。
圖書館適合喜愛閱讀的人。
圖書館對所有附近的居民開放。
一定要申請閱覽證，才能使用圖書館。
每個人的住家附近都有圖書館。
圖書館正在消失。
圖書館目前的重要性，高到史無前例。
圖書館是公家單位。
美國九八％的圖書館提供上網服務。
有的人沒錢，圖書館是他們唯一能使用電腦的地方。
圖書館很安靜！
圖書館館員具備專門的學歷。
圖書館⋯⋯ ≫

順手翻閱或觀看談圖書館的影音內容，就能協助你想出更長的清單；你有可能提出五十條到一百條以上不同的假設。不必所有的假設都邏輯一致。此外，由於你關注的是大廳空間，甚至可以縮小範圍，列出所有你想得到、涉及圖書館大廳的本質與利用的假設。

清單出爐後，把你的便利貼分成三類：事實、意見、猜測。

有多少圖書館提供上網服務，這部分的統計數據屬於事實，沒必要著墨太多。至於假設圖書館是某些民眾能上網的唯一場所，有可能是推論，來自你看過的電影或文章。或許有的地區確是如此，有的則不盡然。或許目前最好先歸類為猜測。圖書館的本質真的是靜悄悄嗎？這其實是個人意見。常見的情況是圖書館很安靜，但圖書館要運作的話，安靜是不可或缺的元素嗎？答案並不明確。把你的清單分成三類，協助你探索你個人對此次設計的意見與猜測。這麼做能協助你推進點子，因為你不會過分拘泥於個人看法。

分類完畢後，屬於意見與猜測的便利貼，用較長的時間審視。挑三張便利貼來挑戰自己：**如果說這不是真的？甚至相反才是真的？那我該設計什麼？整體而言（或僅只大廳的部分），圖書館能變身成什麼樣子？**替你挑出來質疑的每一項假設，列出各種點子。

有的點子會成為你的解決方案，有的則會協助你擁有更開闊的思考。

這個練習仔細檢視大眾或專家的假設，協助你保留創意與彈性，但同時又能深入理解更寬廣的脈絡及他人的看法。

————

這則練習源自羅區納用法多元的「假設激盪」（assumption storming）。你可以用同樣的方法，替即將推出的產品或服務，或是你框架問題的方式，檢視所有的假設。你也可以利用這則練習，協助歷史悠久的團體辨識與挑戰自身的運作常態、方法或關注點，找出他們長期認定的假設，在哪些方面妨礙他們採取創新的步驟，導致停滯不前。

等你對自己的經驗更有信心，能夠用創意找到並抓住機會，在判斷該如何聆聽與詮釋專家的見解時，就無須這麼大費周章。

只要避免照章行事，瞭解前人的作法能刺激想像力。設計未來的作品時，也要隨時掌握過去與現在的狀態。

找出利害關係人

本文取材自杜雷爾‧柯曼（Durell Coleman）、莉比‧強森（Libby Johnson）、艾瑞爾‧拉茲

光是一個點子，很少能改變現況。你需要一群人在背後支持，創造實驗的契機，有時還得在過程中放棄老舊或矛盾的點子。

如果你的目標是在複雜的大型系統下，改善或重新設計體驗，最首要的關注對象，將是生活最受那個系統影響的人士。然而，嘗試改善系統時，單單考慮這群人還不夠。只要是會受到你的設計影響或牽連，全是利害關係人，有時各方的支持將是成功的關鍵。即便你認為你帶來的改變能讓情況好轉，不見得每個人都這麼認為。如果不更全面地找出利害關係人的生態系統，你設計的東西有可能半路殺出程咬金，遭到拒絕或窒礙難行。

如果你希望改良教育、健康照護、寄養家庭、司法等系統，或者你在大型企業的架構下工作，你對這種事再熟悉不過（就連小型街坊、地方社區中心、大家庭，也會有同樣的人際動態），要有持久的改變，除了必須用有創意的方法，提出改善的概念與解決方案，也要有人

際敏感度與眼光，找到能協助你完成目標的人士，聯合有志一同的盟友。

本則練習將幫助你探索、評估你所面對的系統的權力架構，協助你看出，和哪些人士結盟能達成目標。如果你處於計畫的開端，還無法點名所有你希望共襄盛舉的人士，這則練習能協助你蒐集更多資訊。

———

在大板子或一大張紙上，畫出三個同心圓。在最中間的那個圓，標示你瞄準的主要對象。舉例來說，如果你要畫刑事司法改革的生態系統，那麼最中間可能是受刑人。

在往外一層的第二個圓，寫下你想達成的任務需要哪些盟友。那些人會支持你的願景或使命，或本身也有類似的目標。以刑事司法改革的例子來講，可能的盟友包括更生服務、天主教慈善會、致力防止受刑人重返監獄的組織、宗教組織、家人等。

在第三個圓，寫下所有不支持你的使命

或目標的人士或組織。事實上,對那群人來講,或許維持現況才有利。以這個例子而言,這群人包括民營監獄的營運者、利用受刑人勞動力的企業,或是把自身形象包裝成「強力打擊犯罪」的地方政治人物。

在最後一層,也就是圓圈之外,寫下受這個挑戰影響,或者有關聯、但沒意識到或不關心這件事的人士。這樣的人目前未參與對話,但可以參與。他們有可能是公民、一般大眾。在你畫的圓圈內有許多教友但沒參與的教會,或是任一利害關係人的家屬。

接下來,替你的圖下註解,加上更多的細節,解釋不同團體之間的關係。畫線連接有關聯的當事人,不同的線條代表不同的關係。問自己:哪些人**沒和任何人相連**?

你會注意到自己究竟是「為誰」設計,對象會比你原本以為的更多。你必須讓某部分的解決方案納入那些人,設計出有效的溝通方法,制定策略或政策,消除反對的力量。

現在,你的圖成為進一步研究的跳板,你要發揮同理心的對象變多了:理想上,最好能瞭解每一種利害關係人的代表。約好時間,與各方代表見面,聆聽他們的需求與利益。請他們針對你的點子提供意見。你的目標是找出如何仰賴盟友的方法,也就是他們能協助目標的哪個部分。

如果有人沒興趣參與,你也要嘗試瞭解背後的動機,挖掘先前沒看到的機會,設法讓他們加入,找出他們對你試圖設計的事務有何反應。

你需要逐漸想出與反對者互動的策略。有時你以為的反對者,其實抗拒程度沒有想象中那麼強。你要找出他們的動機。如果他們擔心資源被搶,你的解決方案將如何讓他們在經濟層面獲益?有時解決辦法是找出結盟的方法,化解他們對於改變的抵抗。

我和團隊透過設計帶來系統性變革時，這則練習是關鍵工具。舉例來說，有一次我們和加州中央谷地的四個學區合作，試圖瞭解是哪些原因導致許多移民家庭不送孩子上學前課程，以協助更多幼兒獲得早期兒童教育的好處。

我們在圓圈圖的正中間放上孩子。家人與學校人員試著協助這些孩子受教育。許多移民家庭都加入了教會，但地方教會並未參與對話。

我們畫出生態系統後，努力瞭解為什麼家庭不讓孩子上學。其中一個學區與教堂合作，宣傳上幼兒班的好處，同時處理家庭關切的事務。最後的解決方案是在教堂推廣報名，最後家長送孩子上幼兒班的人數因此增加。

我們的設計出現突破點的那個時刻，一般就是找出還有誰也能參與解決方案，但尚未加入。

——杜雷爾・柯曼

香蕉大挑戰

本文取材自湯瑪士・伯斯

這則練習將協助你探索一個概念：你設計的解決方案必須回應人們的需求，但也必須源自你的創意與個人體驗。

香蕉大挑戰建構在狂熱嗜好的概念上，你將自身的熱情、偏見與興趣，連結到想出點子的過程（d.school 迷戀很多事，榜上有名的有摩托車、運動鞋、老舊收音機、鯊魚、瑞典點心、書法、海洋無脊椎動物、香蕉、尷尬、龍舟賽、神祕限量軟糖。你可以想像有些奇思妙想就是從這種大雜燴得出來的！）。

當你希望從自身的獨特觀點探索或發現新事物，這是一則很實用的練習。你可以獨自練習，但是跟一群人一起會更好玩。你原本就熟識的合作者，有著五花八門的嗜好，會讓你對他們有新一層的認識，或是找到彼此的共通點，對他們肅然起敬。

————

拿一串香蕉，對，真的香蕉（可以的話，挑青一點的，不要太熟。軟爛的香蕉比較難加工）。

找出你狂熱的一件事，想一想為什麼那件事對你很重要或讓你很享受，你因此比別人多參與、學習或思考了哪些事？別人因此對你有什麼樣的認識？如果這種問題令你不安，別忘了這個練習的目的，將是挖掘你與眾不同的地方。

想好之後，想像現在有人找你促銷香蕉，你要替香蕉大打廣告。大約花三十分鐘，想出能達成目標的平面廣告。

遵守以下規定的限制與架構：

你的廣告呈現方式，一定要是一張照片，再加一句簡潔有力的廣告詞。
你必須利用你的超級嗜好，替這則廣告想出點子。
圖中至少要放一根香蕉。

抓一根香蕉，尋找身邊的完美地點，或者自製場景，擺好那根香蕉，拍下照片，想出廣告詞。

思考時間：你如何利用你的超級嗜好的某個面向，或是你與嗜好之間的關聯，獲得這則香蕉廣告的靈感？你如何利用你從這個活動學到的東西，在未來想出新點子？

如果是一群人一起練習，就讓每個人上傳照片到共享平台，舉辦觀摩大會。太好了，每個人都能立即看到成果。你能否判斷其他人的嗜好是什麼？

這個練習比較難察覺的好處，在於促使你跨越實體世界與數位空間的界線。今日，人們如果要製作視覺材料，立刻會打開Photoshop或簡報軟體等數位工具，但愈多人從相同的2D媒介著手，每樣東西長得就愈像。這則練習要求你先創造出實物，再利用周遭環境尋找靈感，做出更獨特的作品。

限制能幫助你想出點子。這則練習指定整體的形式與媒介限制，規定要賣香蕉。接下來，依據自己的狂熱，加上更特別的限制。由於那是你平日的執著，你豐富的知識庫將協助你想出更多點子。相關資訊能讓你得出別人想不到的連結。

我沒有指定廣告內容，由你保留決定的自主權。這個體驗讓你發現只有你能得出的獨特觀點、推論與天馬行空能力。

——湯瑪士・伯斯

微正念練習

本文取材自雷蒂夏・布里托斯・卡瓦納羅、莫琳・卡羅爾、費多里克・G・費爾特，靈感來自凱莉・史密斯（Keri Smith）與珍・邱禪・貝斯（Jan Chozen Bays）

你的白日夢都跑去哪了？

如果你是在二○二○年代讀到這則練習，你大概患有現代人的想像力失眠毛病。常見症狀包括找不到創意心態。如果你是這種狀況，可能是因為智慧型手機取代了白日夢。

當你一閒下來就抓手機，你將永遠不會無聊，也不會想事情。當你匆忙路過這個世界，沒多看兩眼，你將錯過讓大腦製造神奇連結的機會。然而，對你未來所有的創意發想來講，那樣的連結與點子是相當重要的養料。

晚上沒睡覺叫失眠。失眠讓人不舒服，你明白長期睡不飽會有危害。好，那這樣講吧，如同身體需要睡眠才能恢復體力，創意也需要白日夢才能補充。

如果你想找回白日夢，這則練習就是地圖。請按圖索驥，找到心智空間，開始把注意力放在周遭的世界。

白日夢會立刻回來找到你。白日夢也很想念你。

———

首先，找一本筆記本，寫下你在這次練習活動中注意到的事物，讓那些事成為你自己的事物。用手邊的任何東西，如咖啡、印章、膠帶或筆，故意弄髒筆記本的頭一、兩面，亂塗亂畫，或是用其他辦法破壞一下，防止你遲疑要不要在這麼漂亮的新筆記本寫下不完美的點子。試試凱莉・史密斯在《做了這本書：搞破壞就是搞創作》（*Wreck This Journal*）提到的點子，讓新的筆記本不再那麼寶貴。

接下來，從早晨開始，嘗試下列其中一項微正念活動。

放進口袋！

不管是走路、坐車或排隊，一整個早上都不碰智慧型手機。

下午想一想：這個挑戰進展得如何？你

在通勤或等待的時刻，手裡沒有手機，你做了哪些事？感覺如何？你是否留意到原本會錯過的事悄——關於你、別人或環境？全部寫下來。

進入新空間

你可以簡單把這則正念練習記成「門的正念」（mindfulness of doors）。整個早上，在通過任何一扇門之前，先暫停一下，然後深吸一口氣，即便一秒也好。留意每次進入新空間時，你感受到的差異。等熟練門的練習後，每當你離開 A 空間、進入 B 空間，也試著留意所有的轉換。

下午，回答以下的日誌提示：你今天進入（或離開）實體（或心理）空間時，是否發現任何新事物？

不能拍照日

用你的眼睛看世界，不透過螢幕。一整天都不用手機拍照。如果你原本就不愛用手機拍照，那就改成不能傳任何訊息。

在一天的尾聲，描述並寫下這個挑戰帶來的任何感受。

微笑！

整個早上都盡量微笑。留意自己整張臉的表情，留意內心的感覺。你的嘴角是往上，還是往下？咬緊牙關？眉頭深鎖？你路過鏡子或反光的窗戶時，看一眼自己是什麼表情。如果是麻木或負面的表情，那就微笑。不必逼自己露出牙

齒，淺淺地微笑就可以，有如蒙娜麗莎的微笑。

下午想一想之後，寫下：這個挑戰，對你產生什麼影響？你注意到對別人產生了什麼影響？

————

對創意工作來講，留意與反思很重要，以上的練習結合了這兩個強大的動作。在你掌控自己改善技能的方式時，反思是關鍵工具。如果要獲得完整的練習效果，挑戰連續四天、每天做一樣練習。完成所有的練習之後，能培養反思的節奏，習慣成自然。

生活中的一天

本文取材自茱爾‧夏曼（Jules Sherman）、西莫斯‧余‧哈特、李亨利醫師（Dr. Henry Lee）

設計工作整體而言是為他人服務，與他人有關，而不是為了自己。

如果你懂他人生活的廣度與複雜度，就更可能創造或提供符合他人需求的事物。不論你的身分是設計師、教師、醫師或鄰居都一樣。即便你是替顧客、學生或患者設計，就算你明確影響受眾的生活，或是他們向你尋求專業協助，都別忘了每個人早上醒來，使用你設計的東西、研究你指派的題目，或是遵守你的醫囑或療法，那都不是他們唯一的人生目標。人們起床，為的是完成自己的目標與人生大事。

這樣想之後，你直覺就能明白，該如何配合他人的生活，來打造你的作品，而不是期待受眾會為了使用你的作品，而改變自己。

當然，這不容易。人類是一種複雜的生物，你必須瞭解大方向。如果你對他人的認識，僅限於和你的設計有關的部分，或者只限於你們雙方的關係，你永遠不會瞭解他們最基本的面向，不明白為什麼他們會有某些行為。

這則練習能讓你試著貼近另一個人的生活，串起動機、看法、行為與日常習慣。連接每個點並說出故事，將促使你進一步瞭解人性。嘗試這則練習的前提是，你準備好精進自己向他人學習、理解他人的能力，可以投入大量時間，努力瞭解某個人或某個家庭。以下活動最初是為了訓練醫師而設計，協助醫生以同理心對待病患。做完練習後，你對他人的理解將不止於你替他們或情境設定的目標。這則練習的初衷是協助年輕醫師培養愛心，讓醫病關係不僅限於八到十分鐘的看診時間，而你也會大開眼界。

———

這則練習的目標是製作五到七分鐘的影片，介紹他人生活中的一天。不要急，花時間做好事前的拍攝準備：先花個幾天，用照片捕捉主角平日的作息，接著再依據十張關鍵影像，回頭拍攝訪談。

找到願意成為短片主角的好心人士——你找的人在日常生活中正好遇到了挑戰，而且那個挑戰最好與你的設計有關。如果你是替運動員設計，可以找正

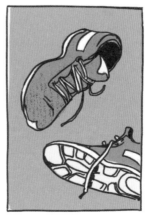

在接受馬拉松訓練的人士。如果你的設計與健康照護有關，或許你能聯絡罹患慢性病的人士。也可以找年長的親戚，或是家有新生兒的父母。對方必須完全同意參加這項計畫，因此雙方合作前，一定要完整解釋牽涉的範圍（至少要提到需占用多少時間、將拍下人際互動，以及你打算如何分享影片）。

對方答應後，跟著他們三天，一天四到五小時（以居家時刻為主），記錄你觀察到的事情。沒錯，我知道加起來要花很多時間，但生活就發生在日常的點點滴滴。如果只是記錄與觀察「重要」時刻，你將看不見全貌（這方面的練習，可參考 41 頁的「跟屁蟲時間」）。

你的目標是瞭解這個人的生活發生了什麼事、他採取什麼策略來處理，導致他如何與人互動，以及他對這一切有哪些看法與感受。你試著挖出細節，想辦法說出故事，但不只是這樣而已。你從頭到尾要讓對方感覺被聽見、被看見，有人在乎他。

你在跟著影片主角的過程中，隨時隨地順手拍幾張照片，累積影片的基本原型素材。這個人把運動鞋擺在哪裡？他用什麼方式保養鞋子？他如何整理自己的藥品？對於自己需要的用藥協助，有什麼感受？

跟隨此人三天之後，回顧所有的照片，找出哪些事物是這個人生活中的重要元素。這個過程會讓你發現，對你的研究對象來講，什麼是真的、哪些事有意義。接著回應，而不是以先入為主的觀點去看對方。試著排列其中的十張照片，整理一番，替你最後要用影片呈現的故事想好大致走向。數位攝影這種媒介，讓你在拍攝前輕鬆得出大致的草稿，實際測驗內容與架構。

不同於童話故事或眾所皆知的英雄故事，你的故事情節來到最後，可能缺乏一個明確的結尾。結尾可能是主角問了一個問題或是講了一段話，說明他如何看待自己面臨的挑戰。「生活中的一天」的故事重點，將是呈現主角私下的樣貌與細節。

跟在主角後頭觀察，替你希望描述的故事線打造出原型後，訪問所有重要的人士（要拍下來）。你可能只需要訪問主角本人，或是他每天接觸的人。用你能取得的編輯軟體，完成影片。你可以整合照片，中間穿插短片，或是如果你已經捕捉到所有的主要概念，那就不需要這個步驟。

分享你的影片，對象包括你的拍攝主角，以及會因為透過這個人的視野理解日常生活而獲益的其他人。

————

這則練習的目的是連結說故事、同理心與醫療。我教過很多學生，他們讀的雖然是醫學院，也對設計感興趣，我希望他們對慢性病患者能發揮同理心。醫學院教他們如何正確問診，但他們是否也能提出正確的問題，協助自己瞭解重要資訊，曉得患者過著什麼樣的生活？醫生不該只是問：「有沒有吃藥？」醫師必須瞭解患者一天的生活節奏，才能問出更好的問題。例如：「我們如何在一天中設定提醒，協助你按時服藥？」人跟病並不能劃上等號。

做這項練習時，記得發揮情商與關懷。對

部分學生來說,這還是頭一次有人要求他們從患者的角度理解世界。患者起初會猶豫,該不該和醫學院學生進行如此深度的互動,但患者和學生一起看完最後出爐的影片後,會湧出大量的情緒:「這就是我每天的日常。你是唯一關心,而且願意瞭解怎麼回事的人。」

不要讓病患感到被分析,而是被聽到、被看到。當人覺得自己被看到,就會感到有人懂自己的苦。那正是我的目標。任何進一步的設計,都是學生、患者與家屬通力合作,才得以完成的。

──茉爾・夏曼

學習的感受

D. school 人最常講的一句話，大概是：「感覺怎麼樣？」如果你立刻感到「幹嘛問」，或是覺得加州人的熱情有點煩，這篇文章就是特別為你寫的。你會有那種反應是有原因的，後文馬上會說明。

挑戰性特別大的練習結束後，「感覺怎麼樣？」是讓一群學生開始討論的典型提示。你請別人試用打造中的原型後，也會問這個可以自由回答的問題。「感覺怎麼樣？」會讓思考不侷限於 WHAT（什麼），還會思考 HOW（如何），引發深入的討論，得出更好的見解。我們想知道人們的感受，因為感受是最直接的衝擊。

從想出新點子或實用方法的雀躍，一直到很努力卻遭遇挫折或失敗的失望，創意工作處處是感受。此外，感受對於人們如何學習也很重要。大腦的架構、人類如何學習，以及情緒扮演的角色，這三者的關聯尚不完全清楚。瑪莉・海倫・伊莫迪諾－楊（Mary Helen Immordino-Yang）與瑞貝卡・高特力（Rebecca Gotlieb）等致力探索這個領域的學者寫道：「從神經生物學的角度來看，讓你無感的東西，你不可能深入思考或記住資訊，因為健康的大腦不會浪費精力處理對你不重要的事物。」

儘管如此，情感很少被視為產出或學習的關鍵。人們承認會有情緒，但情緒多半被視為應該加以控制與排解的事，而不是助力。

我們的文化把思考與感受分開，就好像認知歸大腦管，情緒則和心有關。如果照字面上的意思解讀，代表這兩種行為來自身體的不同部位！當然，從生物層面來看，事情沒有那麼簡單。情緒跟思想一樣，同樣來自大腦，但我們對情緒所知大概更少。各種感受或想法對身體造成的生理效應，讓事情更加複雜，兩者高度連結，但我們的教學與學習方式不一定會納入這項原則。

古老的性別思維依然存在：人們暗中認為（有時甚至公開表示），情感代表軟弱、偏女性化，想法與創見則是客觀、偏男性化。那種說法是錯誤的二分法，也是錯誤歸因，但是在父權社會中屹立不搖。具體表現，包括看重理性、排斥感性的工作與學習的風氣。這樣的想法限制我們所有人，導致我們無法充分發揮能力。

D.school 支持整合理性與感性，因為這樣的組合能促進有效的學習。我們發覺這麼做很自然、很熟悉，因為這種框架符合設計原理：設計需要整合**思考**、**觀察**、**感受**與**實作**。教育研究者愛麗絲與大衛・庫柏（Alice and David Kolb）的研究，言簡意賅描述了這樣的模式。

重理性、輕感性的偏見導致了令人惋惜的結果：人們更看重並集中培養與**思考**和**觀察**相關的學習技能，未能充分發展**感受**與**實作**方面的能力。

我的同事卡瓦納羅、辛格與山姆・賽德爾（sam seidel，譯註：原文為小寫）教學時，用了一個很好理解的類比。想像你上健身房，日復一日地健身，但只練身體的左邊或右邊。沒多久，你一邊的手臂肌肉線條比較明顯，另一邊則仍是肉雞。這種事聽起來荒謬可笑，但事實就是多數人在人生當中，約有十五年都是這樣做的（也就是接受正規教育的時長）。

依據庫柏夫婦、詹姆士・祖爾（James Zull）、保羅・弗雷勒（Paolo Freire），以及其他許多科學家與教育學者的研究，如果要完整運用所有的能力，你需要強化所有的肌肉，因為不同的肌肉能相輔相成。舉例來說，庫柏夫婦談到不同的能力如何刺激學習。不同的能力就像彼此交談的聲音，只有一個聲音滔滔不絕時，學習會停滯。兩人二〇一八年發表於《AEL》教育期刊的文章寫道：

思考　　　　　　　感受

觀察　　　　　　　實作

「過與不及的反省都會抑制學習。教條會導致我們與新的體驗絕緣,完全沉浸於體驗,則會讓頭腦無法清楚思考。

另一方面,高強度的體驗能帶來震撼教育,讓人重新思考根深柢固的想法,新點子則能重塑我們體驗事物的方式。反省後果可以糾正錯誤,修正未來的行為。反省後採取行動,則能停止不間斷的反芻思考。」

人們覺得 d.school 的體驗不尋常的原因,就在於我們重視一般人較少鍛鍊的兩種「肌群」:**感受**與**實作**。我們出的作業涉及這兩個面向的部分,最受到質疑,也最令人不安。然而,對設計和創意來講,感受與實作再重要不過,因此我們強調並豐富人們運用這兩面向的方式。你可以牛刀小試一下,做做看本書相關的練習,透過創造體驗來**感受**,或是參與積極的實驗來**實作**(請見 32 頁的「如何與陌生人交談」、61 頁的「派對、公園、馬路」、89 頁的「雨季大挑戰」)。

湯姆‧麥拉納(Tom Maiorana)是加州大學戴維斯分校的設計教授,常到 d.school 講課。他告訴學生:「我在教學時,希望帶給你們不同設計面向的內心體驗,尤其是較為抽象的階段,譬如我希望你們獲得的體驗,能夠協助你們觀察自己在面對未知時的行為。如果你們能觀察到,就能開始留意,培養更強大的能力。如果你在我班上,我希望你勇於跳下去做,定期把身體當成思考工具。我希望你能看出來,不論在課堂上或生活中,通常需要從不同的角度看事情。」

此外,思考與觀察這兩種肌群,也值得探索,因為你像設計師一般工作與學習時,也需要思考與觀察。你需要花時間採取特定的作法,才有辦法理解複雜的事物,設想你蒐集的資料究竟哪些地方重要。這將協助你專注於你的設計,找出有創意的新方法來處理挑戰。如果你想嘗試利用設計領域的方式來理解複雜的議題,可以參考「練習使用隱喻」(81 頁)與「畫出設計空間的 d 形圖」(106 頁)。相關練習能協助你練習「抽象概念化」(abstract conceptualization),你將有辦法連結迥異的例子、故事或資訊碎片,解釋它們是如何與某個大概念產生關聯。如果你認識擅長「把點連起來」的人士,他們八成很擅長抽象概念化。

當然,種種模式都不是完全獨立發生。即便你在某個時間點專注於某種工作模式,你不可能完全忽略某個肌肉而進行創意活動。一旦你擁抱自身所有不同的能力,你將注意到情緒有多常影響學習或做事的品質。如同本文標題所暗示的,「學習的感受」是所有創意實踐的核心。意識到這一點,你將擁有更多主控權,強化並應用自身的創意能力。

你在一生拓展創造力的旅途中,將嚐到酸甜苦辣,有高潮,有低谷。當你知道哪些事會引發你的情緒,也知道自身行為如何與周遭的人的情緒交會,你將更能設定情境,好讓自己與他人在理性與感性兩個面向,一起參與你的設計。「設置情境」(setting the conditions)的意思是你刻意採取行動,影響你設計的實體或人際環境。有可能是很簡單的行動,例如拿走房間裡的椅子,讓人們站著做你希望他們專心做的事,或是給自己一個開工儀式,在坐下之前,先來點伸展或冥想一分鐘。另一種可能是長期的大工程,比如設計大型的合作空間,或是在組織內培養特定的文化。

對我們 d.school 希望得出的學習與創意結果來說,有三種特殊的關鍵情境。每一種都是在替激發更多創意做準備。當你在學習與工作的環境中打造好這幾種情境,情境將協助你移除障礙,支持你本人與身邊其他人的創造力。

如果你平日密切與他人合作,你就會知道人們回應情緒的方法有千百種,影響因子包括文化差異、性別社會化、生物神經多樣性。究竟該如何感受與表達情緒,並沒有標準答案。在實驗接下來的方法時,一旦你更加瞭解團隊或團體裡的不同人會怎麼做,你就能有更通盤的考量。能學到最多東西的辦法,就是實驗下面的點子,向團隊報告,瞭解這些點子在你的環境產生的效果。

清單上的第一條是「安全」。這裡的安全,包括**人身**安全與**感到**安全。實體環境的安全有保障後,就要把重點放在心理安全感。你會體驗到人與人之間的信任,並放下防備。當結果還不明確,合作者之間的信任很重要,因此只要涉及創意,信任感扮演關鍵的角色。人會因為擔心被評頭論足,不願冒險提供新點子,但如同史蒂文‧強森(Steven Johnson)在《創意從何而來》(*Where Good Ideas Come From*)所言:「能讓預感轉變成真正大突破的東西,通常是他人心中的另一個預感。」如果你不公開自己的預感,你也無從得知你將引發別人什麼樣的預感。

擔心其他人會不會接受你的設計或點子,足以讓人自我審查。即便你是獨立打造,無人干涉,也會碰上這種情形;你照樣會擔心世人最終如何看待你的設計。如果發覺創意被限制住,那就花時間找出那些感受來自何處。卡住通常是因為缺乏靈感或自信。靈感到處都是;信心則需要自行在心中培養。在創作過程中,你愈是願意信任、感到安全,就愈能完整探索不尋常的新點子。信任是許多 d.school 練習的核心,也因此光是本書就提供大量的選項。

展開專案或組成團隊時,尤其需要培養信任感,促成心理安全感。首先,蒐集你想進行的暖身活動。我們在替本書挑選練習時,「暖身」是最難縮小範

圍與篩選的類別，因為 d.school 的設計師忍不住一直發明新活動。一段時間後，你會發現自己偏愛某些方法，能最有效地協助你與合作對象做好準備，發揮生產力與合作精神，一起發想點子或彼此連結。

讓暖身活動發揮最大效益的方式，就是連結到設計工作或當下這一刻。如此一來，暖身將不只是「破冰」。破冰很好，展開任何活動或與人見面時，先來點有趣的刺激或互動，通常比什麼都不做好。如果你希望在後續的工作或學習體驗中發生某件有意義的事，又能夠把暖身的選項直接連結至那件事，就可以讓大家具體瞭解，你期許自己和隊友在即將展開的創意工作中拿出什麼表現。舉幾個例子：「期初與期末的盲繪」（30 頁）將協助你找到內心的批評者，你（或團隊）將更能自由發揮創意；「第一次約會，最糟的約會」（112 頁）讓你在同一場練習中，同時親手打造實物並說故事，把抽象的概念化為具體事物。你在運用暖身活動時，如有特定目標，即可替你即將進行的設計工作，預演一遍主題與特質；接下來，你可以把那樣的敏銳度直接帶進下一個創意活動。

光靠結構化的活動或儀式，無法維持心理安全感；你還需要在出現任何情緒時，從旁支持。人是有感情的動物，要是少了真實感情，創意工作走不了太遠。建立暖身（或是反思、簡報）的慣例，有如提供減壓閥，排掉一路上冒出的情緒蒸汽。儘管如此，即便你預計會出現情緒，也預做安排，有時照樣會在出乎意料的時刻，冒出未知引發的強烈情緒反應或一陣歡天喜地。在這樣的時刻，你要支持自己與他人。感受並不會妨礙工作，而是工作的一部分。

把感受當成揮灑創意的畫布的第二種方法，是**享受樂趣**，引發歡樂、驚奇或喜悅。這聽起來太簡單了，也確實很簡單。創意涉及玩心、即興、驚喜及欣喜（希望如此！）。再說了，產出符合當下需求的優秀作品，需要你嘔心瀝血，痛苦地在不確定之中掙扎，不找點樂子通常走不下去。

樂趣與喜悅在 d.school 以許多形式出現，你可以挑任何吸引你的形式，自行創作也行。如果是初學者，有一大類的暖身活動有時也稱為「助力型」（stoke）活動，主要用途是在火燒了好一陣子、快熄滅時，幫忙「煽風點火」，重新帶來光與熱。助力型的活動幾乎永遠結合了**實作**與**感受**，以消除長時間的**觀察**或**思考**導致的疲憊。「剪刀石頭布」（109 頁）是很好的例子：這個接近騷動與友誼賽的經典體驗，隨時都可以玩，協助你動起來，恢復元氣，提振精神。如果只能靠自己煽風點火，你可以開一人舞會，動一動身體，或是簡單寫幾句話感謝朋友。你也可以閉上雙眼，聽一首每次都能喚起感受的歌曲。想辦法利用**實作**／**感受**的空檔，花幾分鐘體驗和**觀察**／**思考**相反的事。

此外，樂趣也能來自你一路種下的驚喜與「揭曉」。「這則練習會嚇你一跳」（238 頁）讓你暫時不去壓抑自己，搶先知道你有能力做到，也符合 d.school 的傳統。D.school 定期出現各種驚喜，比如特別邀請的講者、新的設計挑戰主題，或是出乎意料的優秀設計獎勵。

有一次，我們執行一個大型設計計畫，創新未來的大學體驗。在最後的成果發表展上，我們運用玩心，邀數百位來賓（包括史丹佛的理事與校長）搭乘時光機，參觀未來的大學，讓他們嚇了一跳。這樣的趣味性具有特殊目的：我們希望讓來賓暫時不去懷疑大學怎麼可能有大幅的改變。此外我們也清楚，如果事先宣布展覽有時光機，不會有那麼多人想一探究竟。每個人都是自行選擇要參加這場驚奇之旅，整個活動因此變得更豐富。除了驚喜時刻帶來的單純樂趣，當你仔細設計，加入喜悅與樂觀的元素，將更能消除懷疑或恐懼，引發新的行為。要是採取常規作法，較難產生這樣的效果。

如果你是獨自進行，比較難替自己設計明顯的驚喜，但你可以利用某些藝術手法的傳統，隨機製造出非常類似的效果。試一試「原型機器人」（144 頁），獲得出乎意料、無窮的搞笑原型提示，或是嘗試「異類聯想」（102 頁），來一些永遠想不到的點子混搭。

為什麼要出乎意料？背後的理論是興奮感會增強學習能力，你會更有辦法執行特定類型的複雜任務。當你的心智被「喚起」（arousal，但這裡不是令人想入非非的「性奮」的意思），你更能夠完成某些任務。短暫的能量活動或驚喜最有幫助，因為不必一直維持高能量（長期下來會精疲力竭）；你的環境將一下子改變，刺激大腦去回應。

建立安全感與引發樂趣，兩者都能培養正面情緒。由於設計工作會帶你踏上有高潮、有低谷的旅程，一項重要的能力是知道如何設置情境，有效處理我們關注（與讚揚）的第三項情緒特徵：**掙扎**。掙扎對創意工作來講十分重要，我們將專門用一節來介紹，詳見 207 頁。

回顧一下本書開頭諾拉健康創辦人的故事，你會發現感受以多種方式穿梭、流動在他們的創意工作中。幾位創辦人藉由提升挑戰性高的動態與緊張氣氛，刻意打造團隊的心理安全感。在打造原型的過程中注入趣味與幽默，讓半個地球以外的民眾也能感受到他們的真誠。在諾拉團隊的學習與設計之旅，有高潮，有低谷。他們希望服務人生經歷與他們十分不同的民眾，因此敞開心胸聆聽，從對方的視角看事情，在過程中變得有熱情而投入。

不論你的起點在哪裡，經過一段時間，你才會有信心擁抱設計作品傳達的感

受，相信感受帶來的價值，判斷何時該以仔細思考與符合道德的有效方式，運用相關的作法。你一路上體驗到的起起落落，將是學習帶來的核心感受：當你還不知道答案或結果，但有預感自己的創意多少能發揮作用，這種與世界互動的方法通常令人興奮，有時嚇人，但永遠收穫無窮。

48 待在原地不動

本文取材自卡麗莎・卡特，靈感來自珍妮佛・L・羅伯茲（Jennifer L. Roberts），由蘿拉・麥可貝恩（Laura McBain）解說

觀察是優秀設計的關鍵工具；你必須擅長留意事物。然而，各種螢幕與現代生活的快步調，導致我們注意力分散，觀察能力持續消失。動作快不一定就不好，但有辦法做到光譜「慢」的那一端，將是拓展能力的寶貴祕訣。你將看見並理解周遭發生的事物。

這項練習將協助你增進關注力，慢下來觀察、思考、內化新事物。

你第一眼注意到的將是表面事物；有趣的想法則要晚一點才出現。你會慢慢瞭解，需要什麼流程才能運用洞察力，**看見**有意義、甚至深奧的事物。

那需要時間。

那就是為什麼這個極度簡單的練習，可能是本書最困難的練習之一，但你將脫胎換骨，只要願意花時間。

在城市廣場、動物園、美食廣場或醫院，找一個你感興趣的地方坐下來，待三小時。

你可以選擇一個熟悉的地點，改用全新的眼光來觀察——也可以挑一個從沒去過的新地點。不論你的選擇為何，你將學到如何觀察這個世界，同時意識到自己傾向留意什麼樣的事物。這是非常難得的收穫。

就定位之後，除了看時間，不要用手機（也可以改用手錶）。關掉所有的提示音，免於干擾。

拿著筆記本，盡量記下周遭發生的事。你將走過幾個不同的處理階段。

一開始，你立刻注意到許多事物。

接下來（我不能說謊），你會無聊得要命，幾乎到了焦慮的程度。內心響起一個小小的聲音，在你耳邊低語：**還要在這待多久**？

接下來，你慢慢瞭解，光是有時間望著四周，是多麼身心舒暢，尤其這是你唯一要做的事。

在這三小時期間,將有無聊的時刻。

然而在那些時刻,你將留意到光影交錯。

也留意到為什麼有人決定把東西放在某個位置。

以及為什麼有人移動到那裡,而不是站在有路的地方。

有時你會仔細看著人們。有時沒有別的人,你只是思索有哪些因素以無形的方式影響你所在的空間。你開始解構在你來到這裡之前,這個空間發生了什麼事……或許是在你出生之前。要是缺少長時間、緩慢的刻意觀察,你不可能獲得這些領會。

要是觀察變得無聊,試著聆聽。還有哪些感官能幫你產生嶄新的觀察?

你把自己綁在原地。別忘了繼續書寫。必要時可以去廁所,但不要中途看手機或做別的事情,以免脫離好不容易調整好、開始專注的狀態。

結束後,閱讀你的筆記,檢視中間發生了什麼事。哪些時候有耐心或哪些時候不耐煩?那如何影響你看見、聽見、感受到的東西?你觀察到什麼問題?下次展開創意計畫時,你的觀察方式將出現什麼變化?

————

設計師一定要瞭解脈絡,在觀察的時候抓住細節。

有一次,我讓學生去一座沒水的湖。很怪吧?我告訴他們那個地方的歷史淵源,但不准他們提任何問題。我要學生進入留意與觀察的狀態,不能對話。我們能不能就坐在此地,用心觀察聲音?

我們設計時通常想直接進入對話。這很自然,畢竟我們都對人感興趣!然而,花時間詳細觀察脈絡也很重要。某個活動如果一開始就偏向內在的專注與安靜,你將有辦法進入另一個想像空間;這對你的設計很重要。

——蘿拉・麥可貝恩

49 解決方案的井字遊戲

本文取材自李奇·克萊德爾（Rich Crandall）、亞當·羅耀庭、雪莉·高德曼（Shelley Goldman）

現在，你有個點子！你看見世上的需求，但沒有人想做點什麼。你認為有機會創造一個新產品，希望快點動起來。此時似乎應該立刻替產品打樣，尋找合適的廠商。

小心！這是很常見的陷阱。

設計不能套用一般的時空與效率法則；抵達終點的最佳方式，不一定是直線。替問題想出不只一個答案，乍聽之下浪費時間，但其實有其必要。你要先看清楚問題的全貌，不能一頭熱，閉著眼睛一直衝。

這則練習會幫助你多想一想，到底該做什麼又該怎麼做，才能讓點子開花結果。你將看出你的核心概念其實可以採取多種形式。最初的點子和最好的點子，中間有著容易掉下去的鴻溝，這則練習會避免你摔下去，甚至讓你進一步瞭解問題或概念。打造解決方案時，要讓自己處於學習的心態，多方考量讓點子成真的方式。

舉例來說，或許你需要設計某種保持涼爽的方式。看你實際的冷卻需求，家中的冰箱、風扇、溪流、樹蔭、夜晚，或是能偵測家中溫度最低處的感應器，都能做到。你的點子跟它最後呈現的形式，一定有所不同。

你可以自行做這個練習，但如果找人幫忙，收穫會更多。集思廣益將得出更豐富的答案。

————

首先，想出多種讓點子開花結果的方法。至少想出九種形式，把每一種分別寫在一張紙或便利貼上（可以採用剛才「保持涼爽」的例子練習一遍，但設定得再明確一點：讓甜筒冰淇淋不要太快融化的九個方法）。

在大張一點的白紙或白板上，畫一個井字。把你目前想到的九種形式，放進那個井字之中。你覺得哪一格合適，就放哪一格。»

不太能放進井字的點子,看看能否塞進扯得上邊的類別。留意是哪些格子沒有太多活動。想出各式各樣的方法!如果你草擬的方案大都歸在某一格,你就知道自己在表達概念時,習慣偏好某種媒介。你得拓展你的思考向度,並試著讓夥伴從不同的角度發想。

井字的每一格最後都要填到。你有可能因此領會重要的訊息,刺激大量成功執行點子的新途徑。

用這個工具朝新方向延伸你的概念後,尋找能提供意見回饋的人士,分享幾個草案:你請教的人,理想上是需要這項設計的對象。

反省你在測試概念時得知的事,問自己三個問題:

可能使用這樣東西的人們,你知道他們的哪些事?

你知道自己是如何框架問題的嗎?

你對不同的概念瞭解多少?具體是什麼?

你會很訝異自己能讓點子進一步發展並大幅強化的程度,而且光是填好不同類別的格子,實際涵蓋的層面就有那麼廣。最重要的是,你將獲得自信,曉得要朝什麼方向前進。

————

依據提示,進一步展開最初的點子。井字中一般不會想到的格子,將協助你跳進出乎意料的領域,進一步發展你的概念。沒人想做沒必要的額外工作,但習慣在流程中加進多元思考,可協助你在不同情境中鍛鍊創意的肌肉。井字的妙處就在於,一旦把創意想成小遊戲,你將自動完成。回顧時你會發現,這不是在「沒事找麻煩」,而是來到一個更好的狀態。這個小訣竅可讓你延伸思考,得出新的可能性。

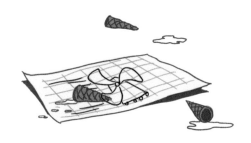

50 公事包觀點

本文取材自夏綠蒂・伯吉斯－奧本，靈感來自文・德威（Wim de Wit）與大衛・M・凱利，由科林・考利講解

不論你正在打造什麼，你知道受眾是誰嗎？那群人關心什麼？他們將如何使用這個設計？你的設計能協助他們做到什麼？同樣重要的問題，你能否說出你的設計受眾「不」包括誰？

D.school 用「觀點」（point of view，簡稱 POV）一詞，形容你對自己的設計瞭若指掌，能完整說出服務對象是誰、滿足哪些需求。你明確知道解決方案該朝哪個方向走。設計不能是「人人適用」或「任何人都可以用」，因為這種空泛的描述將導致你無法深入細節，找到一群覺得這個設計有意義的特定人士。你打造的東西，如果想一次達成太多目標，或滿足太多不同類型的人士，你端不出最好的作品。

只有一小群人愛你的東西，將遠勝過每個人看了一眼、只發出一聲「喔」。

宣布設計觀點就像立樁；聽起來神聖不可侵犯，但實際上可以拔出來。如果你找到更好的紮營地點，可以在其他地方再次立樁。隨著設計一路開展，離完工還早，就要能夠簡潔、明確回答這則練習提到的問題。你的設計觀點通常會隨著時間愈來愈明確，因為你知道的東西愈來愈多，進一步瞭解自己處理的需求，更清楚設計夥伴、設計對象、你身處的脈絡。

這則練習源自 d.school 創辦人凱利的著名講座。凱利邀請大家探索他數量多到不尋常的公事包收藏，體驗明確的設計觀點是什麼感覺。你可能不這麼認為，但許多公事包出乎意料，擁有非常特定的設計觀點。有的公事包是用回收的卡車帆布製作，專為環保人士設計。有的是昂貴的手工義大利公事包，運用罕見的材質或工藝。識貨的人會覺得這樣的公事包很特別，拿著有面子。

有的公事包夾層很多，適合井井有條的人。有的手提包具備公事包功能，印有協會的標誌，彰顯你是某個群體的成員。世上有五花八門的公事包。探索凱利的公事包收藏之後，你將瞭解不同公事包的設計師做了多少特定的抉擇。他們顯然清楚自己是為誰設計。

做做看這個練習，體驗那種程度的明確是什麼感覺。你會瞭解自己在創作時，該朝什麼樣的目標努力。

這個活動的準備工作包括，在網路上找到一組圖片，列印出來。此外，準備好剪刀、膠帶、厚一點的紙或卡紙、一面用來大展身手的牆壁。

首先，製作你的公事包收藏。除非你有很多年的時間和很大的衣櫥空間，有辦法擁有實體的收藏，否則請用網路上搜尋到的圖片，或是剪下雜誌上的公事包照片。》

在網路上找一找,「收藏」二十到二十五個看起來最與眾不同的公事包。有的公事包是精緻的皮革工藝品,有的有輪子,有的有最閃亮的顏色,有的內建科技。搜尋時,範圍可以放寬一點,如「工作包」。

找到一系列有趣的公事包後,把圖片印出來,放在桌上。先從你特別感興趣的開始。你注意到什麼細節?你認為在設計與製造的流程中,出現哪一類選擇?一邊看,一邊筆記;追蹤主要的特色。至少分析十到十五個公事包。

分析完後,舉辦一個公事包「展覽」,建立後設層級的設計觀點。

挑四、五張公事包照片,準備把你的展覽品掛在牆上。想像你準備好之後,帶人參觀這個展覽。你會讓參觀者瞭解,為什麼這幾張照片要放在一起、你挑的這幾個公事包彼此間有什麼關聯。這是策展人的觀點:你對每一件工藝品的特質都有著深入的瞭解,得以指出某幾件工藝品之間有著什麼關聯。

以下幾個問題可引導你找出設計觀點:

為什麼這些公事包應該放一起?
共通的主題是什麼?(答案構成設計觀點的第一部分)
你的展覽對象是誰?
你希望和受眾溝通什麼?(這是設計觀點的第二部分)
每個公事包如何支撐你的設計觀點?這些公事包有哪些共同的面向?

之後,決定你要如何表達設計觀點,好讓受眾能夠體會。你要如何呈現你的展覽品?思考擺放順序、空間關係、你想添加的額外影像或素材。你做的選擇將影響受眾的體驗;比如依據年代排列的感覺,將不同於根據異同處的排列方式。策展觀點就像某種故事。如果展覽方式讓受眾有全新的領會,人們會記得你的公事包故事。

在小紙片或卡片上,替每一個公事包寫下或印出一段文字,向觀眾解說,吸引他們的注意。之後,再把展覽品掛在牆上,安排公事包圖像的擺設方式,同時放上額外的資訊或影像,盡量清楚溝通你的設計觀點。

可以的話,邀請別人參觀你的博物館開幕式,找出他們對你的收藏品的看法。

————————

這則練習簡單而有效地說明,有力的觀點能創造意義。同一個公事包能出現在多場展覽,因為從不同的設計觀點出發,能傳達非常不同的意義。此外,不論設計師或策展者有什麼樣的構思,有一部分的意義只來自觀者。譬如說,大衛所有的收藏品中,他本人最喜歡的是他父親的公事包。父親的公事包具有的個人意義,遠超過原始設計師的觀點。

任何創意作品的設計觀點,都是最初下的賭注,隱含著解決方案。少了設計觀點,傳達的只是混亂。有了確切的設計觀點,才能釐清意義。不過,開頭也預示著結尾。你的設計觀點是找到解決方案的起點,也是你對解決方案所下的限制。當你用望遠鏡望向天空,只能看到群星與星座很小的一部分。你的解決方

案仍有寬廣的可能性，但不再像宇宙那樣廣闊無邊。如果你需要或想要的解決方案，落在你設下的限制之外，就必須改變設計觀點。

如果說，有力設計觀點的好處是明確與動能，要留意你必須選定一個觀點，不可無所不包。在設計時勇敢跳下去，意謂你在嘗試解決問題時，必須站在一個置高點，但一個人能站的置高點，永遠不只一個。

——科林・考利

即時重播

本文取材自尤金・寇桑斯基

不論是哪一行，不論你身處什麼情境，每個團隊都是獨特的人物組合，沒有兩個團隊一模一樣。創意工作尤其需要運用出色的人際互動能力，具備大方、彈性與機智等特質。此外，團隊動態不會固定不變。就跟家庭一樣，成員會相互影響，團隊動態也將隨著時間不斷成長，產生變化。研究組織的科學家稱這種現象為「萌發的多元性」（emergent diversity），對創意交流來講是重要資產，但也會增加誤解與摩擦的可能性。

要解決那樣的摩擦，一個令人訝異的辦法是乾脆投向麻煩的誤解，做一件更尷尬的事：錄下團隊的工作過程，播放給大家看。

任何團體只要相處時間長了，希望加強合作與溝通，這個練習都能製造出空間，方便大家觀察團隊合作的無意識面向。要是沒有刻意使出這小小的絕招，很難觀察到那種面向。

———

當團隊願意卸下心防，且當下沒處於危機狀態，練習的效果會最好。此外，這個練習需要全員上陣（如果已有明顯的問題，那就想辦法解決，而不是進一步研究）。

趁著開小組會議時，架設錄影機（或智慧型手機），讓所有人入鏡。如果是遠距團隊開視訊會議，原本就有內建的錄影功能。

除了口頭上的你來我往，也要捕捉肢體語言。肢體語言是人類互動的潛台詞，通常帶有和情緒、階級或衝突有關的重要線索。

錄製十到十五分鐘的團隊會議，接著一起觀看並檢視影片，討論你們的發現。

注意：這段影片只有你和團隊看得到，用途不是評估工作表現。如果影片用於評估工作表現，團隊也知情，將無法捕捉到團隊自然的一面。務必讓每個人清楚知道，這段影片是僅供內部反省的分

析工具。

觀看完，一起寫下感想，包含你對自己、其他人及整個團隊的觀察。

想一想幾個問題：

哪些時刻最精彩、最有趣或最具生產力？為什麼？

最糟糕、最不有趣、最沒生產力的時刻是什麼時候？為什麼？

團隊成員扮演著什麼角色？誰是正式或實質的協調者、唱反調的人、計時者、用幽默調節氣氛的人？

誰發言的次數最多？誰最少講話？

誰打斷別人最多次？誰最容易被打斷？最少被打斷的又是誰？

此外，每個人都想一想：看到自己以這種方式出現在影片上，最讓你訝異的是什麼？

你看出未來可以如何改善團隊的工作流程？哪些地方做得好，想鼓勵自己，並且在未來多做一點？你想調整流程的哪個部分？

寫好之後，整個團隊一起聊聊心得。務必討論哪些是支持團隊的行為、哪些是讓大家卡住的行為；哪些行為能讓團隊更多元，探索大量的點子；哪些行為能協助你們聚焦於幾個重點概念，進一步探討。指出哪些肢體語言讓人感到自信舒適，哪些則是相反。以詢問的方式展開對話：「你們如何詮釋那段互動？」「為什麼你們特別注意到那一點？」

寫下團隊希望怎麼做，以改善未來的合作狀態。

完成後一起刪掉影片。這是建立信任感的良好儀式。》

當你提出要做這則練習，其他人可能會遲疑。得知別人如何看待自己，會讓多數人感到十分不安。你可以提醒大家，每個人隨時都在被看，這個機會讓每一位團隊成員從外在的角度觀察自身的行為，更何況你們是一起做這件事。

如同高績效的運動團隊會像強迫症發作一般，不斷重看比賽日的影片，想辦法改善自身的能力，優秀的創意團隊也可以鼓起勇氣，以誠實、直接的方式，找出自身的優缺點。

我最初在設計這則練習時，擔心人們不會展現真實的一面，或是拍攝會讓他們的行為失真。然而，即便人們知道自己被拍攝，事後的反省與評語依然一針見血，因此我相信這個活動有其價值。

我經常聽見人們因此意識到，某個人大量打斷另一位團隊成員。有人則是觀察到自己在團隊中其實很少發言。此外，我也聽到非常實用的發現，例如：「人們常說我很安靜，我覺得這言過其實了。不過看完影片後，我知道要如何解釋了。我不講話是在消化資訊。我話是不多，但言簡意賅。團隊現在瞭解到沒必要逼我發言，因為那會打斷我的思考。」

——尤金・寇桑斯基

52 告訴你的爺爺

本文取材自葛蕾絲‧霍桑、西莫斯‧余‧哈特

高風險、大膽或新鮮的設計，需要吸引人的清楚解說，才有辦法走完讓點子成真的辛苦歷程。訣竅是抓住基本要素，用人們輕鬆聽懂的方式分享出去，但有時候，在你眼中再清楚不過的事，別人卻聽得迷迷糊糊。

這個練習能訓練你快速想出隱喻，開發認知彈性，從不同的面向重新想像概念，甚至重塑品牌。

當團隊與小組從工作的抽象階段（蒐集大量資訊、決定設計方向），走到具體階段（打造模型、寫文案），或者必須從頭再來一遍，很適合玩這個讓人火力全開的遊戲。這個遊戲實在是太有趣了，即便是獨自一個人設計，八成還是能找到朋友一起在家玩。

———

你的目標是尋找抽象的概念，試著以各種具體的方式傳達點子，比如隱喻、類比、明喻。

首先，想像某個受眾，這個人你很熟，但和你極不一樣。在這個遊戲裡，我們稱他為爺爺。爺爺成長的年代大概在數位科技年代之前。比起帕尼尼麵包熱壓機，他比較喜歡烤吐司機。爺爺看紙本的報紙，永遠在電影院現場買票。他頭腦很好，只是對現代事物興趣不大。

目標是確保你的溝通具有爺爺能夠連結並立刻理解的參照點。

有些概念抽象歸抽象，仍是重要的討論主題。列出這樣的概念清單。以下略舉幾個例子：

氣候變遷
智慧型手機成癮
學貸
歌手碧昂絲的粉絲（Beyhive）
自動語音電話
素肉
海洋酸化
為什麼哈利與梅根要脫離英國王室？
不在籍投票
表情符號
真人實境節目
末日狂滑（doomscrolling）
慈善星期二（Giving Tuesday） »

如果你獨自進行這則練習，每個主題設一、兩分鐘的時間限制，挑戰自己替每個主題想出隱喻，愈多愈好。如果是小組練習，這便是一場競賽。如果小組成員來自各國，你們溝通的語言可能不是母語。請留意這一點會讓極度需要口語能力的活動挑戰性變高，可能需要讓兩個非母語人士一組，或是講不同語言的人一組，拉近大家的起跑點。

第一步

兩人一組，和另一組結盟，四人站在一起。在你們四人中，身高最矮的人所在的那組是 A 組；另一組是 B 組（反覆以這種方式分出 AB 組，直到所有人都有組別。如果總人數是奇數，有一組三個人）。

第二步

每個 A 組有一分鐘時間，盡量運用類比、明喻或暗喻，解釋「氣候變遷」。每個句子的開頭是「那就像……_____。」

A 組講話的時候，B 組用便利貼記下 A 組使用的每個譬喻（比如用精彩的隱喻，向沒聽過「氣候變遷」的人解釋：「那就像在熱天裡，困在窗子開不了的車上，沒冷氣，狗還不停放屁。」看你有沒有辦法想出更妙的講法！）。

第三步

接下來，每個 B 組都用一分鐘，盡量運用類比和譬喻，解釋「智慧型手機成癮」。每個句子的開頭是「那就像……_____。」B 組講述的時候，A 組把 B 組的比喻方式寫在便利貼上。

第四步

看你們有多少時間或概念，能玩愈多輪愈好。

第五步

計算每一組的便利貼，判斷誰是最後的大贏家。

第六步

分享成果。依據各自的提示類別，展示所有小組提出的比喻。如果你的小組有非母語人士，也可改請每一組分享最精妙的類比，不一定要展示所有答案。想玩得深入一點，還可找人扮演「爺爺」，由爺爺頒獎給最精彩的譬喻。

所有人一起簡報這場體驗。哪些譬喻真是太妙了？哪些不太行？你能否指出原因？每個人聽到的反應都一樣嗎？

熟能生巧。練習想出正中紅心的譬喻，必要時能讓你瞭解複雜或新穎的事物。

這則練習的初衷是協助大家輕鬆遊走於具體方案和抽象概念之間。厲害的設計師有辦法做到，但很少有人會傳授這項技能。

這則練習利用時間限制與競賽，故意製造出急迫感：急迫感會迫使你採取行動或者反而僵住。你愈習慣那種感覺，就愈能夠急中生智，在時間壓力下，想出該用什麼譬喻來解釋。

想出適合整組人練習的好主題，也是一門藝術。「智慧型手機成癮」是一個不錯的選項，因為非常抽象，從概念上來講也很複雜。或許在某些領域，這個問題相當具有技術性，但同時也包羅萬象，我們有辦法從眾多的角度與元素切入，以五花八門的方式描述這個概念，而這正是這個遊戲的目的。

——葛蕾絲・霍桑

53 打造經銷管道的原型

本文取材自莎拉・史坦・葛林伯格

想一想上次你買牙刷的過程。

買牙刷或許感覺很簡單，但在新牙刷被製造出來、被你拿來刷牙之前，中間其實發生了一長串大量的決策與事件。牙刷被包裝、儲存、運送、挑選、定價、行銷、陳列，接著你決定買哪支，再掏錢結帳。

上次你到牙醫診所洗牙也一樣：得先有很多人做了許多事，你才有辦法獲得洗牙的服務。你的牙醫完成醫療培訓後，必須打造診療環境，讓你有信心給他看牙，認為他具備資格和技術。牙醫要裝設看牙的機器與工具，才有辦法幫你洗牙。此外，還得想辦法引起你的注意，讓你感到這間牙醫的服務適合你。

你因此選了他們，沒選街尾的另一間診所。每一個步驟都是必要的：只要一個環節沒做到，你就會選別家的牙刷或牙醫。每個環節都是發揮創意的機會。

當你思考創造與設計產品服務的流程，你自然會思考各種問題，包括要去哪裡尋找靈感、如何找出某個點子是否對其他人有意義、如何打造那個點子。如果你具備創業精神，還會考慮你的點子能否滿足市場需求、能否獲利、要去哪裡募資，把規模做大。

然而，即便是期待自己優秀的新穎創造能引發產業革命的人，通常也會忽略推出新產品時最值得留意的環節：到底要如何讓人想用這樣東西。

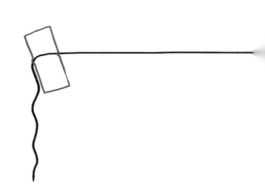

關於產品或服務經銷必須做的事,可別事後才來想。在創意流程的早期,就得想好你打算如何經銷,因為經銷深深影響你會打造出什麼樣的產品、又該如何製作。舉例來說,IKEA 的家具能比其他廠商便宜,原因是由顧客自行組裝。此外,IKEA 的家具零件都是以扁盒子運送,卡車一次可放進很大的數量,降低每個梳妝台、每張床的運輸成本。每件家具該如何設計,IKEA 的經銷模式有著重大的上游效應。

這則練習將協助你以創意實驗的心態,思考你將碰上的經銷挑戰。只要你希望你設計的東西,有大量的人發現或購買,不需親自和顧客面對面互動,都可以運用這則練習(換句話說,如果你只要「經銷」少量耶誕禮物給最親近的家人,那不需要複雜的系統,反觀大規模的專案就很需要了)。如果你有創業或兼差的點子,這則練習能協助你趁早找出創意挑戰,預先處理,別等木已成舟再來想。

抓十到十五張索引卡或小紙條,準備一條線(和你最大的房間一樣寬或跟走道一樣長)和一堆迴紋針。

拿兩張卡片,一張當 A 卡,畫上你的產品或服務,用幾句話解釋那是什麼、原理為何。第二張卡當 Z 卡,描述你希望哪些人使用你的產品或服務。設定一個明確對象(會滿意的未來客戶),列出下列資訊:這個人住在哪裡;年齡與職業;他們購買類似你的點子的產品時,會去哪裡買;以及其他你認為相關的人口統計資料。有時這個人真實存在,是你認識的人,或是研究創意計畫時互動過的對象。如果身邊沒有這樣的人,那就發揮想像力,想一個真實世界中可能存在的人。

把線的一頭黏在牆上或椅子上,另一頭黏在房間最遠處,看是牆壁、椅子或手邊任何東西都可以。»

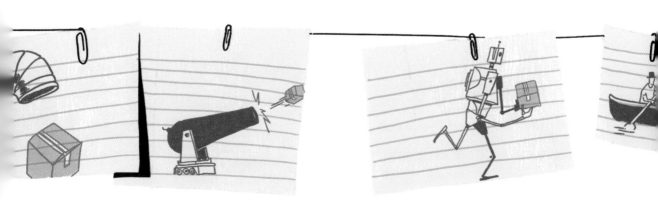

在線的一頭，用迴紋針夾上 A 卡（你的概念），在另一頭夾上 Z 卡（你的顧客）。在 A 卡到 Z 卡之間，將是你的經銷管道，代表你的產品服務要走多遠的距離，才能交到對的人手上。你希望那些人使用你的創意或從中受惠。

利用剩餘的卡片，一步一步寫下流程中所有可能經手產品的人士（或你的服務必須採取的步驟），好讓顧客買到你的產品或受到吸引。

這則練習假設你的產品已經製造好，或是已經訓練好服務提供者。參酌以下的問題，找出有哪些經銷步驟：

產品將如何從製造地或組裝地，運送到顧客能購買的地方（如牙刷等產品），或顧客能使用的地方（如洗牙服務）？

產品笨重或體積很小？包裝方式是什麼？

一路上是否需要長期或短期存放在某處？是的話，存放地點在哪裡？

產品會在哪種零售環境中販售？服務將發生在何處？數位或實體環境？這個空間長什麼樣子，有什麼氛圍？

潛在顧客將如何發現你的產品或服務？你要如何讓他們相信，你提供的產品或服務比別人好？

在線上多夾幾張卡片，直到經銷管道逐漸成形。如果身邊有人懂這方面的事，請他們和你審視一遍你的線，指出缺少什麼或可行性低的地方。修正你的通路，直到你能想像一路按照線上掛著的步驟，「運送」你的產品或服務。

這則練習能協助你想到各種你可能尚未有答案的問題。碰上問題時，想一想該如何進一步瞭解，在實踐想法之前先解決。你或許會因此改變產品的某個面向，用更便宜的方式運送與儲存，來提高利潤。究竟什麼樣的零售環境最適合展示或促銷你的產品，你可能發現自己毫無概念，於是著手研究。你可能會發現，即便你對自己的服務概念很有信心，絕對會帶來前所未有的絕佳體驗，

你還是得投資行銷或找名人背書，增加可信度。不論你在設計什麼，先打造經銷管道的原型，你將更有把握把成果交到需要的人手上。

————————

這則練習當初的設計對象，其實是在新興市場設計產品與服務的學生，當地通常缺少健全的經銷網絡。許多理想的健康、教育或農業產品被打造出來之後，儘管設計理念符合市場需求，卻永遠不曾真正交到民眾手上，因為設計師沒想到那部分的挑戰，也未能把創意用在完整的經銷與商業模式上。設計者如果沒有事先設想，就不太可能瞭解當地的市場環境與限制，白白浪費替解決方案下的創意工夫。

這個活動的基礎是「體力激盪」（bodystorming），也就是在東西實際存在前，先走過或執行某個流程／體驗。以這則練習來講，你運用自己、空間與一些基本素材，替無法實際體驗的東西製作模型：由一連串的人、空間與互動組成的經銷管道。設計工作中，有的重要元素高度抽象，但不可或缺。這麼做能讓那種元素變成你能看到、摸到的實體，進而帶來大量的相關知識與點子。

替抽象事物製作實體模型是很好的習慣，不妨培養這樣的習慣，應用在許多需要創意解決方案的任務上。下次需要擬定預算時，試著利用這個點子，先用樂高或積木代表各種需要用錢的領域。如果要舉辦家宴，但家人關係複雜，那就先用動物玩偶、鞋子或書本，代表不同的家人，安排能讓每個人禮貌相待的座位表。移動實物所引發的思考與回應方式，不同於畫圖或寫下來；實體的作法能協助你解決很多無形的問題。

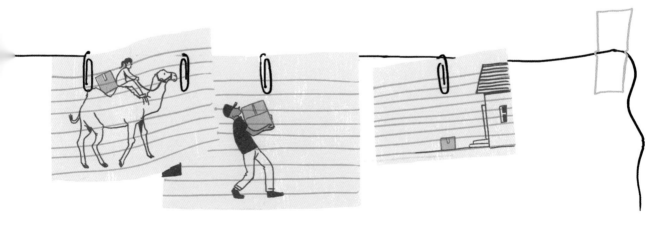

54 心態轉換時刻

本文取材自艾瑞克・歐雷松（Erik Olesund）

設計師歐雷松在設計過程中，會運用喜劇的即興表演能力，讓自己處於不同的心理狀態。他能一下子一百八十度地轉換心態，從自信滿滿變成猶豫不決。他在打造解決方案時會「表現」出自信的模樣，氣勢如虹，但在分享設計時則「表現」得虛懷若谷，認真聆聽寶貴的誠實意見，協助自己改善設計——真正聽進去。

你如何表現出不同的態度？

回想一上次想出新點子、與大家分享的時刻。

你在想出點子與打造點子時，表現出什麼樣子？當時有什麼感覺？
你在分享時會怎麼做，有什麼感覺？

想一想硬幣的兩面。想像打造點子時，幫上忙的行為與情緒是硬幣的其中一面。測試點子時，能發揮作用的行為與情緒則是另一面。執行創意工作時，假裝口袋裡裝著那枚硬幣。每當你需要進入另一種心境，就把硬幣「翻面」，協助你轉換心理狀態。

打造原型時，你要表現得彷彿知道自己的解決方案是對的⋯⋯測試時，要表現得像是知道解決方案有問題。

設計其實沒有什麼大道理，十分直覺，與人有關。人有需求，我們猜測需求，替人們打造東西，交到他們手裡。我們從過程中學到一些事情，再來一遍。

——艾瑞克・歐雷松

55 打造體現式原型

本文取材自札札・卡巴雅東多（Zaza Kabayadondo）

每隔一陣子，就該看一看四周，意識到周圍的每一件事都是經過某個人的設計。來，現在就試試看。

離你坐的地方最近的那扇窗，有人設計出那扇窗的風格，決定你能否開窗，連帶決定了你能否用那扇窗調節室內溫度。有人設計出電力系統、線路、開關、是否加燈罩，這一切決定你目前體驗的光質 —— 可能明亮，也可能寧靜。在時間的長河裡，因為許多人設計過「客廳」或「臥室」，今日至少在某個文化裡，我們對客廳或臥室代表的意義會存在一定的共識。有人依據同一街區的其他房子、同一棟樓裡或附近建築物的其他戶，設計出你住的房子或公寓。有人設計你這一區能「容納」多少人，因此你感到人口稠密或地廣人稀。牽連層面廣的設計決策，有時稱為「政策」，但相較於其他類型的設計，不會因此變得更加中立或脫離人類價值觀。

每個人或團體在設計實體的物品、環境與社會空間（如街坊）時，都會受到自身的經歷、價值觀與社會環境的影響，進而影響其作品帶來的體驗。不論這些內建的價值觀是巧合或刻意為之，影響都很深遠。舉例來說，你對於自己住的那一帶有歸屬感，或是感到不屬於那裡，有可能是多年前一個設計決定的結果。例如二次世界大戰過後，許多美國的住宅開發計畫，透過建築與房屋的排列方式，設計出帶有「田園風」的平民社區，這樣的環境有人喜歡、有人感到窒息。此外，那些社區對潛在屋主的種族有著明確的偏好或限制，許多人甚至不被允許進入。

日常生活中，我們互動的社會與實體的空間與物品，形塑著我們的感受與體驗。這些體驗可能存在感很強或難以察覺，正面或消極。你可以把這樣的洞見帶進你設計的任何東西。人們使用設計時，最常考慮設計帶來的有形特質，比如產品的外觀或運作方式，但你也可以積極設計無形的部分，像是給人掌控感的窗戶、讓人重拾好心情的光線、讓新住戶覺得受歡迎或讓孩子感到安全的街區。你如果希望作品散發某種情緒屬性，不必光憑祈禱，也有可能實際操作，把你樂見的情緒屬性放進設計之中。這則練習讓你探索要如何做到。

你將在這個打造原型的練習中，設計能引發某種情緒的體驗。目前先不必考慮功能，甚至不用考慮整體的概念，只專注在你想引發的情緒，把所有注意力都放在上面。人們的觀感通常是意外造成的，而非事先刻意設計，但你看見不同人士如何回應你的原型後，就能積極塑造感受或價值。從這種「媒介」著手打造原型，可以把更多意圖帶進這個隱密、但具渲染力的創意工作領域，一開始就加強設計相關體驗的能力。

————

列出你希望人們接觸到你的設計後會出現的情緒特質。想一想你目前正在處理的特定計畫或挑戰，公私領域都可以。不論你一般處理的是實體事物、服務或體驗都沒關係；你將探索設計方式引發的感受，瞭解設計如何影響行為。

你可以探索的無形特質包括：

感謝	懷舊
歸屬感	壓抑
掌控	權力
鼓勵	安全
賦能	惡作劇
快樂	脆弱
天真	智慧
好奇	活力

花三十分鐘單獨作業，或和另一人組隊，想出如何藉由五分鐘的體驗，讓一小群人出現表中的一種感受。你需要創造實際的物品，讓人親身體驗。你可以用實物當道具，也可重新排列家具，設計人與人之間的互動，或是透過其他人的相對位置，替你選中的特質創造出某種體驗。

舉例來講，你可以讓人們在討論近期的新聞話題時，坐在高腳椅或低矮的椅子上，製造出權力差異或不平等的身體感受。你也可以設計某種體驗，讓某人分享需要幫助的事情，接著請其他人把這

人當成親愛的手足，寫下建議，製造提供支持的體現式經驗。或是讓兩個人一起拼拼圖：一個人看得見盒子上的圖案，但不能碰拼圖；另一個人可以碰拼圖，但不知道要拼什麼圖案，好讓兩人產生連結，通力合作。

體驗完畢，一起討論相較於你的目標，參與者實際的感受是什麼？是什麼引發了那些感受？

每當你希望設計散發某些無形的特質，可以把這類討論帶來的洞見，刻意放進你的設計。

————

你一旦開始瞭解，身旁的每一件事都是設計出來的，你會更加好奇如何微調你所打造的體驗。打造體現式原型（embodied prototyping），能把抽象或理論的點子放進真實的世界，從他人與原型互動的過程中學到東西，例如「我希望晚餐客人體驗到懷舊感」或「我希望客戶在使用我的產品時，體驗到天馬行空的樂趣」。所有的原型製作與測試都一樣，採取他人的觀點會有幫助。你可以利用這項練習，刻意加入共融與多元主義，協助你拓展理解範圍，思考你尚未在創意過程中納入的特殊觀點，或是被忽視的觀點。

我用這則練習來引導學生的注意力，讓他們思考身體與點子的關聯。我想讓課堂上每個人的身體動起來，以最活躍的方式探索內容與互動。讓身體自由發揮價值。我想讓你用雙手學習，進而用感受來學習。

曾經有一群學生決定體現「權力」的概念，呈現權力是如何與社會關係糾結在一

起。他們請每個人坐在凳子上，圍成一個圓圈。每個人用三張紙，寫下權力這個概念讓他們想到的頭三件事，唯一的限制是三個答案都必須是名詞。

第一個人拿著一綑毛線，讀出全場的第一個答案「法槌」。手上的答案與法槌有關的人舉手，第一個人把毛線團拋給他。這個人念出自己和法槌有關的答案是「法官」，接著講出第二個答案「王冠」。答案與「王冠」相關的人舉手，拿到毛線團後講出「女王」，接著再說出自己的第二個答案「崇高地位」。每個人從頭到尾抓著自己的那段毛線，最後所有人都被毛線牽在一起。毛線象徵所有人與社會上各種事物的糾纏狀態，更顯示出相關概念是分不開的。

學生發現，如此簡單但有效的方式，能讓理論上的概念在實體世界活過來，讓其他人也能參與點子的發想。

——札札・卡巴雅東多

不說話大考驗

本文取材自史考特・杜利、戴夫・巴格羅爾（Dave Baggeroer）、安利格・亞倫（Enrique Allen）

在生活與工作中，不論做什麼事，徵求意見回饋才能進步。少了有建設性的犀利建議，你將停留在目前的程度。你可能已經很優秀了，但也將隨著時間碰上新的挑戰、環境、媒介、角色。換句話說，你必須想辦法不斷精進設計能力。定期尋求回饋，你將有能力處理更困難的挑戰，提出更大膽的點子。

當你嘗試替他人創造出實用的事物或體驗，重點不在於**你本人**是否知道如何運用這個精彩設計，重要的是，你不在一旁解釋時，**別人**能不能明白。如果要確保憑著直覺就能使用，那麼在設計的早期階段，就要多方取得回饋。早早讓作品經常曝光，觀點多元的群眾將帶來十分重要的洞見。**你**認為過關的設計，不一定真的能滿足眾人的需求。瞭解大家的想法後，你就可以試著解決點子與現實的差距。

測試點子時，多數人習慣搬石頭砸自己的腳，太快跳出來澄清各種誤解，確保別人懂他們的設計。然而，說出你的設計目標後，除了設計本身引發的反應，試用者還會混入他們對目標的反應。你將得不到重要資訊，不清楚少了你的解釋，民眾能否理解你的設計。我們太渴望被人理解與尊重，導致無法尋求具有建設性的批評。沒人真心**想**聽見設計未達到預期的效果。然而，若真的沒達到，你需要盡快得知。被讚揚與被批評的拉扯不是什麼公平的決鬥，但這個練習能輔助你，讓情勢有利於達成**真正**的目標：改善你的設計。

提出意見回饋與取得意見回饋是不同的能力，兩種能力都值得培養。這則練習將專門培養你接收回饋的能力。最好的運用時機是你正在打造、已部分完成的作品，不要等完工了，再來改變設計。你至少需要找一個人，詢問他對你的設計有什麼反應，可以的話多找幾人（搭配 196 頁的「如何給予意見回饋」，同時練習接收回饋）。

———

準備好聽見讓你冒汗、甚至沮喪的評論。萬一迴響真的不好，留意你的情緒，但不要困在情緒裡──試著聚焦在與你的設計相關的訊息。

再提醒一次：你必須想辦法在**無人解說的情況下**，觀察別人與你的設計互動。你的策略是展示你的設計，接著保持安靜。你可以告知對方：「我正在設計一樣東西，我想聽一聽你的看法——我會安靜地在旁邊看你和作品互動。我很想知道在我沒做任何解釋的情況下，人們會如何回應。」

如果是數位的設計，如 app、網站、用電子試算表建立的財務模型，那就直接把裝置或電腦遞給對方，接著觀察。如果是實物作品，那麼其他人可以直接互動。不論是哪一種，你要安排讓測試者自行互動。一定要緊緊閉上自己的嘴巴（我講真的，膠帶有可能幫上忙），扼止你的衝動，不要跳出來糾正「使用方式錯誤的人」。

開始前，先和試用者講好，請他們一邊使用，一邊大聲說出想法與感受。你可以多找幾個朋友一起觀察互動，接著一起回應剛才觀察到的事物。

你可能會聽見：「好酷喔，我想知道這是什麼。」「這似乎直覺就能上手，很有趣的樣子！」或「我不知道這是在幹什麼。」

如果你找的測試者不只一位，在你回應之前，先讓每個人輪流試用完畢。這聽上去很玄，但你可能會漸漸喜歡假裝自己是透明人，觀察人們與你的設計對話。看著別人使用你的設計，能為設計帶來生命。等大家回饋得差不多了，再用一分鐘的時間解釋設計理念，通常這會引發第二輪的回饋。

記錄你收到的各種回饋，留意正負面的評語，替下一個版本的設計寫下新問題與靈感。

————————

不要事先向測試者分享你的設計意圖，不要解釋你的作品，因為這麼做會提醒測試者，你耗費了多少心血。對方將感受到你微妙的心理防衛機制。人同此心，心同此理，測試者會因為不想傷你的心而有所保留，不會實話實說。

嚴格的回饋在某種程度上，會顯得尖酸刻薄。採取有制度的批評法，能協助你與你請來幫忙的人克服這個問題。

我們曾經替某個數位設計課程，設計詳細的批評法。這則練習就是借自那堂課：每個人把半完成的作品放上裝置，再交出裝置。解鎖的裝置放在桌上，上方裝設好攝影機（只拍影像，不錄聲音）。一位試用

者上場，坐在桌前探索那個設計，在全班面前使用裝置五分鐘。試用者在不知道設計者是誰的情況下，一邊使用，一邊說出自己的體驗。現場畫面投影在螢幕上，每個人都看得到。

我們不讓學生得知作品是誰做的，進一步隔離作品與易受傷的創作者。我們的目標是協助學生瞭解，他們的設計必須自行闖天下。每件作品背後都有千千萬萬個選擇，但設計問世後，作者將無法在一旁解釋，分享背後所有的理念。

今天的世界有許多讓我們感覺良好的假「回饋」，但社群媒體上的「讚」，不太能讓你得知如何改善並持續學習。

你得夠勇敢，才有辦法要求真實的回饋。

——史考特・杜利

如何給予
意見回饋

本文取材自安德莉亞·史莫（Andrea Small），靈感來自亞倫·伊利沙里（Aaron Irizarry）、凱倫·鄭（Karen Cheng）、約翰·摩爾·威廉斯（John Moore Williams）

你可能會以為，意見回饋最難的部分是虛心接受，但有能力給予好的建議，也是一門藝術。提供實用建言的方法是採取「善意批評」（benevolent critique）的心態。如果別人因為你的話備受打擊，你的評語沒有幫助。不過，善意批評不只是一種心態；這則練習將介紹在實務上，如何體現這個概念。

別忘了，如果你是聽取意見的人，只說好話並非好事。別只想要獲得認可或讚賞。如同設計師與教育家茱麗葉·賽沙（Juliette Cezzar）所言：「把中肯的批評，想成是獲得兩、三個讓你感到興奮的見解、點子或建議，不要當成對你個人的評語。」

沒人天生就擅長給意見或聽意見，但練習之後，你兩種都能擅長。如果你變得善於針對創意工作提供回饋，朋友與同事會開始向你求教。回饋是值得重視的罕見能力。如能營造歡迎善意批評的環境，也將迎來更多的創意作法。

這則練習需要找兩個朋友或同事幫忙，選好想獲得意見回饋的某件事。由於真正的重點是練習，不必找你投入過量心血的作品。不要執著於找到值得評論的作品，最後反而沒做這個練習。寫一首俳句、畫張素描，或是擬定旅行計畫，都可以拿來練習提意見。

向參與練習的每個人，分享給意見與聽回饋的原則（請見 198 頁的方框）。開始練習之前，先給練習夥伴幾分鐘時間吸收那些原則。

————

三人一組，每人扮演一個角色：一人負責介紹作品，一人負責評論，一人負責觀察。三人輪流扮演不同角色，每個人都能大量練習不同的立場。

這則練習一共有兩輪的回饋時間，兩輪的專注點稍有不同。

第一輪

專注於對事不對人。

第一個人用兩分鐘介紹作品。第二個人用兩分鐘評論第一個人的作品。第三個人花兩分鐘說明，簡報者與批評者在互

動時，他留意到哪些事。

交換角色，每個人扮演新角色，重複剛才的過程。

再次交換角色，重複先前的過程。每個人都當過簡報者、評論人與觀察者。

三個人停下來檢討。

這則練習感覺如何？
不同的角色帶來哪些不同的感覺？
你對於自己給予回饋與聽取回饋的能力，是否有新的認識？
還有其他心得嗎？

第二輪

這次專注於作品的目標。作品中的哪些元素與目標有關？那些元素有沒有達成目標？成功或失敗的原因各是什麼？

和第一輪一樣，每個角色兩分鐘，三人輪流扮演三個角色。

之後，和剛才一樣停下來，三個人回想並討論幾個問題。

————

給予與聽取回饋，深受你所處的文化影響。不同的文化中，個人感到是否有權提意見的程度各不相同，有的文化更重視專家的意見。留意環境中的相關動態。配合你的環境，用你認為最合適的方式改編這則練習。》

提供意見回饋的原則

領銜主演……作品！

你不是在評估創作者，而是在評論作品本身。不說：「你這裡做的選擇未能如何如何」，
說：「作品的這個面向未能如何如何」。

開場表演：提問！

進一步瞭解目標。框架對話的例子包括：
「你處於流程的哪個階段？」或「我在哪個地方最能幫上忙？」

評論者滔滔不絕的時刻……「優缺點都要分析到！」

指出作品的正面之處，平衡批評的部分。
評論作品不等於挑毛病，雞蛋裡挑骨頭，記得分析整體的設計。

……細節登場！

細膩的觀察與明確的改善建議，用處大過宣判：「我不喜歡這個作品。」
（也會大過說「我很喜歡！」）評論人如能解釋，為什麼自己接受或不接受這個
解決方案，說出為什麼好或不好，這種評論才有意思，
作品後續會有更多的發展。

以及……克制住！

究竟該如何解決問題，由當事人來決定。當我們看到沒能解決特定目標的設計，
很自然會忍不住手癢，但一定要記住，評論是一種分析。如果你開始解決問題，那就不是在分析。
分析的時候分析，這時不要去解決問題。

不參雜個人的好惡。

作家史考特·伯肯(Scott Berkun)有云，不是你喜歡的東西，就是好東西；
不是你討厭的東西，就是爛東西。雖然人們來找你的原因是想聽你的個人意見，
你要從客觀的角度，協助設計者達成目標。

提姆·岡恩 (Tim Gunn) 閃亮登場

岡恩是電視真人秀《決戰時裝伸展台》(Project Runway)的設計
師導師。請採取他的即時學習法。岡恩如果無法理解某個設計的
走向，會坦然承認（「我搞不懂……」或「我好奇……」）。提出問
題，瞭解設計師想做什麼：「能不能多講一點你的目標？」「為什
麼你選擇這種作法？」「你受限於哪些因素？」

接收意見回饋的原則

主角是……你!

和你的評論人站在一起,一起看你的作品。拉近雙方的距離,走向他們,
站在桌子的同一側,必要的話,肩並肩站著,趁這個時候,
用批判的眼光觀看自己的作品。

共同主演……細節問題!

避免問模糊的問題,例如:「你喜歡這個作品嗎?」或「你覺得如何?」
試著改問:「這個標題讓你想到什麼?」或「誰會搶著用這樣東西?」
「你覺得這個作品的簡潔性如何?」

讓評論人說話……「這不是你的推銷時間!」

不要告訴評論人該怎麼想。評論時間不是銷售情報時間。不要過與不及。
拿出積極自信的態度,但保持客觀。不要告訴評論人,他可以或不可以就哪些方面提出看法。

還有……「永遠不要擺出防衛的姿態!」

不要強調你的設計有多好,不必替你的作品辯護。
爭論會讓你顯得不願接受別人的看法。接收回饋的時候,讓評論人說出心中的想法。
如果你立刻爭論,人們會感到你閉塞又好鬥。
你要讓大家看到你有聽人說話的雅量,思考後再回應,留下好印象。

跟各位介紹……新見解!

評論人沒有義務要替你釐清每一件事,你要自己從回饋中找到見解。
此外,永遠詢問「為什麼?」,不要自行假設。

記住……沉默是金

聽就好。你講得愈多,就愈沒時間聽取意見回饋。
創作者經常落入的陷阱,就是替作品發言,嘗試用話語替設計元素辯護。
你必須讓作品自己說話。

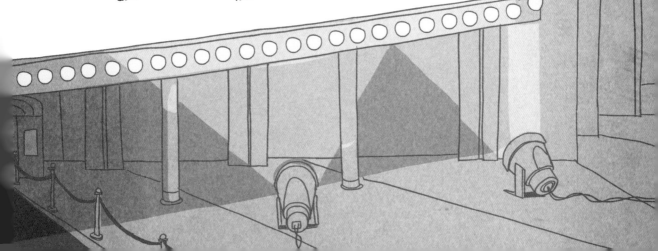

如何？
所以？
然後呢？

本文取材自雷蒂夏‧布里托斯‧卡瓦納羅、莫琳‧卡羅爾、費多里克‧G‧費爾特

反思是效果強大的學習工具。經歷挑戰性大的體驗，通常會很混亂，最好能區分「當下的感受」與「你現在怎麼看」。強迫大腦回顧過去的體驗，將能增添新一層的詮釋與判斷，找出可行與不可行之處，協助自己成長。就如同職業運動隊伍的運動員會檢視比賽日的場上畫面，找出可以改善的地方，你也能制訂反思的方法。

不論什麼事，反思能幫助你擔起責任，讓自己走向精通的目標。展開挑戰性大的計畫或學習任何領域的新事物時，可以做這個練習。不論是工作上的創意計畫、學校課程，還是個人事務如訓練跑馬拉松、增進園藝能力，若能加進更多學習，會很有幫助。

反思的方法有很多；你可以運用「如何？（What?）所以？（So What?）然後呢？（Now What?）」這個提示法，讓自己有好的開始。

找出你想反思的經歷。每次的反思要具體、明確，相關細節日後將派上用場。

決定好反思的時間：你要事後立刻反思？沉澱一天後再反思？不要等太久，不然記憶會變模糊。如果要反省反覆出現的經歷（如練跑、走過設計專案的不同階段），那就挑好反思的頻率，設定每天或每週的鬧鐘，提醒自己完成反思。把心得寫在筆記本上，或採用日後能溫習的數位形式。

運用以下的提示，盡量反思：

如何？

用文字或畫圖描述場景。盡量捕捉所有的感官細節（畫面、聲音、氣味，甚至味道），以及你本人的肢體語言。也記錄他人的肢體語言與口頭回應。描述你的感受，寫下你當時在想什麼。

你觀察／留意到自己的哪些事？

所以？

評估：哪些部分順利？提出證據。哪些地方不順利？提供證據。

推論：你如何解釋你特別留意到的觀察？和你先前的經驗有什麼關聯？

在哪些方面對你有意義？

然後呢？

你從經歷中學到什麼？你學到哪些未來能應用的事？這次的經驗凸顯了哪些新問題？這次的經歷如何證實你對自己或他人的看法？哪些地方則不一樣？

在計畫的尾聲（或重要的里程碑），挪出時間回顧並分析你的反思。你留意到哪些主題？你如何成長了？哪些事你還在努力？接下來有什麼計畫？

———————

很多人沒把反思當成技能，或是不認為具有挑戰性。然而，我們向學生介紹這個架構後，明顯影響了學生的反思品質與成長，我們讓學生交第一份反思報告時並未提供指引，他們後續就能比較使用架構前後的反思品質。學生可以自行決定，採取比較有架構的方法，最大的好處是什麼，並開始自由應用。反思很個人，沒有一體適用的方法。你可以自由運用並改造這個模式，找出最適合你的作法。

——雷蒂夏．布里托斯．卡瓦納羅

高擬真、低解析度

本文取材自艾瑞克．歐雷松、莎拉．史坦．葛林伯格、卡麗莎．卡特，靈感來自保羅．羅斯坦（Paul Rothstein）

我們世界的主流敘事認為，理想的努力方式就是朝一個方向走：前進。然而，創意工作不同於其他工作方式，不是直線移動。

仔細想想，你會發現這是很大的差異。醫生被訓練成盡量排除所有的可能性，最後鎖定一個答案，找出你的身體哪裡出錯，展開治療。工人組裝車子時，從很多零件開始，最後產出一輛車。

在許多情境，可預測的線性是好事，可以帶來更可靠的結果，建立有人負責的標準，降低成本，增加安全性。然而，如果是創意工作，答案並非已知，無法預測，甚至沒有確切方向，因此你需要的行動方針將有點不同，有時往前，有時往旁邊，一次朝好幾個方向走，協助你探索還不太能證實的預感。對不習慣的人來講，這種作法看起來、感覺起來很怪異。然而，設計師運用的流程中，最有生產力、最基本的一個，就是替追尋的點子同時探索數個版本，接著依據外在的回饋，校準接下來該走的路。這個方法其實所有人都適用。不論從事哪一種工作，養成這樣的習慣大有幫助。

你能快速掃瞄未知的領域，大量排除不理想的選項。如果一次只追蹤一個點子，你大概會辛苦地朝同一個方向走，而不考慮其他可能性，以免「浪費」已經投入的心血。若能同時進行好幾個原型的打造與測試，將能避開把雞蛋放在同一個籃子的陷阱。

這個練習將帶你走過測試點子的流程，找出最後的方向。同時醞釀好幾個點子，但不確定要投入哪一個時，可以做這項練習。開始前，你需要以快速、低成本的方式，讓幾個概念成真。至於該怎麼做，則要看你的計畫類型。需要打造實物嗎？你可以先打草稿，利用風扣板和熱熔膠等材料，製作低解析度的模型。需要設計教室空間？利用家具或紙箱，製作實物大小的互動式模型。設計新型服務體驗？進行角色扮演，帶某人經歷那種體驗。別忘了運用實體道具，營造你設想的氣氛或互動。有很多材料與方法都可行，但謹記幾條經驗法則：

原型本身不珍貴，珍貴的是你從中學到的事。把你的原型當成達成目的的手段，而不是最終的成果。

不要對你創造的東西產生感情——那會妨礙流程。

不確定時就動手做做看。想不等於做。

你可以打造不同點子的不同原型，或是同一個點子的數個原型。如果只測試一個點子，可以打造概念的三個部分，或是開發原型，著重三個不同的假設。你也可以用三種非常不一樣的方式，呈現人們和你的點子互動的狀況，包括實體版本、數位版本與服務體驗。

一旦有了幾個不同的原型，找幾個人測試一下，回應你的概念，接著完成以下的練習。

————————

這個練習的目標是設計三件事：一、你要測試的事；二、測試期間發生的互動；三、測試發生的環境，以協助你獲得更理想的意見回饋。用心設計體驗的每一個環節，將帶來很大的收穫。你將建立讓測試接近真實的情境（高擬真），但原型不必太接近完工（低解析度），讓測試者能放心評論。

假設基本概念是二十分鐘的快速寵物狗美容服務，請測試這項服務最吸引人的三個假設：應該讓寵物主人感到**高科技**、**神奇**，還是**簡單**？進行所有的測試時，低解析度原型的核心是一樣的：你把動物絨毛玩具交給測試者，請他們假裝是狗主人，來到你的店裡體驗不同版本的相同服務。

以下是幾種增加測試擬真度的工具，以及可能的運用方式。架構取自設計教育家羅斯坦。

氣氛

設定場景。你人在哪？為什麼你在那裡？這個環境給人什麼感覺？盡量營造氛圍。製造氣氛其實比想像中容易，利用音樂、燈光，或重新排列家具，就能大幅改造空間給人的感受。以寵物狗美容體驗為例，可以重新擺放客廳家具，用膠帶貼出不同區域，標示哪個地方是「店面」，接著運用各種燈光和音樂，強調不同的氣氛，分別營造出你想要的**科技感**、**神奇感**或**簡單感**。

演員

替每個人設定清楚的角色。他們扮演自己或他人（人們扮演自己或是具備設計對象的部分特質，擬真度較高）？你扮演誰？每個人物的動機是什麼？以寵物店場景為例，測試概念時，最好由實際有養寵物的人扮演顧客。如果找不到人，可以在測試者進入場景時發一張小卡，上面寫著他們的動機，協助測試者進入角色心態（「三十七歲單身男性，從小養狗，目前有兩隻狗；熱愛網球，有一輛乾淨的車」）。你本人可以扮演關鍵角色，如寵物美容師，也可以請別人代勞，方便你觀察整場的情形。

物品

這個環境裡有哪些物品？誰與這些物品互動？如何互動？為什麼會互動？尋找或製作基本道具，來代表這些物品。即便是看上去很簡單的東西，如名牌、帽子、代表機器的紙箱，一下就能把測試者帶進想像的世界。光是一些基本的服飾道具，就能發揮很大的作用，像是讓

扮演寵物狗美容師的人穿上圍裙、請顧客提著寵物外出包或動物娃娃。也可以用各種大小的紙箱，代表洗狗的澡盆和收銀機。

活動

在你創造的新世界，扮演者都在**做些**什麼？他們假裝在做某些事，或是真的拿起東西，完成任務？你的概念要發揮作用，必須做哪些事？給每個人一套最初的指示（想一想測試三種不同的特色時，需要調整哪些指示），接著啟動你的場景，讓每個人做出回應。舉例來說，測試**高科技**版本時，請假裝在工作的寵物美容師，描述接受美容的狗兒所有的生理需求。在**神奇版**場景，美容師一下子就把狗帶到閃亮的簾子後頭。

設計完你要的測試環境與互動後，即興發揮，進行第一次測試，好戲開鑼。體驗結束時喊「卡」，讓每個人回到真實的世界，和測試原型的人討論（如果你的原型有好幾個場景，每結束一個就討論一下）。你可能得試個幾遍，才能得出一致的標準測試方式。

完成每次測試後，記錄並摘要你得知的幾件事：

測試者在使用你的原型、體驗你的測試時，出現哪些肢體語言與行動？
你聽到哪些值得記住的話？
哪些部分可行？
哪些部分不可行？

你的哪些假設獲得證實？哪些被推翻？怎麼知道的？
出現了哪些新問題？
你得到哪些新點子？

利用以上的洞見，改善目前的概念或放棄某個方向。

———

同時測試數個點子的價值，在過程中會愈來愈明顯。當你手上有其他感興趣的選項，放棄某些事將容易得多。

測試是修正點子、讓點子更好的機會，也更能瞭解設計對象或設計同伴的需求或觀點。如果人們沒有讚賞某個原型，其實是好事，因為相較於成功的原型，失敗的原型通常會讓你學到更多。

失敗時，試著瞭解原因。是點子失敗了嗎？或許是概念還不夠完整。是原型失敗了嗎？或許不該以這種形式，讓這個概念成真，但點子本身還是有其價值。還是說失敗的是測試本身呢？有可能你的原型與點子是好的，但是測試沒能妥善執行。

增加測試體驗的擬真度，將協助參加者回應你的想法，有如他們身處真實的世界。盡量擬真後，人們更可能出現情緒的回應，不僅限於理智的回應，這會帶給你更完整的資料。你將知道人們會如何回應最後的設計，帶來更理想的對話，得知人們重視什麼、需要從你的解決方案獲得什麼。很多人會擔心，在布景裡演戲像在扮家家酒，但其實不會，反而有身歷其境的正面效果，順便讓人看到你認真投入設計，願意做一點不尋常的事。

有一次，我有一組學生試著替長期住院的病患設計娛樂活動。學生的點子是利用一面牆大小的螢幕，讓患者直接和家中連線，協助他們以真人尺寸與親人互動，好像他們過的是正常的生活。學生在測試這個點子早期的版本時，讓一個人躺在矮桌上，假裝那是醫院病床；另

一群人則穿上實驗袍，扮演「會診醫師」，走進來討論這位「患者」。學生接著分享牆壁螢幕的原型，介紹如何使用。在現場氣氛、演員、道具與活動的輔助下，扮演患者的測試者短暫感到脆弱，刺激出真實的情緒共鳴。相較於沒演這樣的一齣戲，學生在這場測試提出的回饋，對真實的病患體驗展現更多同理心；測試者得以更專注於概念的吸引力，而不只是技術的可行性。這一點對當時的學生來講更有幫助，因為事實證明那個點子太超前，我們到了今日才廣泛利用 Skype、Zoom、Portal 等許多方式，和親友保持連結。

不是只有正式的創意計畫，才適合打造早期的原型與測試。幾乎不論什麼場景，都有需要創意的時刻。所有類型的工作都一樣，多方發展能讓你在同一時間，探索並改善不同的點子。

有生產力的掙扎

據說沮喪是創意工作中的正常環節。我第一次聽到這種說法時，人正處於極度喪志的狀態，非常不滿意自己的作品。我當時手中的計畫是替緬甸小農設計灌溉工具。就在最終簡報的前一週，我經歷了一場嚴重的信心危機。雖然重新設計水泵的解決方案能降低成本，相較於小農的需求，我發現我們的方案根本無足輕重。妮可·可汗是遠比我資深的設計師，負責指導我。她看見我那副頹喪的模樣，直接點出：「我完全明白妳目前的感受。我稱那種感受為『絕望的低谷』。我認識的每個設計師都懂那種感覺。」妮可接著解釋，她創作過的每樣東西都會有那麼一刻。在那種時刻，她徹底厭惡自己做出的東西，只看得見缺點，毫無優點可言。就算用鋼材焊接出極度實用的工具，她也只看見外型不夠完美，或是金屬上有刻痕。

接著，發生了點什麼。或許是有人分享幾句正面的評語，穿透自我懷疑的繭。或許是妮可突然頓悟改善設計的方法，開始以不同的眼光看待。她重拾自豪的感受，感覺自己做出了點什麼。妮可告訴我，她逐漸瞭解那種可怕的低谷是什麼——那是創意流程中的重要環節。

發揮創意，樂趣無窮，但最難的是在創作過程中，幾乎永遠會遇到感覺自己一無是處的時刻。好消息是你不是唯一有那種感受的人，更棒的消息是那種不安其實是助力。

以我的水泵計畫為例，我最後走出了低谷。團隊最初的設計獲得不錯的迴響，我們在緬甸的「在地設計」（Proximity Designs）夥伴很興奮能接觸這樣的設計。接下來的夏天，我在仰光待了六星期，和許多農夫一同測試想法。農人告訴我們如何大幅改善，接著由「在地設計」的工程師與工作坊團隊接手。幾個月後，各地出現一千五百多個經濟實惠的水泵。

我開始理解，出現絕望的低谷不僅正常，還很必要。低谷的負面感受讓你知道，你在做的事的困難或複雜程度，是否值得動用所有的創造注意力。只有無法輕鬆解答的挑戰，才需要奮力一搏，帶來突破。唯有逼迫自己培養新能力、無法只靠原有能力的設計工作，才能讓你一直走在學習曲線最前端，發揮百分之百的潛能。

一段時間後，如果你跟妮可、我，或是成千上萬的 d.school 學生一樣，你會發覺不會把你逼急的問題或工作，少了點什麼，有點……無聊。你會注意到你偏好的挑戰帶有適量的未知與不確定性。你把更多的模稜兩可帶進工作或生活，試著逼自己嘗試更困難的事物。你有點對未知的危險感受成癮，還想多來一點。此時你知道，你已經把**未知**引發的不安，重新框架成更為強大的感受：**我正處於突破的前夕**。突破令人熱血沸騰。

如果你深入絕望的低谷（只是隱喻上的就好），你會發現這種深淵有各式各樣的名字。我最喜歡的是「有生產力的掙扎」（productive struggle）。這個詞彙源自數學教育的研究與作法：相較於起初想破頭的學生，一開始就輕鬆解決數學問題的學生，在未來碰到類似問題時，答對次數反而少。當你需要花時間與力氣，想辦法弄懂如何做某件事，你的學習會比較深刻，也會留住更多知識。每次看見「平靜的海洋無法養成出色的水手」這句諺語，我都會想起這個道理。

本書的每一則練習，以及 d.school 設計的多數學習體驗，都帶有介於「突破的美好可能性」與「跌跌撞撞、奮力掙扎」的緊張感。我們喜歡直接坐在那個不舒服的地方，請學生做沒有明確與簡單答案的計畫。我們把科系與文化背景不同的學生放在同一組，教他們如何重視與運用多元思考的好處。我們協助學生採取發現的心態，帶給他們汲取知識的體驗；那些知識不僅來自他們的專業與過往的經驗，還來自打造、行動與實驗。

聽起來很神奇吧？實際做起來，通常令人很掙扎！我們致力替學生保留一片天，讓他們在那個空間裡努力找到自己的路。因此，我們必須瞭解碰上難關時，困難長什麼樣子，又該如何處理。茱爾・夏曼是醫療裝置設計師，她的課程專門處理母嬰健康照護的複雜需求。茱爾談到她的 d.school 課程讓人奮力掙扎的情形：「我們給學生的所有挑戰性作業，共通點似乎是學生掙扎時說太難了。學生通常會說：『這個作業太大，占去我們太多時間。』或『我們需要更多時間，才能想出好的設計方案。』聽起來不妙，但這其實是好徵兆。我從先前的經驗得知，抱怨代表學生在掙扎，他們在乎這個作業，但一開始他們會希望不要那麼難。我的責任是在學生面前舉起鏡子，讓他們反思，

協助他們走過最難的部分，但不該讓作業變簡單。」

茱爾自身的經驗協助她詮釋學生的不安：學生只是提出相當常見、固定會出現的抱怨，而且他們當真很忙。茱爾提出很重的課業要求，不是缺乏同情心，只是讀出那些抱怨真正的意思。那些常見藉口出現的縫隙，其實就是妮可講的「絕望的低谷」。那裡充滿自己不夠格的恐懼，擔心設計會不夠好，或是由於無法預測設計最終落在哪裡，擔心無法衝過終點線。

一個很有用的作法，是找出掙扎的時刻與原因。我們天生的直覺是抱怨外在環境（「功課太重；計畫太複雜」），但抱怨只會妨礙你反躬自省。更有建設性的作法是依據過往的經驗，找出你在什麼情況下可以有最好的工作與學習表現。各位可以立刻翻到 246 頁，製作「學習之旅地圖」，協助自己研究與評估具有生產力的掙扎經驗。

那則練習與其他類似的作法，源自「行動後反思」（reflection-on-action）的概念。這個詞彙由哲學家唐納・薛恩（Donald Schön）提出，用以描述眾多領域專家的共通習慣：回顧與評估過去的表現，從中學習並改善。等你練習行動後反思一段時間，你將知道自己什麼時候最掙扎，更能夠隨機應變。有的人光是把某一刻當成有生產力的掙扎，就有辦法脫身。

當然，不是所有的掙扎都會帶來生產力。如果真的太難、太複雜，無力處理，你的大腦和身體會被壓力與恐懼給占據。在那種情形下，你無法做事或學習。我們能否學著分辨是哪一種掙扎，或者更好的是，能否知道如何引導自己走向正確的掙扎？我認為可以。首先，待在正確的區域會有幫助。

克服新挑戰時，有很多你原本就知道的事。你瞭解的這一區令你感到簡單與熟悉。有的事則是你永遠無法做到，萬一跑到這一區，你會感到恐懼。另外還有很多事，只要獲得一點引導，你就有辦法執行。這一區令你感到困難，但也感到興奮。那種感覺是「我不確定，但可以試試看」，正式的名稱是「近側發展區」（zone of proximal development），由心理學家韋考斯基（Lev Vygotsky）率先在一九二〇年代與三〇年代提出。這一區基本上是指，只要你正在做的事**微微**超出目前的能力，**而且**獲得一些協助，你今日能做的事，將多過你昨天知道的事。

你可能聽過英文用「in the zone」（字面意思是「在區域內」）來表達心流狀態——每件事都得心應手，你甚至不曉得自己怎麼有辦法那麼厲害。「心流狀態」很棒，不過這裡講的是很不一樣的狀態——你為了體驗掙扎，欣然接受的挑戰狀態。當你開始掙扎，可以利用各種作法啟動你需要的引導，打開

開關，將沒有生產力的掙扎，變成長遠來說有益的掙扎。

最簡單的引導形式，就是請經驗比自己豐富的人幫忙；請教前輩，要是碰上某種混沌不明的情境，會如何處理。向人求教聽來是很明顯的辦法，但創意領域有著很大的迷思，大家仍以為世上有孤獨的天才，天生就該吃這一行飯。我要特別向大家解釋清楚：你不必獨自受苦，不需要什麼事都自行想辦法解決。你會有需要幫忙的時刻，不要因為害怕暴露弱點，就讓那種時刻絆住你。你選擇的專家，將協助你培養解決特定問題的具體技能。此外，光是他們走過同樣的循環夠多遍，知道何時會出現掙扎、該如何處理，或許可以助你一臂之力。妮可給我的建議正是因此而彌足珍貴，她知道會有這樣的時刻，還替掙扎取了名字，提醒我這很正常，我因此能夠走出來。經驗豐富的業界人士瞭解創意工作的高低潮，自有一套走出低谷的策略與技巧。你可以向前輩學習，採取同樣的方法。

這樣的過程令人感到神祕，直到有一天你也有了足夠的經驗和反省。你會發現在創意工作中，有生產力的掙扎發生在某些關鍵時刻——幾乎到了可預測的程度。其中一個時刻，是你正想辦法弄懂自身的觀察與發現，找出該朝哪個方向前進。另一個時刻，則是你或團隊試圖整合或下決定。即便你是獨立作業，由你掌舵，碰上模稜兩可的問題，究竟該怎麼做，會有幾個相互衝突的看法，要調和那些想法照樣不容易。沒人能告訴你，你的決定是「對的」。你無法確定，難就難在這裡。

收到打擊士氣的回饋，將是另一個引發掙扎的時刻（這個主題可以參考 193 頁的「不說話大考驗」）。和經驗豐富的前輩合作的好處，就是你會知道即便再厲害的人士，碰上這種（與其他）困難時刻，依然是一大挑戰。你很快就會開始留意到並學會預期這種時刻。

另一種形式的引導是「鷹架」。這個概念深植於 d.school 的教學與學習方式。我們在傳授創意法時，許多評分指標、標準計畫模式與架構都能見到這種哲學。凱蒂·克魯梅（Katie Krummeck）是 d.school 的設計師，她和世界各地的教育人士合作，往往是把新穎設計法引進特定學校社群的第一人。凱蒂認為：「人們在處理問題時，通常會從內在去處理，但是在缺乏提示、架構或新知的情況下那麼做，會受限於先前就知道的解決辦法。獲得一點創意提示與外在架構後，就能從內部召喚新觀點；要是少了外力協助，無法得出那樣的靈感。工具與架構可以解放這樣的侷限，讓人挖掘內在更多的創意泉源。」

本書從頭到尾帶來大量實驗鷹架與架構的機會。試一試「解決方案的井字遊戲」（171 頁），看看架構如何促使你打造各有千秋的多種原型。「原型機

器人」（144 頁）用具體的提示助你一臂之力，讓你去做就對了。「辨識、承認、挑戰」（78 頁）這個鷹架法，協助你展開具有潛在挑戰性的對話，討論偏見、排外與你本人的設計作品。此外，最後一節的「融會貫通」（251 頁）本身就是鷹架，協助你探索複雜度與難度更高的設計挑戰。

或許有一天，你將碰上一個重要時刻：在看這些架構時，你發現這些東西太簡單，或是想問：適合我完成工作的鷹架在哪裡？那種時刻太棒了。在我的生活中，這種時刻出現的形式，有時是學生很沮喪、找不到正確的工具或方法，而原因通常是他們需要的架構尚未創造出來。這種時刻太棒了：我們的工具已經無法滿足你，你必須開始改造工具或自行發明。

其他處理或形塑掙扎時刻的訣竅，涉及如何把時間當成設計元素來運用。「最後的最後」（242 頁）將刺激你去思考如何調整步調，積極規畫交期。當你承諾和別人分享某件事，那就拆解計畫，定期分享。安排你個人的「能量值評論」（224 頁）時段。只要你在乎諮詢對象的意見，這是逼自己完成的最佳手段。

隨著你持續設計出個人的新方法，支持並延伸自身的創意工作，別忘了突破雖然會帶來美好的感受，讓你抵達目的地的其實是掙扎。我們不希望想要的東西（突破）唾手可得——人性就是這麼矛盾，難到手的東西最美好。或許創意的神祕之處也在這。你要給自己空間，待在這樣的張力裡，處於費力的掙扎，好讓自己在現在與未來，打造出更多具有影響力、美麗或令人心滿意足的設計作品。每當你運用本書探索的設計能力與心態，用創意解決事情，都是一舉兩得：你有機會立刻做出好東西，也準備好迎接下一個大挑戰。

有生產力的掙扎

我喜歡、我希望

本文取材自朱利安・葛羅斯基，靈感來自喬治・M・普林斯（George M. Prince）與羅夫・法斯特

這個練習大概是本書最威力無窮的一個。如果定期練習，開放、卓越的文化就會茁壯成長。如果希望只做一個改變，就改善工作、家庭、團隊或組織，也可以考慮這則練習。

我們完成專案後，很容易不花時間反省，就直接做下一件事。然而，彙報（debrief）某段經歷是強大的發展工具，不管是什麼事都能進步。良好的彙報，能鼓勵你以積極的方式學習並改善。

不論是會議、課程、專案或家庭聚會，幾乎任何事都能做這項練習。不論小組有多擅長創意發想，照樣能助你獲取有建設性的回饋。

這個活動能展現你重視好還要更好。如果你是領導者，將藉由聆聽來表達你的重視，而非發言。聆聽能協助你避免防衛的姿態，證明別人的點子不會讓你感到威脅，包括參與者或決策權比你少的人。你透過自身的行動，表達你相信每個人的點子都能促成進步。你的態度將對團體文化產生深遠的影響。

————

在任何共享體驗結束後，挪出十五分鐘到三十分鐘，蒐集、聽取意見回饋。固定這麼做，團隊將習慣用這樣的方式思考與分享，甚至能夠快速解決，五到十分鐘就搞定。

可以的話，請大家圍成一個圓。

告訴大家你想要改善事情——關係、工作、課程或團隊會議。

接下來，邀請每個人反思剛才的體驗，使用開頭是「我喜歡⋯⋯」或「我希望⋯⋯」的句子，提出意見回饋。你可以示範，比如：「我喜歡我們的團隊今天和專家互動的方式。」或「我希望活動能暫停更多次，讓我們記錄正在吸收的東西。」（不一定兩種句子都講，可以「我喜歡」或「我希望」擇一。）

由誰先開始提意見都可以，避免按照圓圈的順序進行。大家想好要講什麼，由準備好的人先發言；有的人發言比較踟躕；如果你是主持人，你有責任找到正確的暫停時刻，請發言過的人稍安勿

躁，繼續聽取他人的意見。

開頭的時候，你需要溫和地鼓勵參與者，遵守「我喜歡」或「我希望」的發言形式。這會有點不自然，但可以協助人們說話簡潔，發表有建設性的內容。你可能還需要第三種句子，讓人有機會提出半成型的解決方案，例如：「如果說……？」或「我們可以如何……？」此外，鼓勵大家聽到想附和的事就彈指——避免提出重複的意見。

用所有人都能看到的方法，記錄大家提出的意見，例如找一個人幫忙，把每一條建議都打出來，投影在螢幕上，方便每個人看到。人們將知道自己被聽見，並且珍惜這樣的時刻。

如果你是團體的正式領袖，你將負責一個困難的任務，而且一定要認真遵守：有人發言後，你除了說謝謝，不能做任何回應。你可以請發言的人進一步闡述看法，但你的任務是創造意見回饋的空間，不必當下就處理那些發言。不過，你也可以參與並提供自己的看法——前提是你也遵守發言形式！

團隊的話講得差不多的時候，你會知道的（做過幾次練習後）。

你可以事後私下回顧大家喜歡的事與願望，決定要怎麼做。把徵求與接收意見的流程，和評估與挑選意見的步驟分開來，將獲得更好的建議。

此外，你也可以改編這則練習，變成你個人的活動：在會議過後或經歷某件事之後，寫下個人「喜歡」與「希望」之事，可讓你養成習慣，把每件事視為可改善的重要事件。你甚至可以匿名徵求「喜歡」與「希望」的事項，不過這則練習的神奇力量，來自創造與保護讓一

我喜歡

我希望

群人暢所欲言的空間。這是創意合作的基本精神：創造讓改變發生的空間，精益求精，這就是創作的一部分，而非錦上添花。

———

D.school本身的演變方式，深受「我喜歡、我希望」影響。這個方法有用的原因，就在於不是「我喜歡這個、我討厭那個！」，而是幫助每個人在值得讚揚時聽見正面的回饋，將負面的回饋視為有建設性、能趁機改善的機會。那樣的平衡十分重要。很多機構太常一面倒，只想聽好話或壞話，但世上沒有非黑即白的事，永遠有好有壞，不同人會有不同的看法，每個人的體驗也不盡相同。定期運用這則練習，可以為不同的看法保留空間，讓人看見差異，和平共存。

在 d.school 的頭一堂課，學生上完課之後，會被問到他們喜歡什麼、希望什麼。學生都很興奮，居然可以即時提出看法。他們的意見會被認真看待。教學團隊將回應學生的回饋，做出影響下一堂課的改變。這是非常令人興奮的事，協助我們快速讓事情變得更好。

我們不只在學生身上採用這個方法，對每個人我們都是這樣做。我剛到 d.school 時，d.school 是由一群德高望重的老師帶領，人人都是創始人。合作有很多敏感的地方；老師們從前習慣獨自教學，眾星拱月，他們講、別人聽，很難走下講壇，改以合作的方式教學。但是我們成功了，我們現在教學生冒險，分享自身的創意。這個活動對我有很大的影響。我們言行合一，親自示範如何創造安全的氛圍。加州是個不拘小節的地方，但不是所有文化都這麼開放。有的人需要鼓勵，才有辦法在權威人士面前說出可能被當成批評的言論。這代表一開始需要手把手帶著人們這麼做，或是願意示範自己的作法。如果想聽見有話直說的回饋，你得把面子擺在一旁。「我喜歡、我希望」能協助你做到。

——朱利安・葛羅斯基

如果說

真正有必要提的事

本文取材自西莫斯・余・哈特，靈感來自肯・亞當斯
(Kenn Adams)

旁人有時會禮貌性詢問：最近在忙什麼？在做什麼大設計？你回想一下近期的創意專案，開始滔滔不絕，提到你訪談了某某人，先前哪些原型失敗了，有一次還熬夜到凌晨四點，該死的印表機居然罷工，但接著第一次見到成功的曙光，看來這次的設計有搞頭，你打算以一百五十三種方法，改善目前的解決方案……（如果你是我的同類，會覺得一切聽起來很耳熟）。等你終於停下來喘口氣，會發現對方正在靜靜查看手機，看看自從你講話講了十五分鐘後，是否有需要立刻回覆的簡訊。

對**你**來講，你的創意頭腦是引人入勝的天地，但如果你希望別人一探究竟，他們將需要地圖。

創意流程對外界來講通常是霧裡看花，但沒必要讓人一頭霧水。你的旅程中，有某些他人需要知道的重要元素，這樣大家才能瞭解為什麼你的作品很實用、有所創新。你可以大方送世人一分禮物，花時間釐清某個複雜的非線性創意流程，說清楚講明白，提供你的心得。

這個練習將協助你講一個好故事，無論過程再曲折都能搞定。主題可以是某個創意專案，也可以是任何你學到寶貴心得的解決方案。別只是報告流水帳，去蕪存菁，挑出精彩的部分，說出你一路上的經歷。

————

首先，回顧你展開設計與完成設計的時刻，完整建構可能的故事場景。快速寫下所有發生過的事，依序列成清單。

在紙上畫一條水平線，代表你的平均體驗。把這條平均線當成錨點，從左到右畫出過程中的高低起伏（另一個結構類似的練習是 246 頁的「學習之旅地圖」，不過那個練習會把你帶到非常不一樣的地方。兩則練習都試一試！）。

完成後，找出最戲劇性的時刻。圖中從最高點落到最低點、又從谷底回升的那一段，就是這個時刻了。畫一個框，框住那一段，這下子你的故事有了更緊湊的框架，等於是用真的框，框架出一段故事。紙上列出的其他事就別管了。先

探索如何展開這個小方框中發生的事件，說出那段創意之旅。

捕捉四個元素，寫下來或大聲說出來：

你當時人在哪裡？這是什麼時候的事？

你正在嘗試做什麼？

哪裡出錯了？

最後是怎麼解決的？你做了哪些事？

心得是什麼？

發展以上幾個元素，就有了可以推敲故事的素材。

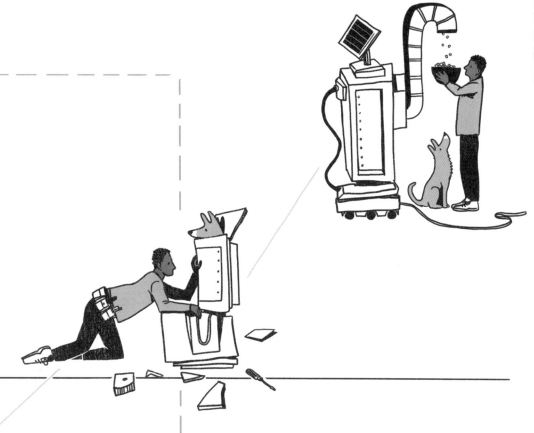

你分享從這則練習挖出的故事時,聽眾會回應,因為你說的話,將帶有耳熟能詳故事的基本架構。事情發生的背景提供了情境,接著障礙或問題引發緊張的氣氛。你克服難關的方式將化解緊張,替故事帶來結局。當中蘊藏的心得與概念,協助聽眾理解發生了什麼事,意義在人與人之間傳遞,推動著文化。

當然,你的設計工作或是你有過的其他經歷,不會只有一則故事。究竟發生什麼事,可以用很多方法詮釋。如果你把要特別關注的框架挪到圖上的另一段,那將帶來什麼故事?這下子,人們對你、對設計又會有什麼不同的看法?

這則練習非常實用的地方,在於你把故事化為文字、花時間寫下或說出來之前,先快速回顧一遍全部的旅程。這屬於低解析度的故事原型打造工具。即便只是和你試圖溝通的對象分享這種沒經過太多加工的故事,也會因此得知哪些情節有必要放進故事裡、哪些情節能快速引發共鳴。

62 你心中的倫理學家

本文取材自斯圖亞特・考森 （Stuart Coulson）

在今日的世界，道德議題很容易動輒得咎。社群媒體上劍拔弩張的看法，逼迫人們在公共辯論中立刻選邊站。全球各地的社會正迅速轉變，眼前是龐大的全新挑戰。此外，不論是工作自動化或是把人送上火星，新興科技日新月異。發揮設計能力，利用創意解決全球與區域需求，是相當複雜的一件事，於是這樣的努力更具關鍵的重要性。

如果要以符合倫理道德的方式做事與設計，必須親身瞭解道德衝突與紛爭。如果試圖遵守預先定義好的「安全」規則，你一下就會發現那些規則無法達到預期中的效果，跟不上事情的變化。道德不是服從，而是一種學習過程。隨著社會上的道德觀、標準與行為準則持續轉變，在生命中花時間思索道德，將協助你與時俱進，重新詮釋並更新自身的行為與作法。

由於每個人觀點都不同，你大部分的決定或行動，將引發兩極的反應，有人認為符合道德，也有人認為不道德。設計與道德在這個層面上是一樣的：永遠沒有單一、正確的解決方案，只是各有利弊的選項。

不論是哪個類型的設計，在某種層面上都是侵入性活動。你永遠是在替別人設計，不論那個人和你完全一樣或非常不同，你都是在延伸自己的世界觀，透過自身的創造，把那個世界帶給對方。設計是在施展權力；你必須意識到這一點，仔細思考自己如何透過設計影響他人。

除了 WHAT（什麼），也要考慮 WHO（有誰）。養成自問自答的習慣：**我和我的背景，帶給我哪些嘗試解決這個問題的權威、力量與管道？是不是因為我的背景，我的貢獻才受到重視，或是自動被視為較好（或較差）？那將如何影響最終的創意成果？**

這則練習提供的起點，將協助你意識到創意工作複雜的道德考量。你將體驗到道德考量並非非黑即白，不是每個人的看法都一樣。

你需要一個四到八人的小組，例如你的設計團隊、讀書會、家庭。任一群人願

意徹底檢視自己在世上的位置，都是很有益的事。

———————

這則練習的準備工作是蒐集觀點各異的短文。社論是完美的起點，因為這類文章通常討論更宏大的意義或理由。作者會談為何他認為某件事那麼做是對是錯，不會只談某個問題的解決機制。這個年代有大量的線上刊物，因此絕對找得到材料。

蒐集數篇與你的主題相關、探討不同道德議題的文章，接著篩選出四篇（從鎮上是否該設立更多自行車道，到你的州是否該訂定選民身分證明法條，再到企業是否該處理性騷擾，任何主題都可以採取這種作法）。

你和其他組員事先閱讀四篇文章。

小組見面時，抱持彈性與好奇的心態，舉辦四場十分鐘的迷你辯論，每一場探討一篇讀過的文章。每場辯論結束後，進行五或十分鐘的非正式討論。

每一輪選出兩個人，由他們負責正式的場上辯論，但小組中的每一個人都能在自由討論時段回應與反思。丟銅板為每場負責辯論的兩個人決定誰當正方、誰當反方。接下來，隨機抽取四篇文章，決定辯論順序。如此一來，每個人都能以公平的機率，處理自己本能同意或不同意的材料。》

這四場辯論沒有所謂的輸贏：目標是詳細討論，商量不同的觀點。不過，每一輪的辯論與開放討論時間結束時，每一位小組成員要在心中投票自己贊成哪一方，但先不要講出來，等結束再說。

四輪辯論結束後，把所有的投票結果製成表格。

小組一起討論你們如何看待投票的結果。是否大致同意或不同意這個議題？贊成或反對又各自代表什麼意涵？這場對話是否帶來小組希望建立的新常規或新作法？

————————

這場練習源自d.school某次國際脈絡下的課堂設計專案，那次的合作組織在世界各地都有根據地。出現道德議題的設計工作，大都與跨文化、跨邊界、教育程度、富裕程度有關。其次則必須考量誰具備能動性，誰最可能因為這次的設計獲益或受傷。那樣的脈絡理應探討的道德議題，有可能和你的類似，也可能不同，但你可以從這則練習的基本架構汲取靈感，依據小組的需求改造。

人們想到要和同事或朋友討論倫理議題，經常會擔心一件事：害怕發現自己做的某件事在別人眼中是不正當的，或是雙方見解不同。然而，這些對話一般會是實實在在的減壓閥——小組裡已經有人擔心或好奇某些議題，公開探討能減少相關主題引發的壓力。認真考慮設計方案的影響層面後，小組整體會更投入。沒人有各種主題的「正確」答案。唯有先建立積極納入不同觀點的程序與作法，才能設定最符合自身價值觀的一套行為。

我們每班有四十名學生，這個練習不曾出現三十比十的投票結果，永遠接近五五波。學生很訝異大家明明在同一班，有一樣的教育背景，觀點卻如此不同。處處是灰色地帶，一切都是主觀或務實的判斷。我的學生發現他們心中認定正確的事，不見得每個人都買帳。

這則練習請你替每篇文章投票，原因是出了校門就沒有安全網了。不論是對抗你認為不道德的作法，或是配合自身或情境的變化，不斷修正與調整行為，你必須在大大小小的場合選定一個觀點。我們試著協助大家從抽象的道德，走向實務的道德。

——斯圖亞特・考森

未來輪

本文取材自麗莎・凱・索羅門（Lisa Kay Solomon），靈感來自喬・巴克（Joel Barker）

你在創造東西時，永遠會連帶讓其他事情發生。當你在生活的不同角落應用創造力，會發現你採取的行動、設計的東西或體驗，在有意無意間帶來種種有好有壞的影響。

設計提供大量的工具，方便你探索、詮釋這個世界，培養創意觀點，實驗新方法，解決重要的需求與機會。妥善運用設計的意思是，不論你的設計帶來的結果究竟是刻意為之或無意間發生，你都勇於承擔責任。你在讓世界看見你的設計之前，搶先從多元的角度，盡全力考量到一切可能的意涵。當然，如果能窺見未來，事情會容易得多！

這個練習將協助你**預見**……沒有，開玩笑的。我沒能力預測將來發生的事，你也沒有。

不過，你可以訓練自己，刻意探索創意作品可能引發的眾多意涵。「未來輪」能協助你做到這一點，藉由擁抱某個設計環節，設想不一樣的未來，形塑你最想見到的未來。不論手上的設計案是大是小，用這個新方法來鍛鍊思維後，你將看出你的設計工作的重要性。

這個練習的應用範圍很廣。畫出大脈絡通常能助你一臂之力，有辦法看見自己的設計是如何在大環境中發揮作用。此外，在某些情況下，使用這個工具將特別關鍵。尚在快速發展的新興技術，有很多未知的影響，因此每當你的設計用上新技術，別忘了使用這項工具。目前的例子包括機器學習、合成生物學、區塊鏈與社群媒體。此外，設計新的政策、規定或系統時，也會引發範圍極廣的未知影響。最後，你和曾受到傷害的社群合作時，不論社群的受害原因是不受重視，或是某項設計大幅改造他們的環境或生活，務必運用這項練習，思考如何讓那些人士參與。

首先，挑一個今日正在發生、可觀察的趨勢；就你看，這個趨勢在未來的五到十年，會產生重大的影響。有可能是大方向的話題，如無人駕駛車的進展、機器人遞送服務、更高度的自動化、透過視訊發展更多遠端的健康照護服務。》

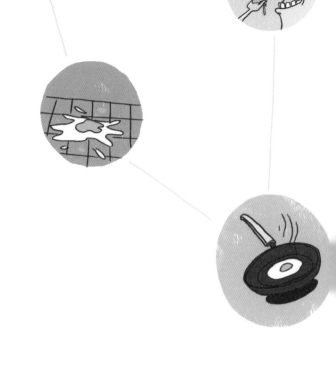

也有可能是社經議題，譬如貧富不均加劇、零工經濟興起。你碰到的趨勢也可能是區域性的，例如你住的那一帶要蓋新的兒童遊樂場，或是鎮上的小型企業正在消失。

找一張很大的紙，在中間畫一個圓，在圓中寫下你選擇的趨勢（預留往外延伸三、四圈的空間）。

之後，從中間往外拉出三條線，至少寫下這個趨勢三種不同的意涵。「如果鎮上有更多的無人駕駛車，或許……車禍會減少……不再需要那麼多的駕駛教練……我們需要規畫自駕車的專用車道，直到民眾對這種車感到安心。」你想到的答案可能不只三種──需要花多少時間就花多少時間，填滿中間那個圓四周的空間。這是第一層的未來結果。

接下來是替第一層的每一個節點，想出三個可能的意涵，推測下一層的可能結果：「如果必須規畫專用車道……其他車輛的道路空間將縮小……我們可能得想新辦法籌措基礎建設的財源……最後可能鼓勵更多人搭乘公共交通工具……有的人會對市政府感到憤怒，發起抗議」等等。

繼續往下推，逼自己從每一個節點出發，探索正負面的結果。不必擔心得出反烏托邦或烏托邦的結果。

得出第三層或第四層可能的未來後，停下來，往後退一步。如果說其中幾個未來成真了？那會是什麼樣子？你偏好哪些可能的未來？目前可以怎麼做、怎麼設計，把未來推往那個方向？你發現，

出乎意料的負面結果中，你最想避免哪一個？你可以訪問或請教哪些人士，來應對這樣的觀察結果？

試著把這個方法，應用在你目前關注的所有議題上。世界發生了哪些轉變？你考慮採用哪些新技術？你打算推出哪些新產品或新服務？這個彈性的繪圖法應用範圍無限。

未來輪的上場時刻，通常是一群人試著探索某個趨勢的表層領域及其意涵，再決定該採取什麼行動，或是創造什麼事物。即使你是自行運用未來輪，依舊有其價值，但你只會得出一個人的觀點。多元團體此時的作用特別深遠，可以帶來更多元的看法。同樣的新型醫療程序，A 看到龐大的潛在救命用途，B 則看到照護成本將上升。不論看法是對是錯，一同思考正負面的意涵之後，你們

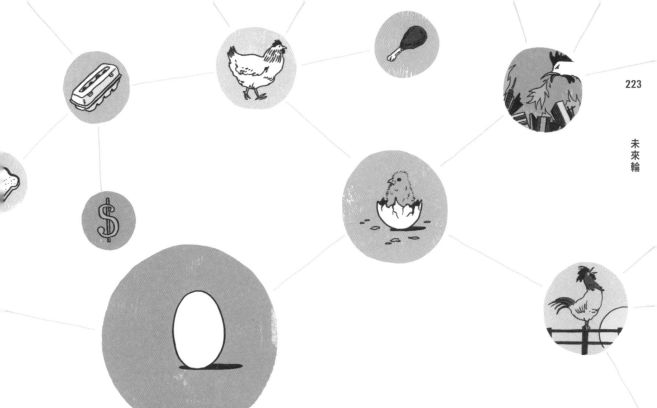

未來輪是未來學者喬‧巴克在一九七〇年代首度提出。這個練習是一種架構下的想像。架構十分重要,因為多數人擅長想出第一層的意涵,也就是某個變化或趨勢明顯可能帶來的事物,但如果要想出一連串的可能事件,鼓勵大腦探索任一改變將導致的烏托邦與反烏托邦可能性,將需要動用更多的想像力。

未來輪不會告訴你最可能發生的事。未來輪不是非黑即白(「我正在創造的這樣東西會很好或很糟」),而是讓你探索中間的灰色地帶,快速帶你從可觀察的具體事物出發,進入想像中的可能性所建構的空間。一旦抵達,就能依據你的價值觀與優先順序,設計出你最想見到的一種至多種未來。

更能夠掌握可能的未來,而掌握可能的未來後,又更能提出有用的設計,而非幫倒忙。

能量值評論

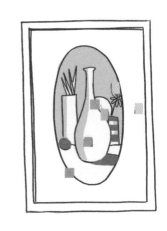

本文取材自傑瑞米・烏特利、派瑞・葛拉邦、凱薩琳・塞果瓦
（Kathryn Segovia）

判斷力是創作時不可或缺的能力，但經常被誤用。在創作過程中，我們通常太早下判斷，導致有潛力的點子胎死腹中。有時則是太晚才下判斷，導致未達標、甚至是有害的設計被帶到世上。

人類原本就擅長一種不假思索的判斷；大腦為了保護你，天生會快速評估某個情境或體驗屬於威脅或機會。這則練習將協助你把憑直覺下判斷的好處，導向「設計評論」（critique）這種能為創意工作帶來生產力的形式。

如何能更小心運用判斷力？多數人遇上「好」的設計時，會有強烈的直覺或感受，但不會花時間細想「好」究竟是什麼意思。當作品引發你的反應，而你依據不曾揭曉或定義過的隱藏標準，批評自己或他人，更可能做出帶有個人好惡或偏見的決定。此時刻意運用判斷力的意思，是釐清你對「好」的定義，協助你和他人向高標準的作品看齊。

投入**設計評論**的意思是，你為了改善作品，定期踴躍評估作品。設計評論不該只做一次，而是在創意過程中，安排幾個專屬的時刻（換句話說，也不該隨**時**都在評論）。當你知道已經安排好特定的時間，準備好以特定的方式評論，你就能在其他時刻安心採取不批判的探索心態。這個方法是反覆確認的基本要素：每當你停下來評論，就是在展開新的循環，不僅把作品帶進流程的下個階段，也通往更高的層次。

這則練習希望運用玩心來評論。你可以一個人做，自行反思與調整設計，但既然「好」作品的定義，需要透過許多不同的視野審視，才能反映多元的社會，和能夠提供多元視角的一群人一起評論，更可能改善你的作品，強化你想帶來的影響。

這則練習將在創意流程的不同階段，提供不同的好處。如果尚在替設計尋找靈感，那就趁早做這個練習，替專案量身打造設計原則。過一陣子，等你（或團隊）有了可以比較的東西（早期的點子、加上細節的概念、原型或其他可比較的成品），這則練習就可以協助你修正解決方案。

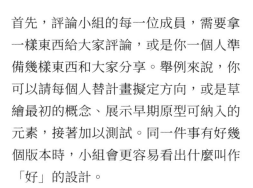

首先，評論小組的每一位成員，需要拿一樣東西給大家評論，或是你一個人準備幾樣東西和大家分享。舉例來說，你可以請每個人替計畫擬定方向，或是草繪最初的概念、展示早期原型可納入的元素，接著加以測試。同一件事有好幾個版本時，小組會更容易看出什麼叫作「好」的設計。

把作品的照片（或作品本身）擺在牆上。用便利貼替每一幅作品標號。

替評論大會定調，向大家說明：「請想像這裡的其他每個人都來自火星。火星沒有個人作品的所有權概念，沒有作者

的概念，也不會列出作者的姓名。我們今天來到這裡，完全是為了瞭解精彩設計的元素是什麼，讓我們的作品變得更好。」這個好玩的框架能幫你放下自尊，鼓勵所有人客觀看待作品，不把作品當成自我的延伸。這種假想火星人的設定，以及看見自己的作品和其他人的擺在一起，有莫大的助益。

請每個人把怦然心動的程度作為初始指標，來判斷作品的品質。你們可以談幾件事：

當你看到某個方向、問題陳述或概念，你有多心動？
如果你能跳下去協助任何一件作品，你將真心投入哪一件？
你希望哪一個設計是自己的就好了？

這麼做是試圖判斷哪個專案傳達了使命感，讓你感到有意義。使命與意義不是傳統的判斷標準，但很適合協助下直覺的判斷。»

每人發一張便利貼，解釋那張便利貼代表一個單位的能量值。你示範在便利貼上寫好你的姓名縮寫，接著寫下帶給你最多能量的作品編號。請每個人依樣畫葫蘆，寫好自己的便利貼。你們可是獨立自主的火星人，獲准改善眼前的人類作品！這種作法相當不同於人類多數時候的工作方式：人類一般只能埋頭苦幹，被派到什麼任務就做什麼。你把能量值送給最有共鳴的作品後，附帶好處是你將更清楚哪些事物帶給你真實的動力，日後可以應用在自己的作品上。

由於團體迷思會造成一窩蜂，某個熱門選項就吸走所有的能量值，為了避免那種情形，請每個人在同一時間，把便利貼貼在喜歡的作品旁。之後，往後站一步觀察。你們剛才等於製作了熱點圖，可以看出團體的集體能量在哪裡：答案明擺在眼前。

暫停一下，請小組開始反思並詳細討論。通常會有幾個作品明顯較受歡迎，囊括大量的能量值，但這個練習的重點不是投票，而是詢問與瞭解人們為何對自己所選的作品，有更熱情的回應。

先從沒獲得大量能量值的選項開始，一起公開探索。告訴大家：「這件作品顯然少了點什麼。我的意思不是作者是糟糕的設計師，而是架構出了問題。不論是誰做了這個作品（順道一提，我們不需要知道姓名，請勿說出來），有兩個可以改善的地方，可從那裡著手。」這種評論是對作品做當下的評量；你沒有指控設計師哪

裡沒做好，而是評論你特定的設計。這樣的論述會讓人感到你的評論有意義；你願意講不中聽的話，因為這項資訊會刺激更好的作品，實踐「寬以待人，嚴以律作品」的原則。即便這件作品獲得的能量值不高，一定要詢問確實喜歡這件作品的那一、兩個人：「為什麼這件作品帶給你能量？」他們喜歡的原因，通常會點出某個值得留意的設計原則或標準。或許是他們背景的緣故，帶來與眾不同的觀點。現在讓他們講出自己的觀察，除了討論這件作品少了什麼，大家也有機會討論錯過的優點。

如果是獲得較多能量值的作品，找出受歡迎的原因。先請喜歡它的一個人解釋原因，接著詢問有沒有人喜歡是基於完全不同的理由。或許那件作品有一個地方做得非常好，或許有好幾個。這種練習架構的另一項好處，在於每個人能給的能量值是一樣的，每一個人都可以表態。如果對話由少數幾個聲量大的人主導，不太可能找出完整的標準。

一一討論，根據每件作品的優缺點，列出在這個特定脈絡下，哪些元素能帶來優秀的作品。舉個例子，假設你們分享點子，討論如何提升機場的安檢程序效率。如果某個概念只照顧到某群旅客，會被批評，因此你的小組決定，理想解決方案的原則將是從家庭、商務客到行動能力受限的旅客，人人都適用。或是反過來，你們提出的原則，必須讓每一類旅客都獲得量身打造的體驗。接下來，你們開始動腦，思考什麼解決方案符合那樣的原則。每一個設計都評論完後，看著持續更新的原則清單，去蕪存菁，最後留下四、五項原則。每位小組

成員可遵照那些原則，進行下個版本的設計。

你們的標準將在完成專案的過程中，不斷產生變化，持續累積。一開始，你們可能只注意到基本事項，例如：

這個設計是否提供關鍵的功能？
用途是否一目瞭然？
好用嗎？

一段時間後，小組應該問與大方向有關的問題：

這個設計如何能真正幫到人們？
哪些人士會被排除，無法使用？
是否會對環境造成不良影響？例如產生廢棄物？
是否會造成其他的社會影響？

設計時，不論是刻意還是無意間影響了這個世界，你都有責任。在設計的後期階段，從更寬廣的角度提出評論，可以幫助你確認你的設計對他人或你來說，符合眾人對品質的定義。

————————

這種評論風格是一種誠實的評估形式。任何類型的創意作品，你都需要設法學到品質至上。世上的確有好作品與差勁的作品，但什麼叫差、什麼叫好，其實極度主觀。你需要聽取大量不同人士的意見。散會時，除了建立一套原則，每個人將帶著可行動的具體回饋，知道下一回合該如何努力。

這則練習最有效的時刻，是你替牆上的每一件作品，提出並收到大量的正負面回饋。很多時候，別人不會明講你做出不理想的作品，較常見的作法是提出優秀的範例，鼓勵每個人朝那個方向前進，但那樣太抽象了。如果要鍛鍊評論的肌肉，精進設計能力，那麼好話壞話都要聽。

不是所有的情況都能完全匿名，確保大家無從得知哪個作品是誰的，但無法匿名也沒關係，只要每個作品都是用標準形式分享就可以了。你努力打造更統一的客觀體驗，等小組愈來愈擅長這種評論，就不需要那麼強調匿名。

我和高階主管或學生在處理設計挑戰時，反覆請小組評估開發中的設計，幾乎到了即時評估的程度，但設計專案的根基也因此更加穩固，證實如能開發一套公開評論與評估的流程，不和稀泥，以支持為出發點，會很有幫助。如果無法誠實指出品質不佳的設計，對公司或學校都沒好處。然而，流程若是扼殺創意，長遠來看同樣沒意義。我見過有人拿到比較少能量值，但獲得嚴格的意見回饋，在下一輪大幅進步，甚至後來居上。

——傑瑞米‧烏特利

65 更勇敢的人們

本文取材自札札‧卡巴雅東多

所有能引發改變的工具或作法都一樣，設計會帶來正面的結果，也會帶來負面的結果。你可能注意到設計能以多種方法改善民眾的生活，但設計也被用來助長或強化社會問題，比如種族隔離、科技成癮、藥物依賴。

這種現象點出了設計的哪些工具本質？設計是否自有一套道德標準，或者全看你如何運用？

想出設計替你的生活或周遭的世界，帶來正面改變的例子。

想出雪上加霜的設計例子。
你可以從這樣的例子中得出什麼結論？
你有能力形塑他人體驗到的互動、物品或環境。這帶來什麼感受？誰是設計師札札說的「勇敢的人」？對你來說，既有創意又勇敢是什麼意思？

社會問題是由設計所引發的，是個好消息……

那代表壓迫與排擠並非大自然的安排，而是人禍。意思是說，我們有機會設計走出混亂的道路。

勇於把設計當成形塑社會的強大工具的人愈多，我們成功的機率就愈大。

——札札・卡巴雅東多

打造聊天機器人

本文取材自安莉恩・摩哥斯（Ariam Mogos）、蘿拉・麥可貝恩、梅根・史塔莉哈、卡麗莎・卡特、凱倫・英格倫（Karen Ingram）

你有沒有和亞馬遜的 Alexa，或是「她」亦敵亦友的蘋果 Siri 打過交道？你在網路上買褲子，試著決定要買什麼尺寸時，電腦螢幕一角是否突然跳出想幫忙的客服聊天機器人？有的話，你就與人工智慧科技帶來的虛擬助理對話過了。

這些 AI 助理服務周到，但畢竟不是人類，只是可回應指令的電腦程式。如果 AI 助理「友善」，都是因為有人類在幕後設想，多數民眾覺得什麼樣的回應叫友善，接著把互動設計成那樣。Siri 或 Alexa 也可以回你不同的話，對程式來講沒有區別，例如 AI 助理也可以回答：「你白痴喔，連二年級的小學生都知道明天會是什麼天氣，但既然你不知道，我就好心告訴你：中午過後會下雨。這樣你知道要穿什麼衣服了吧！」（不過你大概不想為了說話難聽的 Siri 去買蘋果手機）。

你與 AI 助理的對話經過設計。助理的名字、音色、你眼中的 AI 性別，全都依據你的人生經驗，影響你看待這個助理的方式，而所有相關元素也來自互動體驗設計師有意的抉擇。

AI 助理的關鍵設計選擇，包含回應指令的字詞與句子片段數據集。由於使用者可能會問成千上萬種問題，一定得有大型數據集負責蒐集五花八門的回應（跑 AI 助理的電腦程式在練習回應並且被告知對錯後，它詮釋要求與提供正確答案的精確度就會提高，然後再試一遍。那種訓練過程稱為「機器學習」）。如果數據集裡沒有答案，AI 助理可以用新的方法混合字詞，卻無法和人類大腦一樣，自行想出全新的回應。

也就是說，AI 的互動依舊受限於人類設計師。我們的身分認同、偏見、盲點、偏好、愛好，都影響著我們產出的東西，包括先進技術的設計。除非我們刻意謹慎，要不然存在於類比世界的刻板印象與不平等，就算換到了數位世界，照樣很容易被強化，雪上加霜。

這則練習能協助你體驗設計 AI 助理的對話是怎麼回事。不需要任何寫程式的知識，也能做做看這項練習。你可以自行練習，但找朋友一起會更有趣。如果

你好奇自己在生活中是如何受數位助理的影響，或是你希望對語音設計這個新興領域有基本的概念，做這個練習可協助減少世上的不公平，避免助紂為虐。

———

「打造機器人」有兩回合。第一回合，請你替AI助理想個有創意的新名字。第二回合，協助你設計AI會用到的數據集，並在過程中考量各方的觀點。如果你看到這裡一頭霧水，別擔心——這個練習不需要任何專業知識也能做。

第一回合：替聊天機器人取名字

在符合限制的情況下，替 AI 助理想出新名字：你取的新名字不能強化任何負面的刻板印象。為了舉例方便，假設你選中的名字是「珍妮」（Jenny）。

在筆記本或紙上，列出那個名字讓你聯想到的所有屬性。你可能想到，珍妮是「女性」、「兩個音節」、「常見的名字」、「西方人」、「暱稱」。替每一個屬性，列出如果作為 AI 助理的名字會含括的兩、三個意涵，進而強化什麼樣的觀念，比如在「女性」這一項，寫上「強化祕書與助理一般是女性的觀念」與「不具威脅性」。在「西方人」下面，寫上「強化『每個人』都（該）熟悉英文名字的概念」。在「兩個音節」這一項，你可以思考哪些人會覺得這個名字好發音或不好發音。這一項與刻板印象比較無關，而是牽涉到易用性（usability）的問題，但如果你的思考

朝這個方向走也很好，代表你開始從不同人士的角度，去思索新 AI 助理的意涵。完成後，選另一個常見的名字，試著再做一次練習。

現在，思考過幾個有挑戰性的環節了，你能否想出幾個新名字，避開所有不想要的負面意涵？你能否想出克服刻板印象的名字？這可不容易！想出幾個點子，與朋友分享你最喜歡的名字。最好找背景不同或世界觀跟你很不一樣的朋友，看看對方會不會想到你沒想到的刻板印象或負面意涵。》

第二回合：設計數據集

數據集以有組織、有架構的方式，集中相關的不同資訊，方便檢索。人們有可能看著不同段落的資料集，試圖瞭解眼前的整體數據是什麼。舉例來說，你的健康數據集納入的資訊，包含身高、體重、血壓、心率、最近一次的聽力與視力檢查結果。然而，其他潛在相關的資訊沒被納入，例如你的壓力值或家庭生活。為什麼沒收錄這些項目？有可能是負責設計數據集的記錄與架構工具的那個人，判斷某些資訊不重要，或是不曉得要如何留存相關資訊。設計者有可能不曾在家中感受到壓力，根本沒想過有必要捕捉這一類數據。

相關決定有其意涵——你生病獲得的療法，會隨著你的哪些資訊被視為值得蒐集與儲存而有所不同。此外，相關決定也反映決策者獨有的觀點與人生經歷。

你將在這一回合扮演數據設計師。你會發現改變了觀點，如何影響你對哪些資訊需要納入數據集的看法。

首先，想像有人問你剛取好名字的 AI 助理：「嗨，_____，什麼是樹？」

你希望答案包括文字解說與一張圖。

看著這則練習提供的樹木圖案，去尋找靈感。

你想像 AI 助理回答：

「樹木是由根部、幹部、枝葉組成的大型植物。在公園、街區、森林等許多地方都能見到，可製成木材、家具、柴火與紙張。」

這個答案還不錯，但不是唯一可能的答案。請從三個截然不同的觀點，想出另外三個數據集。替每一個觀點畫出一棵樹，仿照剛才的例句，寫下一、兩句解釋。想一想，誰眼中的樹木觀點最有趣：

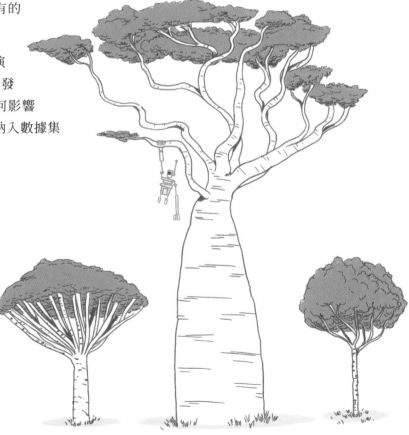

螞蟻？熊？鳥？樹藝師？生物學家？森林浴遊客？替你採取的每一個觀點，提供能回答以下提示的資訊：

「樹看起來像＿＿＿＿＿，出現的地點包括＿＿＿＿＿，用途是＿＿＿＿＿。」

現在你有了三個不同的數據集，每一個都能回答同一個問題：「什麼是樹？」有人問你的 AI 助理這個問題時，你要如何判定哪個觀點適合發問的人？

―――――

你每問AI助理一個問題，某個數據集都會被用於提供答案。每個數據集背後，都有人負責定義哪些資訊該納入、哪些不必，因此也反映了定義者的身分認同、價值觀與偏見。許多數據集反映出「主導敘事」（dominant narrative），也就是大部分人接受的主流觀點。然而，中間通常少了一個步驟――質疑究竟什麼叫「大部分人接受」。真的是「大部分人」嗎？還是「大部分當權者」？

對數據集的設計者而言，這類問題令人頭疼。設計師必須定義 AI 工具的參數，決定 AI 該如何回應指令與要求。

舉例來說，如果你在網路上搜尋「執行長」（CEO）的照片，你找到的照片主要都是白人男性，很少會出現女性，也很少出現黑人、原住民與非白人。原因是能提供執行長搜尋結果的相關數據集，取自真實的執行長公開照片，而美國會拍攝宣傳照的重要執行長，大都是白人男性。在大型數據集中，那些執行長的照片都具有高度代表性。一方面來講，你獲得的搜尋結果大致是精確的，反映出美國的社會現況，但另一方面，這種搜尋結果也會強化「白人男性比較適合擔任執行長」的刻板印象。所以，究竟什麼樣的人「適合」擔任執行長，這類的搜尋結果相當不精確，而且具有長期的意涵，代表女性與非白人很少看到自己的族群擔任執行長。重複暴露於這種不明顯（或很明顯）的刻板印象強化作用之後，人們選擇哪一種職涯道

路，以及別人是否接受他們出任傳統上不由他們擔任的職位，將有著可預期的效應。這個數據集呈現執行長的方式，決定了未來執行長的多元程度將高過或遜於現在。

那麼執行長數據集的設計者應該怎麼做？改變搜尋結果，呈現更平均的執行長面貌？增加數據集的多元程度？不要更動？你選擇的答案取決於你的價值觀、身分認同和觀點。我們所有人都該檢視，這些元素如何影響我們利用科技設計體驗的方式，以及人生經歷與我們不同的人，將如何承擔我們無意間造成的結果。

AI 助理是金礦！AI 助理打開大門，帶給我們好多資訊。新興科技有可能替社會帶來重大貢獻，但我認為同時也帶來一個迫切的需求：我們必須處理背後的偏見、主流敘事，以及科技複製出的真實世界的結構性不平等。

我希望每個人都能意識到新興科技的道德意涵，主動去設計、反思並參與決策過程。這則練習的目標是引導你深入瞭解情況，提出涉及新興科技的問題，質疑並反思身分認同是如何內建於我們的設計作品之中。我希望這則練習能促使你開始問：「是誰決定了我使用的科技背後的數據集？這些數據集反映的是誰的觀點？這會對世界產生什麼影響？」

——安莉恩・摩哥斯

替團隊
設計工具

本文取材自妮可‧可汗

如果大家眼中的你是創意高手，有一天你將碰上類似懲罰的遭遇：有人要求你主持**團隊**，帶領**其他人**做出有創意的東西。人們通常會假設，既然你這麼有創意，在你身旁耳濡目染，或是在你施展魔法後，其他人也會變得很有創意。然而，個人創作和團體創作是兩回事。

帶領團隊必須同時留意大量的動態，包括作品本身的進度與品質、團隊成員同時需要的自主權與方向、人際互動、想要或需要你的作品成功的人的利益。來自四面八方的力量有如無形的壓力，如果你沒受過領導訓練或沒人引導你，很難知道該怎麼做。

然而，你經常在設計中運用的創意原則，就能協助你制定新的團體常規、儀式或工具，來支持團隊並改善作品。團隊與領導挑戰其實是揮灑創意作法的畫布，但人們通常不會這麼看。你可以運用設計能力，讓原本看不見的行為、緊張局勢或挑戰現形，進而做點什麼。

這則練習將協助你練習設計師的領導法。你將漸漸看出，培養團隊文化、改善領導風格的過程，也可以打造原型、加以實驗；在你人生的這個領域，創意可以再次派上用場。

這則練習需要你先找到一個團隊。這個團隊本身平日一起工作，但你通常不是他們的一分子（最好保持一點距離）。儘管這個要求有點不尋常，有很多方法可以接觸到這樣的工作團隊。團隊的工作主題是什麼無所謂——可以是常見的正式工作團隊，你可能因為工作需要，進修領導課程，認識了這群人；或是透過公司的人資或訓練部門，加入某個讀書會、到學校旁聽專案課程，或是參加新手爸媽社團等等。此外，你也可以跟在已有工作團隊的導師後頭，找到願意幫忙的一群人，甚至和另一個也需要做這則練習的團隊交換，互相幫忙，把團隊借給對方。 》

請某個團隊協助你做這項練習時，可以解釋你的目的是讓領導方式多一點創意，或是依據實際情況，解釋你為什麼想做這項練習。

————

首先，大約利用一小時觀察你選中的團隊開會，記下詳盡的筆記，留意行為、個人扮演的角色、現場氣氛、互動方式，以及每個人對於要完成的工作有什麼感受。

如果是遠距團隊的線上視訊會議，就更容易隱沒在背景裡。你介紹完自己與目的後，就可以關掉鏡頭，甚至把網路暱稱改成「團隊設計師」，或是其他你覺得合適的名稱。

會議結束後，回想你看到的事物。仔細思考，花時間評估哪些事特別引人注目、原因為何。寫下幾個領域，若採取新作法會對團隊更有利，比如你可能觀察到團隊遲遲無法做決定，或是發言一直被打斷，成員因此感到沮喪。不論你觀察到什麼，寫下改善的機會。

想出幾個能把握機會的原型，方便讓其他人體驗，例如哪種工具能協助猶豫不決的團隊鼓掌通過，避免進度卡住？有沒有某個實物能幫上忙？或是某句話？如果有團隊成員老是專斷獨行，哪一種會議慣例能讓這個人多問少講，留更多發言空間給其他人？想出各種點子，接著決定你想深入哪幾個並加以測試。

先和一位團隊成員，聊一聊新的工具，試一下水溫。這個工具不必完美。大多數時候，工具的作用只是促進思考，協助團隊更加意識到自身的行為，願意實驗不同的工具，改善當事人的感受及完成工作的方法。

這個練習可以到此結束，也可以更進一步，再次拜訪你觀察的團隊，介紹你想到的工具。如果他們願意嘗試，看看效果如何。

————

有的人誤以為領導能力和創造力是天生的，屬於恆久不變的特質：有就是有，沒有就是沒有。然而，如果你把團隊領導當成設計的契機，就能對症下藥，做實驗進一步瞭解情況，不斷修正方法。

我最初是替一群剛入門的設計系學生設計這個練習。我注意到課程進入某個階段後，設計系的學生必須帶領跨領域的團隊，卻被不太懂設計、但領導經驗較豐富的其他學生壓得死死的，設計品質因此大受影響。

我讓一年級的學生觀察二年級學生帶領的團隊，造成了雙倍的震撼，因為一年級的新生多少會崇拜學長姊，卻看見領導是多困難的一件事。一年級的學生不希望自己升上二年級之後，也遇到團隊運作不良的情況，於是有動力嘗試許多大膽的原型，立志從中學習。此外，由於一年級的學生下定決心要成功，他們的點子也幫上二年級團隊很大的忙。

這則練習威力驚人的程度，就連學生也感到訝異。新生原本以為領導能力是抽象的概念，卻發現只需要一點知識，加上一、兩個小時的設計，就能把設計應用在領導上。設計其實就是在替亂七八糟的問題，找出如何以特定的具體方式帶來改變。領導也一樣。學生發現領導與主持團隊是可

以設計的，帶領團隊的方法有很多種，不
會只有一種。我真正希望大家學到的事，
其實是有辦法培養出多種領導風格，視情
況運用。若能今日就掌握這種能力，未來
一旦碰上任何不良的互動，就能設計出解
決之道。

──妮可・可汗

68 這則練習會嚇你一跳

本文取材自派瑞‧葛拉邦與傑瑞米‧烏特利

大部分的人都希望自己在別人眼中，屬於言而有信的人，因此當我們發覺有人在觀察我們是否言出必行，會出現不同的行為。不論是開始慢跑、找到更滿意的工作或是學習新語言，當你決定做挑戰很大的事，可以利用這種心理，逼自己說到做到。如果你跟大家講了，公布你要做那件事，就更可能如實完成。昭告天下會造成社會壓力，增強內在動機，一路上協助你達成目標。改變行為或改掉舊習慣很困難，只要瞭解如何刻意設定情境，箭在弦上不得不發，成功機率將大增。

這則練習將引發小小的社會壓力（與小小的時間壓力），協助你擺脫一個習慣：擔心尚未「準備好」。你可能老是覺得，唯有做好萬全的計畫、通過考試、取得學歷，或是獲得專家認可，才叫準備好做某件事。如果是醫學等領域，當然要取得正式執照，才能開始動手術。然而發揮創意時，如果還要等到外界認可，才覺得可以冒險一試，你永遠無法做好心理準備。比如說，除非確認會百分之百成功，你不願意嘗試某件事，自然無法走出舒適圈。這則練習要把你推出去，讓你在覺得差不多、但尚未完全準備好，就願意讓自己的能力與信心更上一層樓。

這個練習只有一個相當重要的先決條件：在你讀下去之前，必須已經完成本書一個以上的練習。這樣吧，先列出你最喜歡的五個練習：

1.

2.

3.

4.

5.

「五張椅子」（136 頁）、「告訴你的爺爺」（181 頁）、「ABC 畫畫法」（92 頁）、「冰箱裡有什麼？」（68 頁）、「飄流」（34 頁）、「有的人負責說，有的人負責聽」（48 頁），都是不錯的選項。接下來，**讀下去之前**，先放下這本書，找幾個對本書主題感興趣的人，或是願意幫忙的朋友或同事，組成一個小型團隊，花一小時一起做這項練習。

（你是不是想在完成這個準備步驟前，先偷看？我顯然無法阻止你，我無計可施。這本書由你作主！但我會解釋這個練習的緣由，說明為什麼稍等一下會更好，所以我希望你真的能……等一等。）》

好了，你已經找好小組。嚇你一跳！你將帶著大家做其中一個練習，開始吧。

你可能會有點措手不及——這很正常。你要欣然扮演領導者與嚮導的角色，以身作則，在團隊面前示範你想見到的行為。這樣想吧：如果你帶大家去健行，你不會在宣布目的地後，就突然放生所有人。即便有的路你也不熟，你會站在隊伍前頭，帶大家走完全程。擔任這樣的領袖，能協助你完成這個練習。

從你最喜歡的五項練習中，挑一個你想帶大家體驗的練習——逼自己去嘗試新事物，或是去做自己不大熟悉、具挑戰性的事。

給自己十分鐘，準備你要怎麼帶大家走過這個體驗，但不要想太多。需要材料的話，臨時想辦法。

開始吧。

完成活動後，帶小組做簡報，請大家回饋意見（如果需要現成的架構，可以參考 212 頁的「我喜歡、我希望」）。

大家在哪些地方卡住了？最有收穫的是什麼事？哪些環節特別有趣，哪些地方比較困難？小組成員各有什麼不同的反應與體驗？

事後花一點時間反思，當身為領導者的你提出「我們就試試看」，你從中學到什麼。想一想你在帶大家做練習時，你基本上在探索哪些能力（進行最後這個環節時，200 頁的「如何？所以？然後呢？」是協助你反思的絕佳工具）。問自己：**帶領這個活動教會我什麼，我未來可以如何運用在工作中？我如何把剛才運用的技術，連結到未來的工作？**

最後恭喜自己是從做中學的最佳模範！

你大概聽過一種叫「觀察、實作、教學」（see one, do one, teach one）的教學模式，但很少實際運用。你自己尚在探索某個主題或技能時，要很有勇氣才能帶別人一起做，但這是非常有效的方法，讓你強化所學，從不同的角度理解。關鍵是不把重點擺在結果，也不求你的「指導」或領導要完美，重點是強迫自己向別人解釋時能教學相長。做這個練習，能助你向前邁進一大步，即便

依然處於學習模式，你將從學習者變成實踐者，把光是想演進成動手做。

我們 d.school 天天在做這個練習。教育、商業與各行各業的專家，前來參加設計工作坊或課程；到了課程尾聲，他們會躍躍欲試，希望在職場或家中運用新工具。此時，d.school 的老師會恭喜大家辛苦有了成果，而學員開始思考如何依據自身需求，改造課堂上學到的東西。現場的氣氛像是鬆了一口氣，學員從行動轉換到較安靜的沉思，還以為最難的部分已經過去。

接著，突然間，d.school 的老師嚇學員一跳，宣布大樓裡大約有兩百名陌生人，正在趕來的途中，待會要上兩小時的迷你課程……老師就是他們！學員得知講師沒在開玩笑的那一刻，每次都會愣住，不可置信，再三確認。

學員做夢也想不到，我們居然會給他們這樣的學習歷程。訝異的元素是必要的。學員只有幾分鐘準備，事發突然，得立刻行動。

學員用幾分鐘準備好場地，就開始帶領完全不認識的人組成的小隊，做起簡單的練習，例如「重新設計外出用餐的體驗」或「如何讓在市場排隊更有趣？」。我們利用架構分明的活動，讓學員抓到我們試圖傳達的核心概念：坐而言，不如起而行。

學員簡報帶隊的體驗時，很驚訝自己竟然有能力做到。雖然有一些出錯或搞砸的地方，這次體驗帶來非常多的素材。學員這下子知道哪些地方需要改進，也清楚自己學到多少，經過這次的領導首秀之後，信心大增。

雖然感覺上有風險，講師知道這則活動的鷹架搭得很好，兩百位迷你課程的參與者也能從中學到東西。對於首度扛起領導責任的學員來說，賭注相當高，但是活動其實經過精心的設計，人人都能夠受惠。

你可以舉一反三，把相關原則外推到生活中的其他情境。如果嘗試新事物令你緊張，覺得還沒準備好，你能否在實際去做之前，先稍微冒一點險，小小體驗一下？雖然賭注很高，但在此階段試過水溫，就更可能胸有成竹地去做。即便過程不完美，相較於無懈可擊的紙上談兵，實際做過的價值高出百倍。

最後的最後

本文取材自卡麗莎·卡特與亞希施·戈爾

有時即便有心做好,最後產出的創意作品卻不一定是我們最好的表現。此時很容易把錯怪到自己頭上,像是技術不夠好、練習得不夠,或是因為某種個人缺陷。誠實自省永遠是好事,但別忘了考量你替作品設定的**相關**條件,比方你如何設定**時間**這個元素。

任何計畫都一樣,步調是關鍵。你的步調必須足夠從容,在收集意見回饋後,有足夠的時間調整,大幅改善成果的品質。很多人會臨時抱佛腳,利用最後期限快到的急迫感,逼自己一鼓作氣。

然而,即便最後有腎上腺素的加持,你依然可能在學校或職場做完最後的簡報後,懊惱**現在事情結束了,才知道怎麼做會更好**。你發現只要再多給一次機會,整個作品就能發揮完整的潛能。

這個練習簡單到不可思議,感覺上不該有用,但不知為何,就像施展了魔法一般。我至今仍不完全確定為什麼會有用,不過這則練習提醒了我們,語言的力量有多強大。

不論你的個性容易拖延或按部就班,都能做這個練習。只要你希望作品更好,就適合你。

————

想一想下一個重要的最後期限。找一個生活中無法「等閒視之」的任務,任何領域都可以,比如公司的專案或學校計畫,也可以是你第一次替家人烹飪感恩節火雞大餐。

選好你個人的最後期限,定出你將在哪一個明確的時刻簡報「計畫」。這個日期要比真正的「最後的最後」(the Final Final)還要**早個幾**天或一星期。請能回饋意見的人士擔任這場簡報的聽眾,規模不需要很大或很正式,但你需要外部的問責機制。

在客廳準備簡報，或是擺出漂亮的銀器，請好友聽你從頭到尾演練一遍，協助你認真看待自訂的最後期限。

簡報完「最後」的成果後，你將明白哪些地方還能盡力改善，你能做什麼、如何做到，而且有時間補救。

———

有一年我和學生做實驗，協助他們把作品帶到全新的境界。那次學生不同以往，只能事後感慨還能做得更好，因為我給大家第二個「最後」期限，而且透明公開，沒有事後告知：想不到吧，你們被騙了，真正的最後期限其實是這一天。每個人都清楚繳交作品的最後期限，也知道「最後的最後」是哪一天。

名稱加上「最後」兩個字很重要。當你看到「最後」，心裡會想：「我的作品必須在那天達到一百分。」大家清楚必須端出最好的作品。如果改成叫「大致的草稿」，認真看待的程度會降低。

學生交出最後的作品後，進行真實的互評，接著我宣布：「下星期是『最後的最後』，我們將舉辦展覽，讓作品亮相。你們有時間在那之前，做出完全

不一樣的東西。」我不知道這樣安排會發生什麼事，但那次讓作品轉向的人數確實多到不可思議。從「最後」到「最後的最後」出現了重大的改善，使得全班的作品脫胎換骨。

大部分學生在最後的互評結束，才發現怎麼做會更好。我給他們空間，有機會讓作品達到那樣的高度。我現在每年都舉辦「最後的最後」這樣的活動。

我鼓勵每一個人替創作的時間線，安排某種「最後的最後」。你會很訝異原來作品可以變得那麼好。

——卡麗莎・卡特

70 個人計畫

本文取材自伯尼‧羅斯（Bernie Roth），評論來自泰瑞‧溫諾格（Terry Winograd）

人來到世上會碰上各式各樣的限制。你生在世界的哪個角落、家庭背景如何、有沒有資源，都會影響你的命運。因此，人生是一個設計問題。設計的意思不只是打造工藝品，也不只是思考新方法或新點子。設計的意思是採取行動。

伯尼‧羅斯在史丹佛大學教學生做這份重要的作業，已經超過四十年的時間，遠遠早於 d.school 的誕生。這則練習將協助你在自己的人生中，培養行動導向的心態，勇敢面對並放開你視為障礙的束縛。這是一份不尋常的作業，沒有固定的流程，也沒有太多架構，而且沒有辦法打分數，即便你是伯尼的學生也一樣。此外，這個練習沒有明確的指示。怎麼可能有？這是你的個人計畫。你可以運用現有的設計知識，培養全新層次的個人責任感，找出究竟該如何應用這些方法。

當你不滿人生中的某個元素，這項練習正可派上用場。這一次，你的設計能力不是拿來替別人想辦法，而是打破自己人生中的障礙，朝著目標前進，或是單純變得更快樂。

———

這個練習不需要準備什麼；只需要找一個你能傾訴的對象，或許是導師、家長、關係親近的手足，也可以是你信任的同事或朋友。把對方當成你的「伯尼」，解釋他的作用是讓你言出必行。

決定一個你想擺脫的問題，或是把你一直想做的事當成計畫內容。問自己三個問題：

這個計畫將為時多久？
得出什麼樣的結果，就算是圓滿完成了這個計畫？
這對我的意義是什麼？

有的人利用這項練習，處理一直不確定能否做到、但一直想做的事。有時是相當個人的私事，譬如跟失和的家人重修舊好，邀請對方參加畢業典禮或婚禮等人生大事。有時則與事業有關，像是有人因此寫書，還成功出版。有好幾個人

學了父母的母語。當然，也有人搭飛機跳傘、玩懸掛式滑翔、在眾人面前表演脫口秀。你可以自由地挑選想完成的心中大事。

選定計畫後，和你的伯尼聊一聊你想做的事。私下和對方約好。你還是必須自行負責，但伯尼可以隨時提醒你，你做了約定。

預定時間過了一半時，再次和你的伯尼見面。你有可能判斷挑錯了計畫，想改做別的。萬一卡住、不知如何是好，伯尼可以介紹人脈或是分享資源。

在實行的過程中，別忘了這個簡單的流程模式：說出你的想法、測試你的方法，接著重複流程（再來一遍）。

———

這個練習反映出人生如果有事行不通，沒必要坐困愁城。你可以做出改變。這是你的人生計畫，你得扛起責任。

這則練習最初的目的是讓學生靠自己完成一件事。效果非常好，某方面也改變了我。我發覺身為設計師，其實跟身而為人是一樣的。你是社會的一分子。不論你信不信，每個人都是某個層面的設計師。活著就是在設計。不要等明天再說，現在就起身做點什麼。

——伯尼‧羅斯

數十年來，這則練習讓人們瞭解，學術界的主要問題是活在象牙塔裡，彷彿研究人員或學生與他們研讀的東西是分開的。伯尼用這個練習告訴大家：你要瞭解自己沒辦法置身事外，你正在設計自己的人生。這跟設計公司設計產品不一樣，重點是你如何把設計融入生命，形塑自己的人生。

——泰瑞‧溫諾格

71 學習之旅地圖

本文取材自莎拉・史坦・葛林伯格

行動,接著反思,有如創意工作的花生果醬三明治:少一樣就不對味。

當你實作、創造或學習某件事,很容易掉進慣性,解決後立刻換下一件事。太好了,完工了!然而在 d.school,除非反思的步驟完成,事情都尚未結束。

完成任何任務後,這則練習讓你進行批判性思考,尤其是當你清楚自己一路上學到了新東西,想要強化印象。此外,這則練習特別有用的原因在於,學習不一定簡單——事實上,學習不該簡單。學習之旅地圖能協助你畫出某段期間的體驗,同時找出輕而易舉與碰上困難的時刻,讓通常看不見的內在事物(你的學習)能夠外顯,以更客觀的方式檢視,找出重要發現。

不論什麼事,這則練習能協助你替每一件事畫下句點,釐清洞見。

在一大張紙的左側,畫一條代表程度的垂直線,最下方是極度負面,最上面是高度正面(請見248至249頁)。

從垂直線的中點出發,畫一條橫線,一路延伸到紙張的最右方,把垂直線一分為二。這條橫線代表你即將記錄的體驗時間長度,有可能是一天、數月,甚至是數年。

在橫線上,加上幾個平均分布的里程碑,來分割空間。依據你畫的體驗時間長度,決定要分多細,每隔幾小時、幾星期或幾個月,標出一個里程碑。

在筆記本上,列出關於這次經驗所有記得的事件,不論大小都寫上。你有可能回想起在頭幾天、頭幾分鐘(甚至是前夕)發生的事件。你推門進去或著手進行時,有什麼感覺?問自己接下來發生

什麼事。在那之後呢？不必擔心你想到的事，整體而言是否和你的所學或學習歷程有關，記得什麼就寫什麼，不要漏掉任何細節。

在圖上加一條新的線，畫出學習之旅的高低起伏。依據你剛才列出的事件的時間順序，負面事件畫在下方，正面事件標在上方。可以用實線，也可以用特定的鮮亮顏色如藍色，畫出一路上的高低潮：你在哪個時刻學到很多？什麼時候缺乏進展？有時，從最高潮或最低潮畫起滿有用的——可讓你抓到整段體驗的相對起伏。完成之後，在同一張圖加上第二條新線，顏色避免跟剛才的重複，比如換成橘色，或是改用風格明顯不同的線條如虛線。這條線是你的情緒之旅。你在哪些時刻感到士氣大振或興奮？何時覺得沮喪或緊張？

替兩條線標出高低點。仔細回想那些時刻發生了哪些事。這些都是關鍵的轉折點：不是你個人發生變化，就是你帶來了轉變。

往後站一步觀察。這張圖讓你得知這次的體驗整體而言如何？哪些事引發了高潮或低谷？哪些情況或行為（你或他人的）導致往上走或往下走的轉折點？

最後一個步驟是觀察你的兩條線如何發散或收斂。兩條線重疊或分開時，發生了什麼事？試著瞭解緣由。可以的話，和別人分享你的圖，尤其是走過相同經歷、也畫了圖的夥伴。看見雙方的旅程雷同或不同之處，將帶來一番見解。問自己，你的學習體驗跟情緒體驗有何相關；想一想下次又碰上重大的創意挑戰、需要邊做邊學時，可以如何利用相關的發現。

————

這樣的旅程圖能帶來眾多實用的洞見。你將找出哪些事能協助你學習或拿出好表現，哪些事則會拖後腿。你在未來會更知道如何尋找或製造相同的情境。》

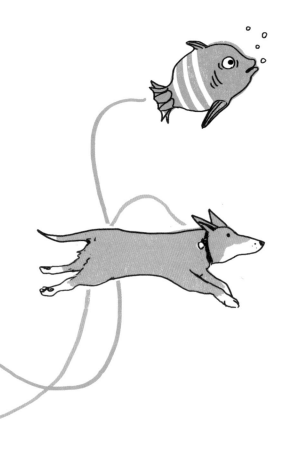

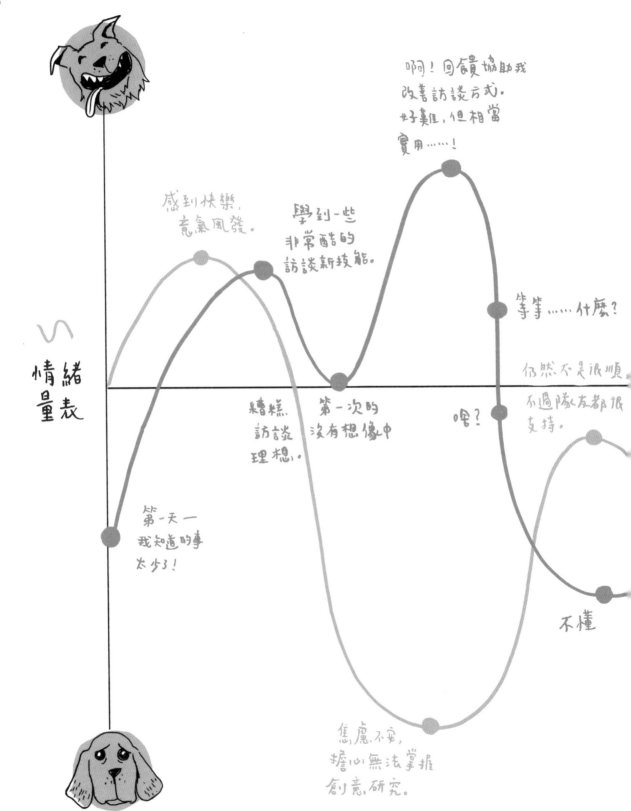

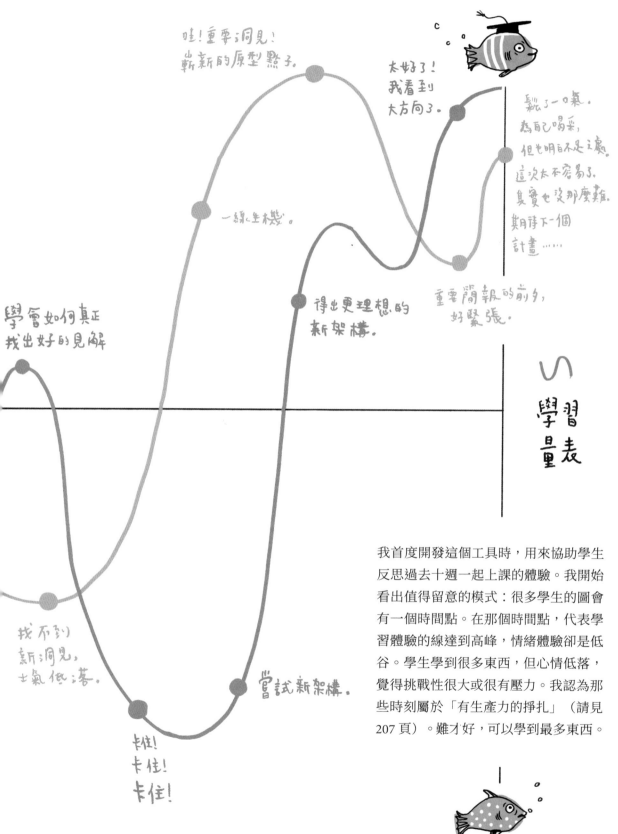

哇！重要洞見！
嶄新的原型點子。

太好了！
我看到
大方向了。

鬆了一口氣。
為自己喝采，
但也明白不是這處。
這次太不容易了。
其實也沒那麼難。
期待下一個
計畫……

一線生機。

得出更理想的
新架構。

重要簡報的前夕，
好緊張。

學會如何真正
找出好的見解

學習量表

找不到
新洞見，
士氣低落。

嘗試新架構。

卡住！
卡住！
卡住！

我首度開發這個工具時，用來協助學生反思過去十週一起上課的體驗。我開始看出值得留意的模式：很多學生的圖會有一個時間點。在那個時間點，代表學習體驗的線達到高峰，情緒體驗卻是低谷。學生學到很多東西，但心情低落，覺得挑戰性很大或很有壓力。我認為那些時刻屬於「有生產力的掙扎」（請見207頁）。難才好，可以學到最多東西。

融會貫通

如果我沒交給你需要融會貫通的真實世界專案，那就不 d.school 了。我
們認為不需要等到有學歷，或是獲得某個人批准，才能開始發揮創
意，服務他人。最後這節練習將助你一臂之力，鼓勵你嘗試複雜度更高的專
案，你的設計能力將更上一層樓。

我第一次正式的設計體驗，發生在我走進 d.school 的第一個星期。當時
d.school 是全新的學院，時間是二〇〇六年一月初，那時的我是史丹佛的研究
生。幾分鐘內，我被要求掏出錢包——不是為了買教科書或繳交材料費，而
是和另一個同學交換。就那樣，我們展開了 d.school 第一堂課的第一個練習。

那個練習日後稱為「錢包大出擊」（The Wallet Project），在短短六十分鐘內，
深入淺出，精彩點出設計的本質。所有人都可利用約莫一小時的時間，按照
練習夥伴目前攜帶金錢的習慣、需求、擔心或沮喪之事，或是錢包內的任何
物品，替他們設計出某樣東西。我們發現大家的錢包都是多用途。「參觀」
某個人的錢包，就像在相識的第一天，就造訪對方小時候的臥室。一開始很
尷尬，但接著就聊起嬰兒時期的照片，或三年級拿到的運動獎盃。

我當老師之後，多次讓學生練習錢包大出擊。學生每次都會想出五花八門的
點子。有的人替練習夥伴做出真正的皮夾，收納功能比先前的好，或是標榜
不同的美學、加裝鏈子讓錢包不易遺失等等。然而，大部分學生會跟隨夥伴
的腳步，踏上意想不到的旅程，掉進懷舊或連結的氣氛。他們最後設計出的
東西，讓皮夾主人想起家人或重要的人生事件。有時夥伴承認阮囊羞澀，啟
發了讓人謹守預算的設計。表面看來簡單的活動，卻帶來非常深入的私密對
話，讓大家直接接觸到設計最強大的力量：有機會重擬問題。

如果你是在這則練習或其他類似的練習中，首度發現設計，設計在那一刻帶

來的機會是無價的：那是一段突破帶來的淨化體驗。展開計畫時，腦中只有你以為的錢包用途。一小時後，你突然意識到和「錢包」有關的設計空間，其實更寬廣、更有趣。你有機會一窺，展開設計時若帶著開放的心態、仔細研究他人的需求，設計能發揮多大的力量。相較於閉門造車，你能發揮創意與創造力的方法，將多出千百倍。

錢包大出擊向沒有設計背景的人介紹設計的基本概念，但不致迷失在抽象理論中。這個作業的環節大都有緊密的腳本：設計結果各有不同的原因是，訪談對象是實際存在的人，設計者跟著這個人的個人故事走。錢包大出擊就像小朋友想學正規的腳踏車前，得從滑步車開始。腳踏車很難學，因為需要同時踩踏板、平衡並操控手把。滑步車沒有踏板，十分低矮，很接近地面，就算在移動也幾乎不可能跌倒。想要前進，只需或走或跑，然後把腳收起來，滑行就可以了。滑步車把「在行進間平衡」這個騎腳踏車最難的部分獨立出來。第一次騎車沒跌倒膝蓋破皮，是很大的鼓勵，讓你準備好上路。錢包大出擊與其他類似的入門練習，也是類似的道理。相關練習會帶你走一遍流程，協助你取得平衡。創意工作既困難又有風險。剛接觸設計時，能先建立一點信心是好事。

學員完成錢包大出擊之後，幾乎永遠會提到，練習夥伴的需求與關注點跟自己很不一樣；由於步調倉促，大家沒時間展開內在的審查，而且尚未完成就得分享作品，因此得到更多有建設性的回饋。此外，由於必須在練習尾聲交出草稿或原型，光是做出東西，就逼著大家強化點子。

錢包大出擊今日基本上已經退役，被更新的入門設計專案取代，但這則練習的基本架構呈現的幾項重要原則，在 d.school 的教學場景無所不在，協助大家從做中學。學員得以練習設計工作的眾多環節，串在一起，得出有創意的解決方案。相關練習讓初學者輕鬆出發，幫忙鋪好路，走向愈來愈複雜、自由發揮、沒有標準答案的挑戰。

我們在 d.school 的課堂上，一般採取兩種明顯的模式：拆解複雜的流程或作法，找出最基本的單位，讓某個元素變得更好，或是把所有原件拼回去，看看可以如何整合。舉例來說，你想拓展食譜，花時間學習烹調抱子甘藍的各種方法，譬如整顆拿去蒸、對半切用烤的，或是切絲加奶油炒，再灑上紅椒粉。抱子甘藍不是很好處理的蔬菜，深入瞭解甘藍的世界、掌握處理的技巧，將是實用的烹飪技巧。然而，你還需要知道抱子甘藍適合搭配哪些食物，才有辦法融入菜色。如果只知道如何處理抱子甘藍，不可能是厲害的廚師。

本書大部分的練習，可協助你專門訓練某種肌肉或能力。「待在原地不動」

（168 頁）讓你有耐心觀察事物。「期初與期末的盲繪」（30 頁）讓你發現與處理心中的批評者。「解決方案的井字遊戲」（171 頁）協助你累積並延伸最初的點子，方便發想與測試。此外，「告訴你的爺爺」（181 頁）、「真正有必要提的事」（215 頁）、「生活中的一天」（156 頁），讓你以三種不同的作法，學習如何烹煮抱子甘藍——如果甘藍和說故事是一回事的話。

然而，設計最終必須整合。設計會借用與混搭不同領域的事物，帶來各種學習與實作的方法。你必須在行動與反思之間不停擺盪，除了鍛鍊從「練習一」到「練習七十一」的個別肌肉，還需要學著同時運用所有的肌肉。

事實上，d.school 的學習流程不是先專注於理論的不同細節，然後才允許你碰「真正」的東西。我們幾乎都是從經過整合的簡短計畫起步，等具備一些可以反思的實作經驗，才回頭研究方法的各種環節。

各位在探索本書最後一部分的練習時，你會發現我們如何利用限制來規畫專案，提高得出有效創意成果的機率。我們請 d.school 的學生處理某項專案時，大家往往不會看到我們耗費多龐大的心血，才確定最後的框架與範圍。我們的專案設計發生在幕後，而且通常發生在開課之前。我們會在社區裡尋找合適的正確專案夥伴，研究設計能派上用場的機會，找出人類需求與行為扮演重要角色的開放式問題（而不找純技術性或商業類的問題）。此外，我們還必須配合學生的程度與專案的時間框架，把挑戰限制在合適的範圍內。

各位一旦瞭解我們是如何在幕後做準備，將更能依據自己的情境，改造本書提供的專案，或是在你看見值得留意的需求或機會時，從零開始。你將能精準框架自己的挑戰，擬定範圍，以更獨立的方式運用創造力。你需要瞭解必須在哪些地方設下嚴格的限制，哪些地方則該預留發現的空間，好讓新鮮點子冒出來。

————————

想要感受或體驗我們的專案是什麼樣子，最好的辦法就是瀏覽、嘗試一番。我改寫了幾位 d.school 學生這些年來處理過的計畫，放在書末，由易至難排列。好的開始是成功的一半。你可以從提供大量支持的「剪髮」（254頁）起步，或是十分類似的「泡麵時間」（255頁）開始練習。

準備好讓難度升級時，可進入中級題，如「家庭晚間體驗」（258頁）和「三千萬字的差距」（259頁）。這兩個練習能協助你瞭解如何擬定範圍與框架，看出滑步車能協助的地方，但也看見其限制。你將憑直覺知曉哪些決定將影響作品，做決定時會更有自信。

如果想探索更複雜的專案，可以看最後的「器官捐贈體驗」（262 頁）、「史丹佛服務隊」（264 頁）、「災後融資」（266 頁）。這幾項練習的挑戰更大，不過果實也更甜美。這樣的設計工作涉及合作、制度、多方利害關係人，以及你與弱勢團體或受災戶合作時，身上背負的道德責任。

不過，進入高階題之前，先從「剪髮」開始。牛刀小試一下，體驗設計帶來的種種感受。有痛苦、掙扎，也有大功告成的時刻。運用新技能帶來的感受會令你感到興奮，想要做下去。

好了，測試創造力的時間到了。收起你的腳，試著平衡看看吧。

72 剪髮

本文取材自亞希施・戈爾、泰勒・柯恩（Taylor Cone）、亞當・賽澤、凱蒂・克魯梅、尤金・寇桑斯基

蜂巢頭、鮑伯頭、蘑菇頭、油頭、雷鬼頭、龐畢度頭、小精靈頭、波浪頭、莫霍克頭……每一代總會出現新髮型。有的人用髮型表達自我，甚至展現叛逆。即便有人把剪頭髮當例行公事，只為了不讓頭上雜草長過頭，髮型隱含的意義，以及與個人息息相關的程度，超乎你的想像。想一想與美髮產業的產品與服務，從理髮店、髮廊、乾洗髮到豬鬃梳，五花八門。光是美國的頭髮護理產業，每年產值就超過八百五十億美元，全球的金額更驚人。

你的挑戰是構思一樣產品或服務，替他人重新想像剪髮的體驗。後文自 280 頁起的練習頁，將一步步引導你走過設計的過程。設計是否只能照那樣的流程走，甚至這個主題是否只能那樣設計？當然不是，但很適合用於起步。

「剪髮」練習的設計概要，不會直接指示你該做什麼。我刻意不提供細節，因為你在設計時，必須自行決定重點要放在哪裡。不過，剪髮的練習頁提供的鷹架將穩穩托住你。後文會再詳細解釋。

如果你希望換個主題，再體驗一遍，「泡麵時間」是「剪髮」的姐妹篇，方法和 280 頁開始的練習頁一樣

如果你想加倍練習鷹架，那就兩個主題都做，掌握完整的兩個循環。把類似的方法用在不同主題後，你將獲得更多技巧與流程的體驗，有機會自行比較兩次的練習，最後熟能生巧。如果你兩個都做，留意是否有某些工具或技巧，在其中一種練習的效果比較好。問自己：其中一個主題做起來是否比較有動力，或是比較無力？為什麼會那樣？當你在某個計畫中按照「食譜」烹調時，別忘了培養這個程度的自我覺察，你會從新手廚師變成熟練的主廚⋯⋯碰上事情沒按照計畫走的情況，也有辦法隨機應變，不論什麼挑戰都難不倒你。

73 泡麵時間

本文取材自艾力克斯・柯（Alex Ko）、史考特・杜利、喬治・肯柏（George Kembel）、艾力克斯・卡札克斯（Alex Kazaks）

有的人把泡麵當正餐，有的人只當成嘴饞的熱食。有的人每星期都吃，有的人只在大學時代吃過。泡麵在溫書、露營、沒東西吃時都能派上用場，保存期限比洗髮精還長，可以囤著。泡麵的吃法太多了，有的人直接當嘎吱作響的脆餅乾；有的人完全遵照包裝上的指示沖泡；有的人則看冰箱剩什麼食材，丟下

去一起煮。這則練習的挑戰是設計出更理想的泡麵體驗，請利用「剪髮」練習的架構進行。

對美國和全球各地的民眾來講，泡麵是一百萬種不同的東西，因此你得以設計出一百萬種更理想的泡麵體驗。

在本節每個專案的練習尾聲，別忘了簡

報那次體驗。「我喜歡、我希望」（212頁）或「我以前以為……＆我現在認為」（272頁），可以拆解你的個人經驗，找出你從最後這幾則練習學到的事。

你一路設計時，別忘了檢討專案的範圍與框架，永遠平衡時間與資源，但同時保留發揮創意的空間。然而，不一定有明顯的兼顧辦法。你在讓設計挑戰成真的同時，還得保留正確的探索空間，分寸很難拿捏，就連經驗最豐富的 d.school 老師都表示，只有事後回顧才知道是否做對了。幸好隨著你掌握範圍的能力提升，就愈有辦法讓挑戰或機會配合實際的狀況，以及你與旗下組員的能力。

找出設計範圍的重點是，有多少能力做多少事，但也留下足夠的空間，尋找珍貴的設計機會。這裡的「剪髮」與「泡麵時間」刻意設計成入門級的練習，讓初學者有空間小試身手。之後，則可嘗試範圍更廣的版本「整理儀容」或「方便的食物」，空間非常大，沒有指定特別需要留意的方向。這時你必須經由次級研究或初步訪談，自行縮小範圍。

範圍有限的專案，要求你專注於體驗的一個面向，如「重新設計理髮椅」或「改善泡麵包裝」。目標十分明確，沒有太多探索的空間。如果你從這樣的限制起步，可能會發現你的設計對象根本不使用理髮椅，或是從功能來看，原本的泡麵包裝沒什麼太大問題，你卻卡死在那個特定的方向，沒有太多設計空間。此時，你大概必須增加新的角度，讓專案變得更有意思或更有意義，像是打造出大幅降低成本的椅子，或是想辦法以支持生態永續的方式設計泡麵包裝。

「剪髮」與「泡麵時間」的架構，讓你體驗在展開計畫時，自行設定一些框架——這裡的框架不是限定解決辦法的空間（如「包裝」），而是選擇要為哪些人士設計。選定那個特定族群是絕佳的練習，因為仔細選定要替哪些人設計，正是以人為本的設計核心。起步時專注於特定族群引發的靈感，將帶來正中紅心的洞見。

萬一你碰上的設計挑戰，解決方案的範圍很有限，此時就要問自己，你設計的這件事是否真有需求。這就是為什麼要從框架對象開始，而不是先把自己限定在有限的解決方案空間內。重點不只是找出正確答案而已，首先要給自己機會找出正確的問題。

「剪髮」與「泡麵時間」屬於入門練習，還有幾個原因。首先，幾乎不管什麼地方都有人在剪頭髮或吃泡麵。不論你在世上哪個角落，找到這方面的設計與訪談對象應該不是太難，有可能直接對話，觀察他們剪頭髮或吃泡麵。

這件事在設定設計挑戰時,是非常重要的考量:你能不能直接聯絡上你要設計的對象與夥伴?沒辦法的話,你很難從他們的角度出發,以同理心理解他們的需求。此外,你將無法在設計過程中,取得點子方面的回饋,也無法有什麼實質的合作與共同的設計。展開專案前最關鍵的問題,就是如何聯絡上相關人士。

剪髮與泡麵這兩個主題平易近人,卻有意想不到的深度。人們對髮型和麵條其實有著很深的情感與偏好!你願意挖多深,這兩個主題就能達到多少深度:你有可能在某個人家中獲得獨一無二的泡麵體驗,或是受邀觀察另一個人身處的美髮文化,得以從他人的角度觀察生活。

眾人五花八門的觀點,絕對能讓你有機會挑戰自身的看法。你會訝異就你選定的主題而言,有多少未被滿足的需求。你因此得知擔任設計師是多麼有價值、有意義的事:你發揮創意,解決某個人特別關心的問題。當你發掘那樣的機會,人們感到自己彷彿一直在等待你找到他們,有如命運的召喚。

最後一點是剪髮與泡麵這兩個主題,都能以小規模的方式體驗,快速打造出新體驗或新產品的原型,不必先擔心你的概念是否具備技術可行性,也不需改造大型的制度。

不過,還記得滑步車嗎?這裡的滑步車是指加上重要的限制,引導你經歷入門的專案。完成剪髮或泡麵其中一項練習,或兩則練習都做過後,你會看出這兩個練習如何限制你。最明顯的是,兩則練習都是線性的安排,都假設你已經擁有每個步驟需要的洞見,永遠朝著前方移動。如果是較長期的複雜專案,你通常得重探不同的方法與模式來獲取更深的見解,確認預感,測試點子,或是完全轉變方向。此時,你手上沒有精確的路線圖,只能隨機應變。這樣的差異讓設計工作無比有趣——但挑戰性也很大。相較之下,如果是剪髮與泡麵等簡短的初學者專案,在你選好有興趣瞭解哪群人、想替誰設計之後(以及想出如何接觸目標對象、要去哪裡找到他們),過程中都不必做出大量的決定。

設法完成「剪髮」或「泡麵時間」後(或兩則練習都做),裝上腳踏車踏板的時間到了,你將進一步讓腳離開地面,想辦法平衡。剪髮與泡麵之後的兩則練習,都是嘗試獨自上路的好機會。你得花時間執行,實際走訪事情的發生地點,和當事人互動(需要暖身活動嗎?複習一下 32 頁的「如何與陌生人交談」)。那兩則練習的彈性空間非常大,只需稍加改編,幾乎不論在哪裡都能派上用場。雖然主題都和孩子的需求有關,方式卻非常不一樣。≫

最值得留意的是，究竟該如何處理這幾則專案練習，並沒有規定好的單一流程；你可以用自己的方法設計。這算是某種子練習——d.school 稱之為「設計你的設計工作」。想一想你打算怎麼做，跟其他人分享，聽取大家的意見，一路上當機立斷，行不通就重來。

家庭晚間體驗

本文取材自艾瑞卡．艾斯拉達－李歐

晚間是全家人和樂融融的絕佳團聚時刻。不論是一起吃晚飯、講睡前故事或洗澡等儀式，孩子都會感受到愛與安全，對健全的兒童發展來講再重要不過。

然而，對許多父母來講，這種理想的夜晚遙不可及。大人下班回到家已經精疲力竭，或是要輪班，晚間無法與家人共度。此外，每個人晚餐想吃什麼，有可能不一樣。孩子也累了，在鬧脾氣。更別提有些家長不認為晚間的親子時間很重要；有的父母自己小時候不曾有過這種時光，缺乏模仿的對象。此外，發光的螢幕對所有人來講都是重大誘惑。不論原因為何，要在一天中的這個時刻好好與家人共度，可能十分困難。

你的挑戰是替家庭重新設計晚間體驗。家長和小孩想要什麼？哪些行為對孩子來講最有生產力？哪些工具、體驗、服務、產品或其他的解決方案，有可能幫上家庭的忙？

對許多人來講，晚間是充滿喜怒哀樂的重要時間，因此這個問題有很豐富的討論空間。第一步是瞭解家庭的晚間體驗。看看你能否在別人家中，直接觀察這個時刻。也可以在自己家中，假裝是局外的觀察者；你注意到哪些事？請教兒童發展領域的教師或專家。

你的解決方案有可能是產品、服務、體驗或⋯⋯什麼都可以。

三千萬字的差距

本文取材自亞希施・戈爾、艾莉莎・墨菲（Alissa Murphy）、艾瑞克・歐松德

數十年來，教育人士、研究人員、政策制定者一直為成就落差（achievement gap）感到苦惱：從標準化測驗到學業成績平均點數（GPA），各種評量指標都看得出來，低收入戶與高收入戶孩童的學業表現有差距。

這樣的差距甚至在孩子進幼兒園前就會顯現。從早期的技能、行為、健康等面向來看，美國的弱勢兒童準備好上一年級的程度，遠低於同儕。不到五成的貧窮兒童在五歲時準備好入學，中高收入戶的兒童則為七五％。

準備度差距的關鍵點，在於弱勢兒童聽到的字量，不及收入較高的家庭的三分之一。這個弱點長期而言有許多意涵。事實上，低收入戶孩童到了四歲時，他們在和照護者對話、互動的過程中接觸到的字量，整整比高收入戶孩童少了三千萬字。研究顯示，光是讓兒童接觸到更多字詞還不夠；溝通與語言的品質也非常重要。

你的挑戰是設計出處理這三千萬字差距的新方法。

深入這個主題時你會發現，已經有很多團體與個人，從政策、資訊、研究結果等面向處理這個議題。你應該採取以人為本的方法，從當事人的角度看待這個問題。你有可能因此跳脫現有的研究，以新方法框架這個問題。

這則練習的靈感源自《芝麻街》旗下的非營利教育組織「芝麻街工作坊」（Sesame Workshop）。你在執行這個專案的期間，假想從不同的設計觀點處理這個問題：如果直接與芝麻街工作坊合作，你將如何提出你的點子？如果是和地方上的兒童博物館或動物園合作呢？如果你是學校董事？縮減解決方案的範圍時，別忘了考量組織的執行能力。把組織的力量納入考量後，就能拓展思路，想出更多類型的解決方案。

相較於「剪髮」或「泡麵時間」，「家庭晚間體驗」與「三千萬字的差距」是遠遠更為開放的練習。兩則練習都與孩子有關，但是都沒有指定你的設計對象必須是兒童。

如果是「家庭晚間體驗」的練習，你將完全專注於一天中的一個時段。此外，對於這則練習將遇上的種種挑戰，你可能已經有一些初步的假設。然而，究竟要和哪種類型的家庭合作，將由你決定。此外，「晚間」這個鬆散的架構，並未替你可能發現的事情劃下界線，也未限制你的設計要採取什麼方向。

此類專案的成功關鍵是一開始便嚴格限定範圍，找出你是在替誰設計。加上「要上班的城市家庭」或「孩子很多的家庭」等限制後，這個專案會更有趣、更有效。你必須動用大量的直覺，找出值得設計的問題。你尋找感興趣的模式，或感覺很真實的需求，一路摸索出最終要設計的內容。

「三千萬字的差距」則有完全不同的起點，多半是描述隨著時間發展的複雜、已知問題。你必須找出現場觀察的方法與地點，接著依據一長串的經歷、脈絡與設計對象做出判斷，設計出有意義的解決方案。事情從一開始就很清楚，你主要關切低收入家庭與孩童的遭遇，不過問題的討論空間很廣。

此案要成功，需多管齊下：你必須做研究，和數名專家聊一聊，瞭解其他人如何看待這個問題，嘗試過哪些方法。接下來，利用「專家／假設」（146 頁）這則練習，讓新的思考方式浮出水面。找出你判斷在哪個領域採取以人為本的觀點，將最具啟發性。你一路上幾乎必然會重擬計畫：最終的任務是減少或消除三千萬字的差距。一旦找出當事人真正的需求，以及你能幫上忙的地方，計畫的框架會更明確。

由於這個主題的框架是低收入孩童的需求，你還得思考與你的身分認同相關的各種議題。如果你本身也具低收入背景，你可能相當瞭解內情。你與其他經歷這個挑戰的人士，有著很強的連結。當事人與你分享故事的體驗，將不同於和家境良好的設計師分享故事。此外，該怎麼做，你可能已經預先有一些想法，但請把那些點子刻意擺在一旁，用全新的角度接受挑戰。反過來講，如果你家境優渥，此時要問自己，這個計畫能讓你獲得哪些好處？你的設計讓弱勢者受益的程度，和你得到的好處，比起來如何？請參考在這個領域努力的每一位人士，找出你希望遵守的倫理道德，包括你將如何評估你的設計有意與無意間造成的影響。

你可以把界定問題的範圍，想像成轉動兩個旋鈕。兩個旋鈕決定了你要縮小或放大你關注的範圍：一個旋鈕篩選你要設計的問題，另一個旋鈕指定問題

空間。如果兩個旋鈕都一路轉到最大，火力全開，你將被大量的選項淹沒，猶豫不決。要從哪裡著手？要專注在哪個問題上？另一方面，如果兩個旋鈕轉到最小，你將不會有發現的空間。不論從事什麼設計，只要找出可行的旋鈕設定，就能操控設計的彈性。

放寬限制時，一般來講能學到最多東西，包括如何強化設計能力，以及問題或機會的本質，因為你必須在設計期間做決定（而不是事先設定好），找出最後真正要瞄準的目標。也就是說，你得花時間瞭解各種方向，但你花過力氣的方向，不一定是最後選定的方向。你將在摸索的過程中，瞭解有多少可以追求的設計機會，學會如何評估某個方向勝過另一個方向。這將耗費大量的心力，但你的判斷力也會逐漸增強。

舉例來說，最終創辦諾拉健康的團隊，如果他們當初拿到較詳盡的指示、務必遵守某些限制、已有預設的設計對象，那麼團隊的解決方案最後瞄準的使用者，八成會是臨床醫師或患者。畢竟傳統看法認為，改善健康照護結果的方法，就是從這兩類人著手。那樣做或許也有幫助，但由於諾拉團隊沒有把**設計對象**限制在狹窄的範圍內，他們擁有發現的空間，得以挖掘先前被忽視、但萬分重要的醫院患者家屬的需求。你可以回想一下，這個團隊探索過很多方向，從中學到許多，但最後沒朝那些方向走。此外，由於可能性太多，他們經歷過一段無所適從的時期，必須想辦法判定哪些需求最值得去做。團隊獲得很好的學習體驗，最終也有美好的結果。

你有可能更注重某一方（更偏向學習，或更偏向結果）。如果重點擺在學習與培養技能，壓力就沒那麼大，不一定要在明確的時間範圍內達成特定的結果。你替形形色色的人發揮同理心，從他們身上找出洞見。解決方案的空間則較為固定，但你要替誰設計，一開始沒有太多的限制與架構。另一種情形則是留下更多的解決方案空間，逼自己為了解決方案，探索複雜的議題、形式與媒介。此時，就不該替問題的本質添加過多的限制。

做完「家庭晚間體驗」和「三千萬字的差距」其中一個練習，或是兩個練習都做過之後，你將慢慢瞭解優秀設計專案的要素。

接下來的四則練習更進階，協助你探索因為各項因素顯得十分複雜的挑戰。有的涉及歷史背景，有的涉及多個系統或多方人士，有的涉及處理敏感主題引發的道德議題。你可能需要找人結盟，或是和社群裡的地方組織合作，才有辦法處理。這是培養關係的好機會，計畫執行起來會更順利。

接下來的每一則練習，都是針對特定的脈絡量身打造。我保留了特定的細節，

方便讓你看出，瞭解挑戰呈現的情境與議題有多重要。你將因此獲得修正這些狀況的靈感，在生活與工作中加以應用。你可以把任一練習當成靈感的來源與起點，不論未來遇上什麼樣的機會與問題，都可視情況擬定設計的挑戰與範圍。

76 器官捐贈體驗

本文取材自泰勒‧柯恩、亞希施‧戈爾、亞當‧賽澤

器官移植的排隊名單是最令人揪心的醫療痛點。我把病患轉介給心、肝、腎的器官移植後，痛苦的等待就開始了。隨著時間一分一秒流逝，我們眼睜睜看著病患的臨床狀態每況愈下，心中懷著痛苦的希望，或許很快就會有人過世，有機會取得器官。即便是可以活體捐贈的肝臟，同樣要焦急祈禱有人決定做出如此重大的個人犧牲。有的患者沒等到器官就離世，而且不幸的是，這種結局並不罕見。依據估算，美國的排隊名單上每日有十八人死亡。

——丹妮爾‧歐佛瑞（Danielle Ofri）醫師

許多國家的器官捐贈，仰賴自願加入的利他主義。這種類型的制度預期民眾會出自強烈的道德感，簽署器官捐贈卡。然而，這種機制帶來的器官數量向來無法滿足實際的需求。

美國聯邦政府的資料顯示，有九成的成人支持器官捐贈，但僅有六成的人登記。

美國民眾表達同意捐贈器官的方法，一般是在駕照上註記。有專家擔心隨著共乘等新興運輸方式普及，擁有駕照的人數減少，登記捐贈的百分比會更低。

大部分的人不會花太多時間思考這個問題，但如果你本人或身邊的人親身接觸過器官移植制度的任一層面，就會知道那有多關鍵。事實上，一名捐贈者就能救活八個人。

這則練習的挑戰是設計產品、服務或體驗，改善你居住地區的器官捐贈體驗，提升器官捐贈的登記率。你可以選擇把設計範圍，縮限在實際的簽署體驗、簽

署之後會發生什麼事、實際的捐贈行為本身、親友所扮演的角色，或是由你自由發揮。

處理這個挑戰的第一步是透過次級研究，深入瞭解這個主題。然而，除了從法規、基礎設施、醫療障礙等面向，找出與你的城市相關的每一件事，你在看待這個問題時，也別忘了從「人」的角度出發。

為什麼人會捐贈器官？有哪些道德與宗教上的考量？探索一下，找出值得關注、帶來靈感的族群。或許是大學生、YouTube 名人、南亞人、運動員或青少年？你有沒有辦法聯絡上需要器官移植的人士？

除非你打算成立新公司或新組織，否則你必須尋找執行夥伴。你需要先建立關係。等你有了可以測試或先導的解決方案，才有合作的管道。

這個主題的挑戰性相當大，而這正是吸引人之處。器官捐贈相當說明了人類的行為令人費解，此時尤其需要透過設計，找出解決方案。每當你發現人們言行不一致的地方，你知道設計能幫上忙。以這個例子來講，民眾支持器官捐贈，但不代表他們本人會熱情參與。

器官捐贈議題涉及的層面很廣、很複雜，有必要請教專家，做點功課（閱讀書報雜誌、聽播客等等），瞭解你居住的那個區域，與這個問題相關的政策脈絡與健康體系。這個練習除了是整合各種技巧的重要機會，也很適合拿來嘗試系統設計的工具，如「找出相關人士」（149 頁）與「百呎圖」（138 頁）。

下一則練習是特定場所的專案。每年都會有幾位 d.school 學生組隊，和史丹佛校內提供各式服務的社群成員一起參與設計挑戰，比如管理員、校警、工友、自助餐員工、消防檢查員等眾多人員。學生平日不太會看到這些人的工作內容，因此這場體

N

驗讓人大開眼界，有機會好好發揮設計能力，反過來服務這些平日提供服務的人員。下一則練習從相關專案抽出一個例子，閱讀過後，看看有無可視情況改編的靈感。

77 史丹佛服務隊

本文取材自內爾‧透納‧賈西亞（Nell Turner Garcia）與瓊‧多西（Joan Dorsey），靈感來自吉米‧帕特爾與艾瑞卡‧艾斯拉達－李歐

史丹佛大學的運輸處身負重責大任，管理人們進出校園的多種方式。從腳踏車、汽車、火車站接駁車，再到每日數百趟的包車與遊覽車，全由這個校園單位一手包辦！

此外，協助行動不便的學生在校內移動，也是運輸處的工作。有時是永久性的，如終生的輪椅使用者。有時是暫時性的，如骨折。這項服務行之有年，早在歸運輸處管理之前就存在了。

你的挑戰將是和單位人員合作，深入瞭解計畫的運作方式，找出如何能拓展服務的範圍，納入所有需要取得校園移動服務的人（可以想成史丹佛校園內部的共乘服務）。從協調線上預約，一直到確保沒有任何學生落單，有諸多需要考量的事。

D.school 運用許多相關專案，讓學生首度體驗直接與夥伴合作，史丹佛服務隊是其中之一。學生與校方合作時，運輸處會提供一份挑戰的願望清單，讓學生有起步的地方。清單上的挑戰通常和發生了某種改變有關（譬如上課地點換到新地方），或是有人希望見到改變。組織出現變化是強大的設計催化劑，因為事情永遠遵守某套作法時，人們比較不會費心思去改變。不管如何，當設計師有合作的夥伴，他們扮演的角色，也將以具有挑戰與生產力的方式出現變化。舉例來說，究竟該怎麼做，運輸處的人員會有不同的看法，此時權力與階級登場，解決方案將出現可行性的限制。

你如何能改造史丹佛服務隊的作法，配合你自身的脈絡，找出可使上力的設計區塊？想一想，哪些團體在你的社群提供服務，但很少是設計的對象。你能否利用這個練習拓展你的技能，同時也確實幫助到人們？你將需要取得什麼樣的合夥關係與支持，才能讓每個人都成為贏家？

78 災後融資

本文取材自西莫斯・余・哈特、布魯斯・卡漢（Bruce Cahan）、艾里・伍勒利（Eli Woolery）、艾蜜莉・卡拉罕（Emily Callaghan）

南北加州的野火在二〇一八年、一九年、二〇年，摧毀並重創了許多城鎮、街區、企業與性命。很不幸，由於氣候變遷的緣故，天災景象愈來愈頻繁出現，全球各地都無法倖免於難。

緊急救災行動過後，受影響的社群、銀行、保險公司與政府單位，將面臨為災後重建提供財源的挑戰。災民試圖重新打造更能抗災的家園時，保險理賠、重建計畫與許可、銀行貸款的時間線，無一不令人感到困惑與混亂，甚至相互衝突，缺乏透明度。各方似乎缺乏相互合作的動機；災前的家戶財富不平等與理財能力、各種特定處境的挑戰，也讓事情雪上加霜。某些地區，甚至整片街區，永遠不會重建。

在提供重建財源這一塊，銀行人員是系統裡最重要的決策者。你能不能設法把設計和同理心，帶進銀行的災後貸款批准流程？

你的挑戰將是重新設想災後的融資。

這個挑戰需要拜訪銀行人士、銀行監管機構與貸款人，接著從多重的觀點，以視覺方式呈現災後的貸款核可流程，協助你發掘更理想的設計切入點。由於災後融資的領域很複雜，著手處理這個主題時，旅程圖與利害關係人圖等各式圖表，將扮演關鍵的角色。等你找到想嘗試的切入點後，接下來還得在這塊被忽視的高難度設計空間，想辦法讓新型的解決方案與點子成真。你也可以利用這則練習，替救災系統設想一個不同以往的未來景象，接著透過說故事、視覺化或其他媒介，以栩栩如生的方式呈現那樣的未來。

如果你選擇進行這個救災計畫，或是加以改造，你會發現挑戰度高的原因在於，你的設計對象與夥伴正經歷某種程度的震撼或創傷。你身為人類同胞的責任將是展示同理心。

永遠不要把你的計畫需求，放在參與者的身心安全之前。最好找心理輔導師或治療師合作——至少請心理專業人員針對你的訪談方式，提出進階的回饋。

這類型的設計需要不同的準備。如果要進一步培養對火災受害者的同理心，可以參考「當事人才知道的苦」（38 頁），回想自己類似的經驗。此外，也可以嘗試用「發揮同理心」（66 頁）的作法，改變你與設計對象的權力關係。萬一你在接觸災後融資專案時，對受災戶或銀行人員有著根深柢固的想法，「辨識、承認、挑戰」（78 頁）可以協助你讓刻板印象或偏見現形，盡量不讓創意設計受到干擾。

一定要先跟大家講清楚，讓大家明白你的設計本質。你是否預期解決方案能讓這次參與的人士直接受惠？或是造福後人，協助未來碰上相同情境的人士？你是否直接與執行解決方案的金融服務夥伴合作，或者你會在設計專案的過程中，設法運用同樣的概念？

如果你定居的那一帶，碰上不同類型的天災人禍，想一想可以如何改造這則練習的架構，配合實際的需求。

————————

你完成本節的部分或全部專案後，將更瞭解最初的計畫框架與範圍，是如何形塑著設計。

如果要把這裡學到的事，深深烙印在腦中，可以做「替你的挑戰訂出範圍」（270 頁）。那個練習雖然是本書倒數第二個練習，你日後獨挑設計大梁時，大概會是你第一件要做的事。在你奔向未來眾多的創意冒險旅程時，將感到微風吹拂頭髮。

79

扛起責任

本文取材自莉茲・奧格布（Liz Ogbu）

莉茲・奧格布依據兩種客戶透鏡，設定道德羅盤，平衡自己關注的對象。莉茲以建築師與設計師的身分扛起責任，替各方需求找出有所交集的重疊之處，不過那不代表各方的起點是平等的。必須承受設計結果的使用人，通常沒有發言的機會。莉茲除了確認設計結果不會「將一方的快樂建立在另一方的痛苦上」，她特別重視設計要能造福過去受過傷害的人。

莉茲的方法反映出，在設計的脈絡中，權力差異的現實──有的人多，有的人少。運用創造力是在行使特殊的權力：你有能力形塑人們的體驗，甚至影響他們的生活。你或許不是某個情境中握有最多權力的人，但八成也不是最弱勢的人。你要如何面對這樣的局面？

回想最近的創意計畫，反省幾個問題：

你覺得要對哪些人事物負責？

是否出現對峙的情形？那是哪一類情況？

你如何處理矛盾的需求？

你從中學到什麼？未來是否會改變作法？

不論什麼案子，
我永遠有兩種客戶。

我要對掏錢請我設計的人負責，也要對日後天天與
我的設計為伍的人負責。

——莉茲·奧格布

替你的挑戰訂出範圍

本文取材自湯瑪士・伯斯

我要在此請大家做夢。你真正想設計的東西是什麼？

本書的倒數第二則練習，要替你的計畫找出範圍與框架。每當你碰到想動手解決的挑戰，希望確認留下了發揮創意的空間，就可以做這則練習。

這則練習將協助你框架開放式的設計案：那樣的挑戰不會指定解決方案，也不拘形式。小心不要過度限制自己。多數人在嘗試這項練習時，堅持執行他們看到挑戰敘述後想到的第一個解決辦法。然而，即便預算有限、時間很短、設計對象很難取悅，還是盡量多給自己一點可能性。

限定範圍的難處就在這裡。你需要找出可以行動的方向，但也必須留下探索的空間。你的目標不是消除所有的模糊地帶，反而要在創作過程中帶來適當的模糊空間。避免把事情定死，才可能有新的發現。

設計不免要訂出範疇。這個步驟將出現在專案開始之前，或是出現在執行專案的過程中。事先定範圍比較有效率（避免做大規模的調查，以節省時間）。然而，在專案期間才縮小範疇，效果會比較好（允許以人為本的流程，將帶你走向最有意義、最成功的機會）。

如同不該太快選定解決方案，在與人們談過之前，不要自行假設對方的需求。請留下空間，找出究竟該處理哪些議題。你如何得知出現了真正的發現？你將獲得意想不到的洞見，有些事要實際接觸過才知道。

最後，別忘了抓到正確的興奮程度。與人交談，觀察脈絡，足夠深入一項挑戰之後，八成會冒出讓你感興趣的新資訊。盡量去做你覺得有意義、真心想投入的工作。

―――――

利用這裡的簡單架構，替你的挑戰定出範圍。調整每一個空格，來改變框架。

一邊考量_____，一邊替_____，重新設計_____的體驗。

這個架構能協助你明確指出，你在替哪些人設計體驗，而不只是專注於你創作的「事物」。視情況運用這個架構；如果你發現這個形式過分拘束，綁手綁腳，那就調整空格的用語或順序。

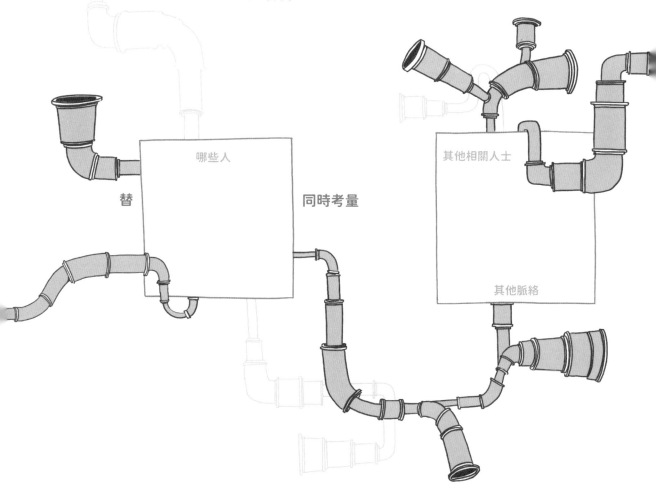

請注意你填進每個空格的答案，將大幅改變挑戰的範圍（包括主題與挑戰的大小），也因此你必須指定一個明確的設計領域，但留下發現的空間。

把以下幾個問題當成檢查表，評估你初步擬定的挑戰：

你的計畫是否是以人為主體的挑戰，計畫的成功關鍵是去瞭解當事人？
你的計畫是否具備發現的精神（而非讓原本就有的東西趨於完美）？
你的架構是否已經預設了解決方案？（如果是的話，快拿掉！）
你的架構是否假設你已經知道人們的需求？（是的話，還剩什麼發現的空間？）
你是否真心關心這個挑戰？（不是的話，為什麼要做？）

81

我以前以為……&
我現在認為

本文取材自梅根．史塔莉哈與馬克．葛朗伯格，靈感來自理查．F．艾爾莫（Richard F. Elmore）

用幾分鐘觀察並記錄自己一段時間的想法變化，找出你學到了什麼、你有什麼樣的成長。

這則練習源自英文同名書籍《我以前以為……& 我現在認為》（*I Used to think… & Now I think*），書中提到專家長期接觸教育改革的主題後，心態上產生的變化（偶爾出現的情況則是信念加深）。

在這個年代，我們很少會聽見專家或任何人表示自己改變想法了，畢竟改變是逐漸發生的，意見、行為或概念尤其如此，很難在發生的當下就瞭然於心。然而，如果你躍躍欲試，等不及採取本書練習談到的創意行為與心態，或是你處於任何其他類型的學習體驗或人生過渡期，這則練習將提醒你，改變是一點一滴發生的，協助你整合、強化新的能力，最終確認你想前進的方向。

首先，做本書的其他任何練習。

接下來，拿出一張紙，分成兩欄。

在其中一欄的最上方，寫上「我以前以為……」，另一欄寫上「我現在認為……」。

在「以前……」那一欄，列出你先前對那則練習活動或主題的看法或成見，在「現在……」那一欄，寫下你完成練習後，對同一件事的想法。

儘管本書的每一則練習都有特定的設計目標，你學到的東西不一定是我們設想的內容。你有可能依據自己的人生經驗或先前的經歷，得出各種不同的詮釋。對於各種學習體驗的價值，我有我的假設，**這則**練習的目標則是要讓你不受限於我的假設，鼓勵你用自己的話，說出學習對你造成的影響。

你可以改編這個架構，用於任何學習體驗。可以是個人的體驗，也可以是一群人的體驗。你和同事一起參加會議或結束團建之旅後，可以運用這則練習。也可以和親友一起，利用這則練習消化政治變遷或情緒事件。「我以前以為……我現在認為……」這樣的句子，最終會滲進你的日常語言，描述你這個人，以及你身為創意思考者和創意行動者，發生了什麼樣的成長與變化。

創意行動：
幕後大公開

我 父親的手非常巧，他除了是專業的攝影師，還能烤出美味的糕點，會縫紉、做木工，當園丁，還是超強的水電工。我從小到大看著父親老是在縫縫補補，敲敲打打。他自學成才，會想辦法找書來參考、試誤、和專家聊天，主要是動手做做看。我父親寫過一篇論文，談家長如果會打造東西，對孩子會產生正面的影響。我可以自豪地說，我就是父親的（幸運）人證。父親今日退休了，在奧勒岡州波特蘭最大型的工具館（tool library）當義工，幫忙修理壞掉的工具，讓工具重新外借流通，方便其他人使用。從許多方面來講，向父親學習是我人生最重要、也最長的學徒旅程。

父親會在費城家中的地下室工作台忙東忙西，我也在一旁當跟班鋸東西。木工（以及所有類型的創意工作）需要的工具，除了五金行買得到的，還需要治具這種東西。治具可以固定住你在做的東西，協助你操作比較多人聽過的工具，比如用鋸子或鑽孔機把木頭修成合適的形狀。然而很多時候，你會買不到需要的治具，只能自行製作，設計形狀特殊的輪廓，來支撐你想做的成品，或是避免把木頭切得太深。如果要漂亮地完成複雜的作品，治具同樣重要，甚至不可或缺。

本書的每一則練習，就像是形形色色的「學習治具」——有人替你製作出那樣特殊的工具，協助你學習與打造物品、點子、故事、連結、地圖、方法。各個練習把你的注意力集中在某個特定的範圍，引導你以新穎的方式運用與生俱來的能力。

我從一開始就知道，這本書提供的不只是設計方法，而是經過刻意設計的學習體驗。這些通常不斷精益求精的體驗，由數百位設計師、教育人士、學者、主題專家或產業專家打造而成。他們過去十五年在 d.school 授課，貢獻光陰及專長。每一則練習的打造過程本身，就是這群才華洋溢的人士在發揮大量的創意！由於 d.school 必須找到更強調個人、合作或體驗式的教學方式，本書的練習應運而生。由於學生會提出回饋，加上許多採用這些練習的老師，也會按照自己的解釋與情況加以改編，相關練習因此持續演變。

人人都有權在生命中遇到好老師。你在做本書的練習時，得以擔任設計這些練習的老師的學徒，一窺跟著他們學習會是什麼情景。D.school 處處是彼此交會與重疊的觀點與點子，除了立刻引發共鳴的那幾項。我希望其餘的也能刺激你，讓你以從來沒想過或尚未熟練的方式思考、行動、創造。設計沒有一體適用的方法。本書的各項練習有如 d.school 百家爭鳴的聲音，彼此熱烈地對話。

幕後功臣

本書的內容集結了眾人的愛與心力。表中每一位貢獻人的心血，至少出現在一則練習中。他們有時是整體概念的原創者，有時則在 d.school 的脈絡下尋找、改編與分享概念。所有曾在訪談中貢獻洞見與點子，以及花時間評論並改善本書練習與文章的每一位人士，亦為本表的收錄對象。此處提及的每一位人士都以某種形式影響了這本合集。

Adam Royalty	David M. Kelley	Kareem Collie	Molly Wilson
Adam Selzer	Dennis Boyle	Karen Ingram	Nell Turner Garcia
Akshay Kothari	Devon Young	Karin Forssell	Nicole Kahn
Aleta Hayes	Durell Coleman	Kathryn Segovia	Nihir Shah
Alex Kazaks	Edith Elliot	Katie Krummeck	Patricia Ryan Madson
Alex Ko	Eli Woolery	Katy Ashe	Perry Klebahn
Alex Lofton	Emilie Wagner	Kelly Schmutte	Peter Worth
Alissa Murphy	Emily Callaghan	Kerry O'Connor	Rachelle Doorley
Andrea Small	Enrique Allen	Kyle Williams	Rich Crandall
Anja Svetina Nabergoj	Erica Estrada-Liou	Larry Choiceman	Richard Cox Braden
Ariam Mogos	Erik Olesund	Laura McBain	sam seidel
Ariel Raz	Eugene Korsunskiy	Lena Selzer	Scott Cannon
Ashish Goel	Frederik G. Pferdt	Leticia Britos	Scott Doorley
Barry Svigals	George Kembel	Cavagnaro	Scott Witthoft
Ben Knelman	Gina Jiang	Lia Siebert	Seamus Yu Harte
Bernie Roth	Glenn Fajardo	Libby Johnson	Shahed Alam
Bill Burnett	Grace Hawthorne	Lisa Kay Solomon	Shelley Goldman
Bill Guttentag	Hannah Jones	Lisa Rowland	Stephanie Szabó
Bob Sutton	Henry Lee	Liz Ogbu	Stuart Coulson
Bruce Cahan	Jen Walcott Goldstein	Louie Montoya	Susie Wise
Carissa Carter	Jeremy Utley	Manish Patel	Tania Anaissie
Caroline O'Connor	Jessica Brown	Mark Grundberg	Taylor Cone
Charlotte Burgess-Auburn	Jessica Munro	Matt Rothe	Terry Winograd
Chris Rudd	Jessie Liu	Maureen Carroll	Thomas Both
Claire Jencks	Jill Vialet	McKinley McQuaide	Tina Seelig
Dan Klein	Jim Patell	Meenu Singh	Tom Maiorana
Dave Baggeroer	Joan Dorsey	Megan Stariha	Yusuke Miyashita
Dave Evans	John Cassidy	Melissa Pelochino	Zaza Kabayadondo
David Clifford	Jules Sherman	Michael Barry	
David Janka	Julian Gorodsky	Michael Brennan	
	Justin Ferrell	Michelle Jia	

蒐集與整合原始材料

蒐集來自四面八方、橫跨十五年的材料，需要有人扛起龐大的研究計畫，負責訪談、篩選、記錄每一場活動的細節。艾美莉亞·羅斯柴德—克塔（Amalia Rothschild-Keita）成為我的夥伴，她訪談很多 d.school 的教師、學生與校友，仔細記錄每一項見解。艾美莉亞是設計研究人員。她發現的眾多重要模式奠定了本書的基礎。要是沒有她不屈不撓、一絲不苟地執行工作，我不確定這本書能否問世。

打好基礎之後，是令人頭疼的決定流程，候選名單上有好幾百項練習。我設定的目標是，練習的主題與體驗要能協助讀者獲得或精進各式技能，探索豐富的情緒領域。每則練習的主要貢獻者，除了提供原創的內容，在我把他們精彩的現場教學轉換成本書頁面的新格式後，他們也挪出時間檢視並回饋。在他們的大力協助之下，本書的點子變得更扎實，練習變得更簡潔，你能從中學到的事，威力也更驚人。伯尼·羅斯、卡麗莎·卡特、戈登·克魯翔克（Gordon Cruikshank）、珍妮佛·布朗（Jennifer Brown）、蘿拉·麥可貝恩、雷蒂夏·布里托斯·卡瓦納羅、山姆·賽德爾、湯瑪士·伯斯、湯姆·麥拉納等各方人士看了本書的文章後，提供加油打氣與實用的建議，讓我明白不足之處，大幅提升本書的品質。鮑伯·蘇頓（Bob Sutton）與黛比·史登（Debbe Stern）帶來及時雨，提供關鍵的支持，協助我想出書名。

卡特提出「公民創作者」（citizen creator）這個詞彙。她是 d.school 的燈塔，引領大家熱烈討論設計在有意無意間引發的結果。在我多次與聖母大學（University of Notre Dame）的克里斯·阿特金（Chris Adkins）長談後，加深了我對同理心科學的理解，影響了本書「拓寬你的眼界」一文中，同理心的無道德本質的關鍵概念。卡瓦納羅與賽德爾的「學習如何學習」教學合作，帶來「學習的感受」一文的基礎。伯斯耗費很大的心血，讓框架與範圍的神祕藝術，變成更平易近人的形式，成為「融會貫通」一文的基本架構。

在讀者無法親身領受教室活力的前提下，呈現與解釋本書的練習本身就是一項創意挑戰。麥克·赫申（Mike Hirshon）的迷人插畫，替本書的練習增添活潑的氣氛，我做夢也沒想到效果會那麼好：他的插畫讓相關體驗的情緒特質躍然紙上，幽默風趣，充滿人味，處處是視覺玩笑與細節。就算看過好多遍，依然會有新發現。和麥克合作，立刻讓我感受到樂趣及無窮的可能性：麥克非常熟悉打造原型的方法，他會給你三、四個，甚至六個讓某樣東西視覺化的方法，我們再一起選擇要讓哪個原型變得更精緻。練習中包含的點子，經過麥可的視覺才華折射後，更讓人忍不住要快點一探究竟。

謝詞

這本合集是 d.school 社群的心血。這個社群能有個家，原因是有一群人殫精竭慮，創建並引領著草創時期的 d.school。具備願景與開創作法的大衛・M・凱利與喬治・肯柏，尤其功不可沒。史丹佛大學的工學院院長吉姆・普拉姆（Jim Plummer）深具願景，在院長的慷慨支持下，我們有機會展開這場不尋常的實驗。除了 d.school 的創始教師，我個人要特別感謝普拉姆，他的教學方法是把一切奉獻給學生，外加偶爾恨鐵不成鋼，以及大量的實作。伯尼・羅斯（Bernie Roth）引領著 d.school 的文化與老師，親身向我們示範無窮的好奇心、愛與循循善誘帶來的無限可能。

這裡要特別感謝史丹佛 d.school 提供助力的師資與指導者，謝謝 Drew Endy、James Landay、Jay Hamilton、Jen Dionne、Jennifer Widom、Jeremy Weinstein、John Dabiri、Kate Maher、Fiorenza Micheli、John Mitchell、Michele Elam、Nicole Ardoin、Persis Drell、Rob Reich、Tina Selig、Sarah Soule、Sheri Sheppard、Tom Kenny。

我的編輯茱莉・班奈特（Julie Bennett）永遠為讀者的需求著想，協助解開我最複雜難懂的概念，想辦法把十五年的現場學習體驗，轉換成全新的形式。我由衷感謝茱莉與十速出版社（Ten Speed Press）其他傑出的團隊成員，尤其是安妮・馬利諾（Annie Marino）與凱莉・布思（Kelly Booth）。

謝謝 d.school 的作家經紀人克莉絲蒂・弗萊切（Christy Fletcher）與艾瑞克・路佛（Eric Lupfer），你們率先接受我們的出版大夢願景，以無懈可擊的方式替這本書接生，協助我們決定不要踏上前往紐約的旅程，帶我們走過許多關鍵的決定與轉折點。

史考特・杜利是 d.school 的「成品」標竿。他是很罕見的全才，跨越整過光譜，從最小、最具體的細節，一直到最大、最抽象的概念，都能夠掌握。他能花幾小時琢磨看不見的微小元素，那個一旦弄對、一切將水到渠成的關鍵，接著下一秒就提出巧妙的隱喻，協助團隊改變觀點。史考特以創意指導的身分，用獨一無二的方式帶領 d.school。如果沒有他，我們的實體空間、課程、視覺風格，以及作為教育機構的理念與功能，不會是今日的模樣。本書收錄的練習合集與概念，恰恰展現他帶來的精神。當然，沒有人是永遠完美的。我在二〇〇六年首度與史考特合作。那次我們被隨機分配，帶同一組學生做咖啡設計專案，結果雙頭馬車很難協調，搞得一塌糊塗。史考特，我認為自從那次之後，我們的團隊合作默契更好了。

各位手上能拿著這本書，夏綠蒂・伯吉斯－奧本是大功臣。我無法以文字形容夏綠蒂有多不可或缺，她自 d.school 創立以來付出大量的心血。她的特殊能力是不管人在哪個團隊，都會催促大家思考：「我們該如何展開這件事？」不管碰上什麼挑戰，幾乎不論什麼事，夏綠蒂都能貢獻豐富的知識。從服裝設計、哪裡能買到成卷的防火紙、合適的 T 恤網印技術、舊金山的霧氣形成原因、哪種軟體能搞定喜怒無常的割字機、如何從屋頂的橫梁垂掛一百個風箏，以及其他一千種你想不到需要某人出手幫忙的事，夏綠蒂都能搞定。她擁有無窮無盡的好奇心，她的大腦很神奇，什麼都能學。此外，她做的每一件事，都伴隨著大量的笑聲、幽默與友誼。因為有夏綠蒂，製作這本書就像是為時兩年的二重唱，歌詠著我們的創意合作；我非常感激她。

許多人深深影響我對於學習的理解，其中有幾位是我人生中最大方、最有創意的老師，在此特別感謝：Carol Corson、John Harkins、Will Terry、Meg Goldner Rabinowitz、Bill Koons、Dick Wade、Paul Dawson。

我人生中還有兩位教育人士，替我立下奉獻、創造力與公平的標竿。他們相信每一個學生都是獨立的學習者，在需求獲得滿足後，都有辦法發光發熱。這兩位偉大的教育人士是我的哥哥與母親。我母親大半輩子擔任中學的數學老師，她採取開創先河的作法，要求學生上完每堂課都要寫反省日記。沒錯，母親要求學生記錄學數學的心得。母親在人們的眼中是嚴師，但學生沒看到她花了多少心血瞭解他們每一個人。母親會仔細閱讀學生的日記，每個月花無數個小時把日記攤在餐廳桌上，找出每一個孩子是否順利學習或碰上問題。母親對掌握學生的需求很有一套，永遠以學生需要的框架，協助他們掌握新的概念。我哥哥顯然繼承了這一點。他延續我們的家族傳統，投入貴格會的教育環境，如今成為教法創新的教師，替跨學科與以學生為本的探究式學習建立嶄新的模式。我們全家都是以學習為導向的教育人士，身為其中一員，我深感榮幸。

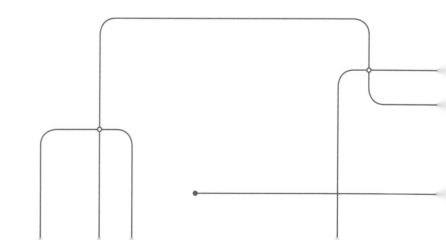

剪髮設計挑戰

本文取材自亞希施‧戈爾、泰勒‧柯恩、亞當‧賽澤、凱蒂‧克魯梅、尤金‧寇桑斯基

蜂巢頭、鮑伯頭、蘑菇頭、油頭、雷鬼頭、龐畢度頭、小精靈頭、波浪頭、莫霍克頭……每一代都會出現新的髮型。有的人用髮型表達自我，甚至展現叛逆。即便有的人把剪頭髮當例行公事，只為了讓頭上的雜草不要長得太過頭，髮型具有的意義與個人息息相關的程度，超乎你的想像。想一想與美髮產業相關的產品與服務，從理髮店、髮廊、乾洗髮到豬鬃梳，真是五花八門。光是美國的頭髮護理產業，每年的產值就超過八百五十億美元，全球的金額更是驚人。

你的挑戰將是構思一樣產品或服務，替另一個人重新想像剪髮的體驗。接下來的練習頁，將一步一步引導你走過設計的過程。設計是否只能按照那樣的流程走，甚至是這個主題就只能那樣設計？當然不是，但很適合拿來起步。

讓接下來介紹的步驟，引導你記錄、分享自己的設計。你可以直接寫在書上，或是影印接下來幾頁的指示，貼在筆記本上。記住一句口訣：「如果沒記錄下來，事情就不曾發生。」除了留意你產出的東西，也要密切觀察自己如何設計。寫下你的發現，記錄設計的過程。想像一旦完成這次設計，你將必須向別人分享這次的成果，對方會向你學習；你發想和醞釀點子的過程，會讓他們獲益匪淺。

我們給學生一個星期的時間完成這個專案，總計需要十到十五小時。你可以自行增減，但不論要花多少時間，你必須給自己一個時間限制，而且要遵守。這則練習的重點，不是把每一個步驟都做到完美，而是熟悉不同的方法如何整合在一起。

在專案的尾聲評估成果，替自己打分數。評分標準包括紀錄的豐富程度、設計流程的完成度（和哪些人聊過、找出多深層的需求、考慮過哪些五花八門的點子），以及你選擇的解決方案的創新程度。

1 規畫並展開你的研究

找出對象

第一件事是找出你究竟要替哪一群人設計。定義愈是清楚，解決方案就會愈正中紅心，也就更有可能開創新局。你的設計對象有可能是忙碌的父親、住在安養院的人士、競技運動選手、渴望成為演員的人、新移民。你甚至可以考慮對剪髮採取極端觀點的人士，例如美髮業者或好幾年沒剪頭髮的人。最重要的是記住：你的目標不是和「每個人」聊他們「一般」的剪髮經驗。明確性將助你一臂之力。即便你感到只是小眾的需求，如果設計正中紅心，通常會引發更多人的正面回應。

觀察

至少在髮廊或理髮店待上九十分鐘（一定要先詢問員工，你能不能坐在那裡觀察）。留意人們和不同人事物的互動。你留意到哪些模式？哪些令你感到訝異？畫下你所看到的東西、拍照，並且做筆記。

訪談

在你預設的群組，找到至少兩名訪談對象，深度探討他們的剪髮體驗。每個人至少聊一小時。這種長度的訪談，多半需要事先規畫。你要探討受訪者對剪頭髮的感受與態度。他們預期碰上什麼體驗？他們喜歡或厭惡剪髮體驗的哪些面向？原因是什麼？

你的主要目標是聆聽，挖掘出愈多內情愈好。練習用前文介紹的三種發問方法推進訪談，包括增色、前進到新的興趣主題，以及協助受訪者大聲反思自身的體驗與觀點。

每一件事都不放過

挑一本你想隨身攜帶的筆記本。每個人都有自己的偏好，看你喜不喜歡格線、硬皮或軟皮、大本或小本。在進行專案的過程中，從頭到尾詳細記錄你的思考、決定、你遇到的人、你做的訪談、你觀察到的現象。

參考

解決這個挑戰時，你可以回顧本書各章節的練習。研究過程中，「訪談的基本要點」（56頁）、「反思與啟示」（94頁）、「待在原地不動」（168頁）尤其實用。發想點子時，可以嘗試「ABC畫畫法」（92頁）、「異類聯想」（102頁）。打造與修正點子時，可以運用「原型機器人」（144頁）、「解決方案已經存在」（114頁）、「解決方案的井字遊戲」（171頁）。此外，用「不說話大考驗」（193頁）與「高擬真、低解析度」（202頁）測試你的概念，更新你的作法，隨時用「辨識、承認、挑戰」（78頁）質疑自己的偏見。

想替這個挑戰加上不同的作法？利用「練習使用隱喻」（81頁），從不同的角度想一想剪髮對人們的意義。用「專家／假設」（146頁）挑戰傳統作法，或是用「畫出設計空間的 d 形圖」（106頁），設想剪髮的生態系統。

2

開始理解你發現的事

完成訪談與觀察後，回顧你的原始筆記。寫下你在回顧時，腦中冒出的所有新反應或反思。利用素描與文字捕捉重要的內容：哪些事最令人訝異、矚目、困惑或情緒激動？印出你拍下的照片，黏在本子上，寫上註解。即便不確定是否會派上用場，利用這裡的空白處，記下你認為相關的關鍵蛛絲馬跡。你隨時可以在筆記本上，用迴紋針或訂書針增添更多頁面。

3 挖掘新洞見

看著你從筆記本獲得的結論，圈起最值得留意的照片、引述及觀察。哪件事深深引發你的好奇心？哪件事最出乎你的意料或讓你感到興奮？

利用這些寶貴的線索，從你做的功課中得出五項洞見。你已經運用同理心蒐集資訊，得出推論與結論，而洞見就藏在裡頭。最精彩的洞見往往出乎意料，足以點出訪談對象的某件事、你找出的需求，或是你對剪髮體驗的全新認識。換句話說，你的研究中最突出的是什麼？

在這裡寫下五項洞見：

1.

2.

3.

4.

5.

老實講

你是否不必做這個練習，也能得出以上的結論？如果是的話，繼續研究你的筆記，挖掘較不明顯的洞見。

定義你的設計觀點

接下來，替你的計畫找出特定方向。看著你寫下的洞見和你圈起的筆記內容，問自己為什麼這些事很重要。依據你找出的重點，進一步釐清狀況。接著，縮小關注範圍。縮減範圍時，你將捨不得刪掉某些訪談過的人士，或是無法放棄你感到有趣的某幾項洞見，但這個流程的關鍵是聚焦；在找出明確的服務對象與要滿足的需求時，也得找出自己**不**服務誰、**不**處理哪些需求。這兩件事同樣重要。

你替誰設計

你先前思考要訪問哪些人的時候，那是你第一次思考設計對象。現在你要依據你從訪談中得知的事，縮小並修正你的受眾。用極度明確的詞彙，描述你要替誰設計。不用管是否真有這樣一個人或大型的人口族群。有了特定的細節，你將更清楚自己在做什麼，你的解決方案會連帶更有創意、更獨特。你指定的細節有可能涉及年齡、性別、經驗值、心情、族群或種族、剪髮態度、某種人生經歷、獨特嗜好、情境（「遠離家人」、「準備參加重要的工作面試」）。

你的設計對象需要什麼

用動詞的形式，至少列出這個人的二十項需求（女孩需要的不是梯子，而是伸手拿東西）。

1.
2.
3.
4.
5.
6.
7.
8.
9.
10.
11.
12.
13.
14.
15.
16.
17.
18.
19.
20.

試試這個格式

利用這個範本，至少寫出三種觀點陳述：

帶著三個孩子的焦躁父親 ——————— 需要

個人或一群人

在自己剪頭髮時，
讓三個調皮的孩子有事做

在他這個人生階段，
就連短暫的個人護理時間，
也沒辦法一個人清靜一下

因為

需求 　　　　　　　　　　　　洞見

—————————————————— 需要

個人或一群人

因為 ——————

需求　　　　　　　　　　　洞見

—————————————————— 需要

個人或一群人

因為 ——————

需求　　　　　　　　　　　洞見

—————————————————— 需要

個人或一群人

因為 ——————

需求　　　　　　　　　　　洞見

評估

拉開距離，客觀思考這個專案的起點。定義觀點通常是你重新擬定挑戰的時刻。五花八門的創意與創新機會，正來自以獨特或不明顯的方式框架問題。

好的觀點陳述會讓你不由自主地關注你描述的人，你會有動力協助他們解決問題。觀點陳述不包含解決方案，但會提供有益的限制框架，協助你前進。你的觀點陳述是否符合這樣的標準？圈選你打算使用的設計觀點。

如果你目前的問題陳述所指向的方向，不同於起步時的方向，那很好，代表你八成已經學到並開始運用起步時還不知道的事物。

5

發想點子

現在的目標是回應觀點，想出各式各樣的解決方案。探索不同類型的點子，
如實體、數位、服務或體驗等。

訂出明確的出發點

首先，把你最喜歡的觀點陳述，拆成可行動的問題。比如上一步驟得出的剪
髮觀點範例，可拆成很多更小、更明確的問題：

如何讓在理髮店等待，變成最令人興奮、最適合帶孩子的體驗？
這個體驗如何讓孩子參與？
這個體驗如何能專門服務帶孩子的男性，而不是其他家長？

接下來，想出概念

替幾個不同的「我們如何能？」問題，想
出數十個解決方案。至少想出五十個點
子。把你的點子視覺化。不要只是列出一
張表；在筆記本上，大略畫出幾個點子，
替草圖加上註解。

1.

2.

3.

4.

5.

6.

7.

8.

9.

10.

最後去蕪存菁

在這個階段不必限制自己。先不用考慮實不實際，也不要只挑你自認會做的事情——那種篩選標準太過簡單了。你要挑你感興趣、想要探索的點子，而不是你猜八成會有用的傳統點子。

挑五個各有千秋的點子，想出細節，讓它們更立體、更豐富。在筆記本上，花五分鐘替每個點子畫出草圖與標號。給朋友看草圖，快速得到回饋並挑出打算製作原型的點子。在本頁寫上朋友的反應與你的新方向，記錄這個里程碑。

6 原型

賦予你的點子有形的實體,方便其他人互動、體驗、測試。依主題而定,你的點子可能是產品、服務、體驗,甚至是技術。先不要管點子的可行性。這個練習的重點,主要是學習開發令人欣喜或滿足需求的概念。

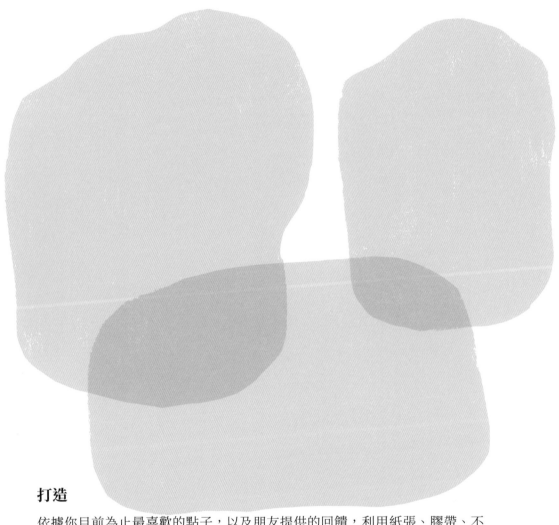

打造

依據你目前為止最喜歡的點子,以及朋友提供的回饋,利用紙張、膠帶、不要的廢棄包裝、回收物、手工藝材料,以及任何你能找到的東西,至少做出五個五分鐘的原型。接下來,至少挑選其中一個,做成解析度更高的二十分鐘原型。

替每個原型拍照。把照片貼好、釘好或以其他方式固定,附上註解。

測試

回頭找你的訪談對象（或是情況相仿的人士），請他們體驗你製作的原型，取得回饋。至少找三個人測試。

把你的原型交到對方手上（或者讓他們進入原型）。記得要找出或安排最能激發真實回饋的情境。測試期間要記住，這不是推銷點子的時間。多數時刻，只需觀察和聆聽就好，不要解釋或介紹這個點子有多好。

拍下人們與原型互動的照片。在貼好的照片旁，寫下參與者的回饋。簡單記錄哪些地方可行、哪些不可行。另外，至少寫下一個你得出的新點子，讓這個概念更上一層樓。如果空白處不夠寫，需要更多的記錄空間，照例拿出你的筆記本。

7 完成你的概念

測試原型後,依據你的發現,整合所有的心得,修正你的解決方案。

再來一遍

打造出最終的原型,拍下照片,黏貼在此處。

描述你的解決方案,用一、兩句話寫下它的優勢。你是為了解決什麼需求而想出這個方案?這個方案要如何做到?

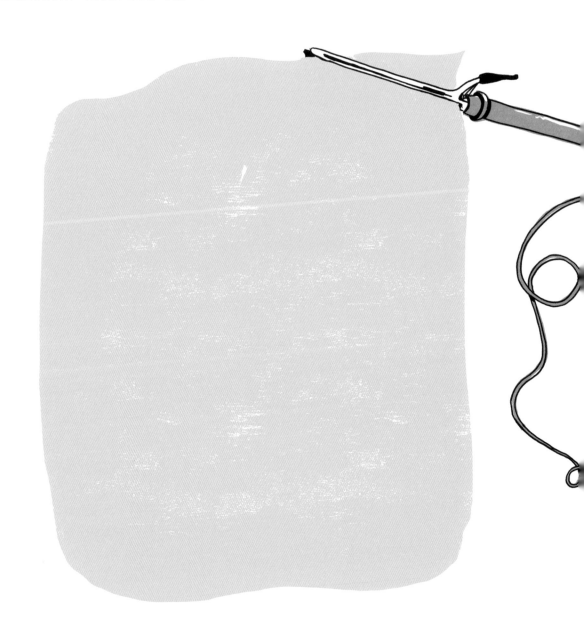

8 反思

快要大功告成了！然而，在完成前，整理一下你學到的事。或許這是最重要
的步驟，所以至少留三十分鐘想一想，把心得寫在這裡。

你最喜歡這則練習的哪個部分？為什麼？
你在什麼時候跌倒或卡住？你認為為什麼會那樣？
哪些地方你下次會採取不一樣的作法？

smile 195

史丹佛設計學院——把好奇心化為點子的81個創意練習

作者：莎拉‧史坦‧葛林伯格（Sarah Stein Greenberg）
封面及內頁繪圖：麥可‧赫申（Michael Hirshon）
譯者：許恬寧
責任編輯：潘乃慧
校對：聞若婷
美術編輯：許慈力
出版者：大塊文化出版股份有限公司
105022 台北市松山區南京東路四段 25 號 11 樓
www.locuspublishing.com
讀者服務專線：0800-006689
TEL：(02) 87123898　FAX：(02) 87123897
郵撥帳號：18955675　戶名：大塊文化出版股份有限公司
法律顧問：董安丹律師、顧慕堯律師

總經銷：大和書報圖書股份有限公司
地址：新北市新莊區五工五路 2 號
TEL：(02) 89902588　FAX：(02) 22901658

初版一刷：2023 年 7 月
定價：新台幣 880 元
Printed in Taiwan

史丹佛設計學院——把好奇心化為點子的81個
創意練習／莎拉‧史坦‧葛林伯格（Sarah Stein
Greenberg）著；許恬寧譯. -- 初版. -- 臺北市：大塊
文化出版股份有限公司, 2023.07
300面；19×25.4公分. --（smile；195）
譯自：Creative acts for curious people : how to think,
　　　create, and lead in unconventional ways
ISBN 978-626-7317-37-2（平裝）

1.CST：創造力　2.CST：創造性思考

176.4　　　　　　　　　　　112008533